Édition : Isabel Tardif
Design graphique et infographie : Josée Amyotte
Traitement des images : Johanne Lemay
Révision : Brigitte Lépine
Correction : Joëlle Bouchard et Brigitte Lépine

Crédits photographiques de la couverture : (hg) Portsmouth
Harbor Lighthouse / Shutterstock ; (hd) Randonneur dans les
Adirondacks / Roost/Adirondacksusa.com/Kristin Strack ;
(c) The Arbor Inn at Griffin House, Clinton, NY / Marie-France
Bornais ; (bg) Sentinel Pine Bridge, The Flume Gorge, NH /
Marie-France Bornais ; (bc) Seneca Park Zoo, Rochester, NY /
VisitRochester.com ; (bd) The Stanley Theatre / Oneida County
Tourism. En quatrième de couverture : (h) Wildcat Mountain, NH
/ Mount Washington Valley Chamber of Commerce / Dan Houde
Wiseguy Creative Photography ; (b) Folk art, Jeffersonville, VT /
Marie-France Bornais

Données de catalogage disponibles auprès de Bibliothèque
et Archives nationales du Québec

Toutes les adresses du guide ont été
répertoriées avec minutie. Je vous recommande
de prendre le temps de vérifier si les
établissements sont toujours ouverts avant de
vous déplacer. Les prix et les heures d'ouverture
sont donnés à titre indicatif seulement.

DISTRIBUTEURS EXCLUSIFS :

Pour le Canada et les États-Unis :
MESSAGERIES ADP inc.*
Téléphone : 450-640-1237
Internet : www.messageries-adp.com
* filiale du Groupe Sogides inc.,
  filiale de Québecor Média inc.

Pour la France et les autres pays :
INTERFORUM editis
Téléphone : 33 (0) 1 49 59 11 56/91
Service commandes France Métropolitaine
Téléphone : 33 (0) 2 38 32 71 00
Internet : www.interforum.fr
Service commandes Export – DOM-TOM
Internet : www.interforum.fr
Courriel : cdes-export@interforum.fr

Pour la Suisse :
INTERFORUM editis SUISSE
Téléphone : 41 (0) 26 460 80 60
Internet : www.interforumsuisse.ch
Courriel : office@interforumsuisse.ch
Distributeur : OLF S.A.
Commandes :
Téléphone : 41 (0) 26 467 53 33
Internet : www.olf.ch
Courriel : information@olf.ch

Pour la Belgique et le Luxembourg :
INTERFORUM BENELUX S.A.
Téléphone : 32 (0) 10 42 03 20
Internet : www.interforum.be
Courriel : info@interforum.be

04-16

Imprimé au Canada

Dépôt légal : 2016
Bibliothèque et Archives nationales du Québec

ISBN 978-2-7619-4536-3

Gouvernement du Québec – Programme de crédit d'impôt pour
l'édition de livres – Gestion SODEC – www.sodec.gouv.qc.ca

L'Éditeur bénéficie du soutien de la Société de développement des
entreprises culturelles du Québec pour son programme d'édition.

 Conseil des Arts   Canada Council
du Canada   for the Arts

Nous remercions le Conseil des Arts du Canada de l'aide accordée
à notre programme de publication.

Financé par le gouvernement du Canada   Canadä
Funded by the Government of Canada

Nous reconnaissons l'aide financière du gouvernement du
Canada par l'entremise du Fonds du livre du Canada pour nos
activités d'édition.

MARIE-FRANCE BORNAIS

Escapades AMÉRICAINES

**Vermont
New Hampshire
Upstate New York**
des États frontaliers à découvrir

LES ÉDITIONS DE L'HOMME

Une société de Québecor Média

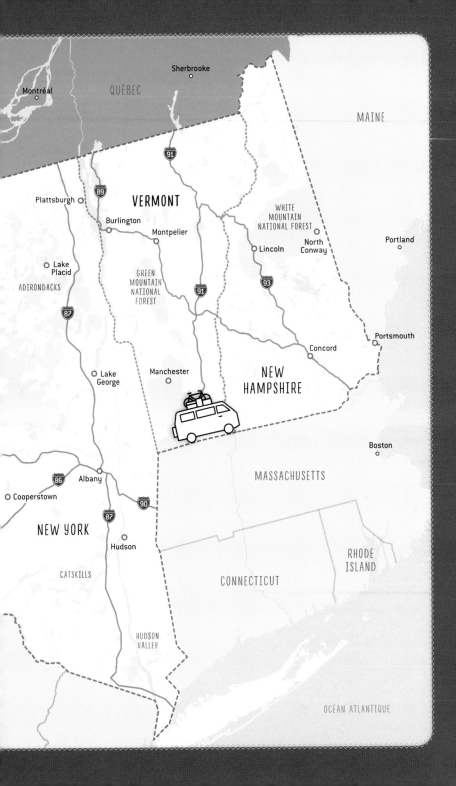

Sommaire

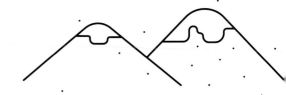

DE L'AUTRE CÔTÉ
de la frontière

Voici un petit guide qui vous permettra de rêver longtemps à l'avance à votre prochain voyage dans les États frontaliers du Vermont, du New Hampshire et de New York. Ils sont tout près de nous et souvent méconnus, car bien des gens ont l'habitude d'emprunter leurs autoroutes pour se rendre ailleurs. Je vous propose de sortir de ces autoroutes pour partir à la découverte d'attraits surprenants, en fonction de vos goûts et de vos intérêts. Il y a une foule d'endroits très intéressants pour de courtes (ou de plus longues) escapades et le dépaysement est assuré !

Ce guide n'est pas comme les autres… Au lieu de vous présenter ces trois États magnifiques en les explorant région par région, j'ai choisi de vous les faire découvrir en fonction des expériences que vous pouvez y vivre. Tout part de vos envies, de vos passions, de ce que vous aimez faire pendant les vacances. Êtes-vous du type sportif ou contemplatif ? Souhaitez-vous enrichir votre culture personnelle et vous divertir en réservant une place au théâtre ou à l'opéra, en explorant les musées des beaux-arts ou en participant à un festival ? Peut-être que c'est l'histoire qui vous fascine ? À moins que vous soyez un *foodie* en quête des meilleures tables, bières et grands fromages de ces régions ? D'un chapitre à l'autre, je vous propose de très intéressantes découvertes dans chacun de ces domaines.

Comme moi, vous serez sans doute étonné de la variété et de la quantité des attraits touristiques disséminés à la grandeur de ce vaste territoire. Au cours de mes nombreux voyages, j'ai été séduite par les paysages grandioses des Adirondacks, des White Mountains et des Green Mountains, par les belles plages de la côte du New Hampshire, le caractère changeant du lac Champlain, le côté paisible des régions rurales, l'authenticité de Western New York et le dynamisme de Central New York, et très émue de mes visites en pays Amish.

Lorsque vous aurez apprivoisé les incontournables, comme les chutes du Niagara, les Mille-Îles, la ville de Burlington ou les attraits touristiques des White Mountains, faites le pari d'explorer les alentours et de sortir des sentiers battus. Au détour des routes secondaires, vous allez découvrir des fortifications historiques, des phares imposants, des musées intéressants, des villages irrésistibles, des marchés fermiers, quantité de bonnes tables et des petites auberges vraiment sympathiques où les gens sont accueillants.

Dans les trois États, vous pouvez bien sûr voyager dans le luxe, séjourner dans des hôtels cinq étoiles et manger dans les plus grands restaurants. Mais vous pouvez aussi partir avec un budget raisonnable. Camper dans les *State Parks* et cuisiner soi-même permet d'économiser beaucoup d'argent et de se divertir à peu de frais : randonnée, vélo, baignade, pêche, détente en pleine nature. Apportez votre guitare, votre aquarelle, vos meilleurs livres. Tout est possible ! Surtout, prenez votre temps...

Faites de ce guide votre petit livre de chevet pour rêver et planifier votre voyage. Notez ce qui vous interpelle. Munissez-vous de cartes routières et inspirez-vous de mes suggestions pour construire vos itinéraires. Ensuite ? Partez à l'aventure. De très belles surprises vous attendent et franchement, il n'y a pas tant d'heures de route à faire !

Les pictogrammes

Légendes des icônes que vous croiserez au fil des pages

VT Vermont

NH New Hampshire

NY New York

♥ Coup de cœur

Bienvenue aux familles

Endroit propice pour faire un pique-nique

Sentiers de randonnée sur place

Possibilité de baignade sur place

Camping

Endroit adapté aux VR

Musée sur place

Chien permis

Wi-Fi disponible

Borne pour autos électriques sur place

QUELQUES
recommandations !

Voici quelques petits conseils qui peuvent améliorer les expériences de voyage. Je ne suis pas du tout une experte… mais j'ai parcouru plus de 20 000 kilomètres sur les autoroutes, les routes secondaires et les chemins de campagne du Vermont, du New Hampshire et de l'État de New York pour écrire ce guide. J'ai aussi fait du camping. Inévitablement, je me suis trompée de chemin. J'ai dû faire demi-tour à quelques reprises et j'ai souvent recalculé mes itinéraires. J'ai donc fait des observations, écrit beaucoup de « notes à moi-même » et tiré quelques constats… En voici quelques-uns !

- **Gardez toujours votre réservoir d'essence rempli au moins à la moitié,** surtout dans les régions montagneuses et rurales. Il se peut que la prochaine station-service soit à des dizaines de kilomètres, qu'elle ne soit pas ouverte 24h/24, qu'elle soit fermée parce que c'est un jour férié ou que vous vous trompiez de chemin.

- **Communiquez avec votre fournisseur de services cellulaires pour avoir un plan de service en territoire américain afin d'éviter des frais supplémentaires.** Gardez à l'esprit que les signaux ne se rendent pas bien dans les régions montagneuses. Dans les Green Mountains du Vermont, dans les White Mountains du New Hampshire et dans les Adirondacks, vous ne pourrez pas vous fier à votre téléphone pour avoir des informations en cours de route ni pour faire des appels. Sur l'Interstate 87, il n'y a aucun service cellulaire dans la région des High Peaks, dans les Adirondacks. Il y a des téléphones d'urgence (*emergency call box*) à tous les 2 milles.

- **Même si vous avez un GPS, assurez-vous d'avoir des cartes routières détaillées et récentes des régions que vous allez visiter.** Les GPS font parfois de drôles de calculs… Les régions rurales et les régions montagneuses sont sillonnées de chemins de montagnes et de petites routes qui ne sont pas sur les cartes routières habituelles. Il arrive aussi que certaines routes soient fermées en hiver, que des panneaux de signalisation soient manquants ou qu'un secteur ressemble à un vrai labyrinthe !

- **Dans les stations-service américaines, vous devez payer avant de faire le plein d'essence.** Pour payer avec une carte de crédit à la pompe, vous devez entrer votre « zipcode ». Faites les trois premières lettres/chiffres de votre code postal et ajoutez 00.

- **Surveillez attentivement le trafic ferroviaire :** il est beaucoup plus dense qu'au Québec. Il arrive que les voies ferrées passent en plein centre-ville.

- **Soyez attentif à la présence d'animaux sur la route, surtout à l'aube et au crépuscule.** Vous risquez de croiser des chevreuils, des orignaux, des ours, des dindons sauvages, des renards, des tortues et toutes sortes de petits mammifères.

Trois adresses utiles :
vermontvacation.com
visitnh.com
iloveny.com

- Faites vos réservations d'hôtel directement auprès des propriétés concernées. Vous aurez la possibilité de changer de chambre si celle que vous avez réservée ne vous convient pas.

- Les pourboires représentent environ 20 % de l'addition dans les restaurants aux États-Unis.

- L'âge légal pour consommer de l'alcool est de 21 ans aux États-Unis. Vous devrez être en mesure de prouver que vous avez l'âge légal en tout temps (même à l'épicerie !), même si vous avez passé la vingtaine depuis longtemps.

EN CAMPING

- Réservez vos emplacements de camping plusieurs mois à l'avance si vous avez l'intention de séjourner aux États-Unis pendant les congés fériés américains ou canadiens.

- Gardez toute nourriture à l'abri des animaux, ils sont nombreux dans le secteur.

- L'achat local est obligatoire pour le bois de chauffage (pour les feux de camp). Vous ne pouvez pas le transporter d'un État à un autre, ni d'un pays à l'autre.

- Assurez-vous que le terrain de camping que vous choisissez correspond à vos besoins. Si vous préférez un site tranquille, une expérience authentique en pleine nature, regardez la liste des terrains offerts dans les *State Parks*. Vous aurez généralement accès à des points d'eau, mais il n'y aura peut-être pas d'électricité. Pour avoir tous les services, cherchez un emplacement dans les terrains de camping privés.

- En tout temps, il est conseillé de surveiller les tiques et les moustiques, vecteurs de maladies.

Le bois pour les feux de camp doit être acheté sur place. À droite : Attention aux orignaux sur la route !

BRAKE FOR MOOSE
IT COULD SAVE YOUR LIFE
HUNDREDS OF COLLISIONS

Paysages

Lacs, montagnes, rivières et bords de mer

Rouler au cœur des paysages grandioses du Vermont, du New Hampshire et de l'État de New York est un pur bonheur. J'ai parcouru des centaines de kilomètres sur des routes de campagne, à la recherche des plus beaux points de vue, de villages pittoresques et de scènes champêtres inspirantes. J'en ai trouvé beaucoup... et en plusieurs endroits j'aurais eu envie d'être peintre pour témoigner de l'authenticité d'un lieu ou lui rendre toute sa luminosité.

Labyrinthe au sommet de Bear Mountain au Gore Mountain Resort, NY.

Le Vermont, presque entièrement recouvert de montagnes et de collines, ressemble à un album photo de scènes rurales, de ponts couverts, de belles montagnes et de petits villages de cartes postales. Ses routes sillonnent la vallée du lac Champlain, sautent d'une île à l'autre, faisant découvrir des paysages de campagne, égayés de belles granges peintes en rouge. Dans les Green Mountains, elles se resserrent, se dissimulent dans la végétation, empruntent les vallées et grimpent en épingles à cheveu dans les « notch », ces belles passes de montagne. La frontière entre le Vermont et le New Hampshire est délimitée par le fleuve Connecticut, le plus long de toute la Nouvelle-Angleterre. La partie nord du Granite State, appelée là-bas North Country, est montagneuse, couverte de forêts et peu développée. C'est le royaume du VTT, de la motoneige et des orignaux. Suit le massif des White Mountains, au cœur du New Hampshire, avec ses montagnes escarpées et ses sommets impressionnants. Des centaines d'étendues d'eau, des plus modestes à l'immense lac Winnipesaukee, recouvrent le sud de cet État étonnant, tandis que sa petite côte, au relief assez plat, suit les contours de l'océan Atlantique, avec ses plages de sable blond.

La topographie particulière de l'État de New York, qui fut pendant longtemps recouvert d'un glacier jusqu'à sa portion septentrionale, est particulièrement propice à des accidents de terrain qui ont fini par créer des chutes spectaculaires. Celles du Niagara sont bien connues, mais plusieurs canyons impressionnants se sont aussi creusés dans la région des Finger Lakes. On reconnaît facilement la région sur une carte : ses lacs s'étendent comme les doigts d'une main entre le lac Ontario et les Appalaches. Tout le secteur des Adirondacks est absolument remarquable pour ses hauts sommets, ses grandes étendues sauvages et ses nombreux lacs poissonneux.

Entering

Adirondack

Park

PARK CENTENNIAL
1892 — 1992

Les Parks et State Parks :

DES TABLEAUX GRANDEUR NATURE !

Il y a 92 *State Parks* au New Hampshire, 52 au Vermont et 180 dans l'État de New York, des plus petits aux plus grands, sans compter les grands parcs comme les Adirondacks et les Catskills, les forêts nationales et les réserves naturelles. Par exemple, le Catskill Park (NY) fait 2 800 km² (1 740 mi²) tandis que Bear Brook State Park, le plus grand parc du New Hampshire, ne mesure que 40 km² (25 mi²)... À lui seul, l'Adirondack Park (NY) compte 24 281 km² (15 088 mi²). Cette superficie contient le cinquième de l'État de New York et le New Hampshire y entrerait complètement. C'est un cas unique ! Dans les trois États, il y a de quoi répondre aux attentes des amateurs de panoramas naturels les plus diversifiés. Le camping est à l'honneur presque partout, mais l'électricité n'est pas toujours au rendez-vous et le WI-FI est souvent inexistant (peut-on encore s'affranchir de nos petites laisses électroniques ?). Franchir la barrière d'un *State Park* ou la Blue Line des Adirondacks et des Catskills, c'est entrer au royaume des randonneurs et des sportifs, mais aussi des contemplatifs, des artistes, des photographes, des familles, des groupes d'amis, des couples à la recherche d'un peu de quiétude et de ceux et celles qui découvrent le monde en solo. La garde-robe des gens souriants et détendus qui les fréquentent reflète un art de vivre en phase avec la nature : bottes de randonnée, vêtements de plein air, barbe longue et tête parfois décoiffée, sourire facile et conversation enjouée. L'authenticité, les belles valeurs humaines et la beauté des paysages priment !

L'entrée de l'Adirondack Park près de Star Lake, NY.

Wallis Sands State Beach au soleil couchant, Rye, NH.

Mount Philo State Park

Le tout premier parc inauguré au Vermont se trouve à quelques kilomètres au sud de Burlington. C'est un endroit très populaire pour s'initier à la randonnée : le sommet est à moins de 300 m (984 pi). Une route abrupte se rend jusqu'au belvédère duquel on a une vue panoramique sur le lac Champlain et les Adirondacks, dans l'État de New York. Le parc est aussi intéressant parce qu'il se trouve dans le corridor migratoire de plusieurs oiseaux de proie. De septembre à novembre, il est possible d'apercevoir des faucons émerillon, des crécerelles et des butéos, de même que des éperviers de Cooper et des buses à queue rousse. Il y a une aire de pique-nique et quelques sites de camping au sommet (pour tentes seulement).

Payant ; ouvert de Memorial Day (dernier lundi de mai) à Columbus Day (deuxième jeudi d'octobre), voir le site Web pour plus de détails ; les roulottes, véhicules récréatifs et autobus ne sont pas autorisés sur la route du belvédère.

5425 Mt. Philo Road
Charlotte, VT 05445
Tél. : 802-425-2390
vtstateparks.com

Smugglers Notch State Park

Le Smugglers Notch State Park est un petit parc se trouvant au cœur des Green Mountains, dans le voisinage de Stowe et du grandiose mont Mansfield, plus haut sommet du Vermont (1 339 m / 4 393 pi). Le « notch » est une étroite passe de montagne bordée de falaises hautes de 305 m (1 000 pi), qui n'était à l'origine qu'un sentier pour les chevaux. Son histoire est intéressante : en 1807, le président américain Thomas Jefferson a passé une loi créant un embargo sur le commerce avec la Grande-Bretagne et le Canada. Cet obstacle n'a pas empêché les gens du Vermont de faire commerce avec leurs voisins canadiens... Ils ont continué d'y faire passer du bétail et des biens en utilisant le « notch ». Plus tard, des esclaves fugitifs l'ont aussi utilisé afin de gagner leur liberté. Une nouvelle route construite en 1922 a même rendu service aux contrebandiers pendant la Prohibition. Dans le parc, on trouve d'ailleurs les petites cavernes qui leur servaient de caches. Aujourd'hui, le célèbre Long Trail passe par ce parc aux paysages spectaculaires et certains sentiers de randonnée mènent jusqu'au sommet du mont Mansfield. L'hiver, la route 108 est fermée à la circulation automobile, mais les skieurs et les raquetteurs l'utilisent.

Payant ; ouvert de la mi-mai à la mi-octobre, voir le site Web pour plus de détails.

6443 Mountain Road
Stowe, VT 05672
Tél. : 802-253-4014
vtstateparks.com

Le mont Mansfield culmine à 1 339 m (4 393 pi) près de Smugglers Notch, VT. C'est le plus haut sommet du Vermont.

Le lac Champlain

Partagé entre la province de Québec et les États-Unis, le lac Champlain porte le nom de l'explorateur français Samuel de Champlain, qui le «découvrit» en 1609. Il s'étire du nord au sud sur 201 km (125 mi) de longueur, entre les Adirondacks, dans l'État de New York, et les Green Mountains, au Vermont. À son point le plus large, il mesure 23 km (14 mi). C'est le sixième plus grand plan d'eau douce de tous les États-Unis et il compte 80 îles. Il y a peu de navigation commerciale sur ce lac, qui est très prisé des plaisanciers québécois (on peut y accéder par la rivière Richelieu). Il est relié au fleuve Hudson par le Canal Champlain. On trouve deux villes importantes dans la vallée du lac Champlain – ou Champlain Valley, comme disent les Américains –, Burlington, au Vermont, et Plattsburgh, dans l'État de New York. Pour la petite histoire, le lac serait habité par un monstre marin affectueusement surnommé Champ.

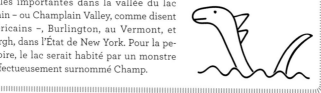

Quechee State Park

Ce parc situé entre Woodstock et White River Junction protège une curiosité géologique spectaculaire : la gorge de Quechee. Ce canyon de 50 m (165 pi) de profondeur – rien à voir avec le Grand Canyon, mais c'est le plus profond de tout le Vermont – s'est formé il y a 13 000 ans lors du passage d'un glacier. C'est un attrait touristique très populaire qui est également facile d'accès : le pont de la route 4 l'enjambe et des milliers de visiteurs l'empruntent chaque année pour admirer la vue. Des sentiers de randonnée permettent d'explorer la gorge et de descendre jusqu'au niveau de la rivière Ottauquechee. Il y a plusieurs services à proximité : un camping d'État se trouve sur le même site. Le Quechee Gorge Village, comprenant boutiques et restaurants, a été construit à 800 m (0,5 mi) de la gorge, sur la route 4. On y trouve un carrousel ancien, des boutiques de souvenirs, des antiquaires et la distillerie Vermont Spirits Distilling Company (voir p. 148) et une station de recharge pour les voitures électriques.

Payant ; ouvert de la mi-mai à la mi-octobre, voir le site Web pour plus de détails ; rien ne vous empêche de traverser le pont de la route 4 en tout temps ! ; restaurants à proximité.

5800 Woodstock Road
Hartford, Vermont 05047
Tél. : 802-295-2990
vtstateparks.com

Allez faire un tour dans le beau village de Woodstock : il y a beaucoup de restaurants.

Alburgh Dunes State Park

Ce petit parc a été créé en 1996 pour protéger les fragiles dunes de sable qui bordent la plage d'Alburgh, une des plus longues et des plus belles de tout le lac Champlain. Les dunes ont été formées par un lent travail de la nature, après le retrait des glaciers qui recouvraient le territoire il y a environ 10 000 ans. Elles séparent la plage des tourbières qui se trouvent de l'autre côté, près d'une zone d'épinettes noires. C'est un endroit très prisé pour la baignade et les bains de soleil, mais aussi un habitat fragile : des clôtures protègent les plantes rares qui poussent dans ces dunes, et qui ont beaucoup souffert de l'activité humaine avant l'implantation du State Park. C'est également un site réputé pour l'observation des oiseaux – le parc abrite entre autres des dindons sauvages. En hiver, il est fréquenté par de nombreux chevreuils.

Payant ; ouvert de la fin mai au week-end de la fête du Travail, entre 10 h et le coucher du soleil ; les animaux de compagnie ne sont pas autorisés.

151 Coon Point Road
Alburgh, VT 05440
Tél. : 802-796-4170
vtstateparks.com

Apportez-vous de l'eau : il n'y a pas de point d'eau potable dans ce State Park.

Odiorne Point State Park

Situé entre Rye et Portsmouth, au bord de l'océan, ce petit parc d'État permet de prendre une pause et de respirer l'air du large, tout en découvrant le passé militaire du site. Des *casemates* utilisées pendant la Seconde Guerre mondiale s'y trouvent toujours. On peut aussi visiter le Seacoast Science Center, un établissement faisant connaître l'histoire naturelle d'Odiorne. On y trouve une collection de squelettes de mammifères marins et des bassins pour toucher des créatures aquatiques. Le parc compte une plage rocailleuse, une plage de sable et plusieurs sentiers de randonnée. Une petite route d'accès, du côté ouest du parc, donne sur la rivière Piscataqua – il y a une rampe de mise à l'eau pour les petites embarcations.

Payant ; ouvert à temps plein de mai à septembre, voir le site Web pour plus de détails.

570 Ocean Boulevard
Rye, NH 03870
Tél. : 603-436-7406
nhstateparks.org

Le long de l'US 1A à Rye, NH.

Les hauts murs de granit de Flume Gorge se dressent de chaque côté de la cascade.

Franconia Notch State Park

Une des portions les plus spectaculaires de l'Interstate 93, au New Hampshire, traverse ce parc de hauts sommets et de falaises spectaculaires. Pendant presque 13 km (8 mi), la route ondule dans une passe de montagne située au cœur de la White Mountain National Forest, entre la chaîne des monts Kinsman et celle des monts Franconia, et longe Echo Lake. Les amateurs de plein air y sont choyés, avec quantité de sentiers de randonnée, y compris une partie de l'Appalachian Trail. Les sentiers de **Flume Gorge** (voir p. 61), plus accessibles, longent une gorge de granit et de basalte – à voir absolument – tandis que le fameux tramway aérien transporte les visiteurs au sommet de Cannon Mountain. Jusqu'au 3 mai 2003, les voyageurs s'arrêtaient à Franconia pour admirer une corniche en forme de visage appelée Old Man of the Mountain. Le rocher de granit de Cannon Mountain s'est effondré, mais il a quand même été immortalisé par l'écrivain Nathaniel Hawthorne dans sa nouvelle *The Great Stone Face*.

Payant ; le parc est ouvert à l'année ; voir le site Web pour plus de détails.

9 Franconia Notch Parkway
Franconia/Lincoln, NH 03580
Tél. : 603-745-8391
nhstateparks.org

Crawford Notch State Park

Il y a quelque chose de magique dans ce parc des White Mountains. Toujours changeant, au gré des saisons, de l'heure de la journée et de la météo, il réserve bien des surprises. Il est populaire pour ses paysages, ses sentiers de randonnée (l'Appalachian Trail y passe) et ses fameuses chutes Arethusa (voir p. 60).
Au centre des visiteurs, la Willey House, un monument commémore le glissement de terrain qui a emporté toute la famille de Samuel Willey Jr. en 1826. Tout le long de la route 302, gardez l'œil ouvert : la faune est bien présente ! Il y a des orignaux et j'ai même vu un ours endormi sur une branche d'arbre au bord de la route. Pour découvrir le paysage d'une manière originale, empruntez le Notch Train de Conway Scenic Railroad (voir p. 282). C'est inoubliable.

Payant ; ouvert à l'année, voir le site Web pour plus de détails.

1464 US 302
Hart's Location, NH 03812
Tél. : 603-374-2272
nhstateparks.org

Conway Scenic Railroad
38 Norcross Circle
North Conway, NH 03860
Tél. : 603-356-5251 ou 800-232-5251
conwayscenic.com

Ours endormi sur une branche d'arbre, Crawford Notch State Park, NH.

Un sentier permet de découvrir le plus gros bosquet de rhododendrons de toute la Nouvelle-Angleterre.

Rhododendron State Park

Ce petit parc est dédié à la botanique : on y trouve un bosquet unique de 6 ha (16 ac) où s'épanouissent des plants de rhododendron (de son nom latin *Rhododendron Maximum*). Un sentier permet d'admirer la floraison, à la mi-juillet. Le bosquet se couvre alors de fleurs roses en forme de clochettes. Ce jardin naturel de rhododendrons est le plus grand de toute la Nouvelle-Angleterre. Il a été classé National Natural Landmark en 1982. Le site est également très apprécié des amateurs d'ornithologie car plusieurs espèces d'oiseaux le fréquentent : perdrix, tohi à flancs roux, bruants à gorge blanche, pics, parulines, mésanges, etc. Un jardin adjacent permet d'admirer des plantes sauvages.
Randonneurs, tout un réseau de sentiers converge dans le secteur, conduisant à Little Monadnock Mountain et au sentier de longue randonnée de Metacomet-Monadnock.

Payant ; ouvert en tout temps pour les activités récréatives ; aucun service entre octobre et mai.

424 Rockwood Pond Road
Fitzwilliam, NH 03447
Tél. : 603-532-8862
nhstateparks.org

Green Lakes State Park

Ce petit parc extraordinaire se trouve tout près de Syracuse et de l'Interstate 81. On y trouve deux lacs méromictiques, c'est-à-dire des lacs dont les eaux de surface et profondes se mélangent rarement : Round Lake et Green Lake. À une profondeur de plus de 17 m (56 pi), l'eau est privée d'oxygène. C'est un phénomène extrêmement rare qui donne à ces étendues d'eau une intense couleur turquoise. C'est un des sites de baignade les plus populaires de la région et il est très réglementé. Près de la moitié du parc est constituée de forêt ancienne et on y trouve une magnifique aire de pique-nique, un terrain de golf, un beau pavillon, des sentiers de randonnée et des sites de camping. À voir !

Payant ; ouvert à l'année, voir le site Web pour plus de détails. Pas d'embarcations privées sur les lacs, location seulement.

7900 Green Lakes Road
Fayetteville, NY 13066
Tél. : 315-637-6111
nysparks.com

L'eau turquoise donne des airs tropicaux à Green Lakes State Park (Fayetteville, NY).

Lake Erie State Park

Ce petit parc très bien entretenu fournit un rare accès public aux berges du lac Érié, en plein cœur de la région où se cultive le raisin concord, dans la partie ouest de New York. Une belle plage donne accès au lac, mais la baignade est malheureusement interdite. Les enfants pourront courir à leur gré sur la vaste pelouse et s'amuser dans le parc. Il y a un terrain de volley-ball de plage et beaucoup d'espace pour faire des pique-niques. Son camping de 97 sites fait partie des 100 plus beaux campings familiaux de tous les États-Unis. C'est aussi un excellent site pour l'observation des oiseaux migrateurs. En hiver, les sentiers sont aménagés pour le ski de fond.

Payant ; ouvert à l'année, voir le site Web pour plus de détails.

5838 Route 5
Brocton, NY 14716
Tél. : 716-792-9214
nysparks.com

Il y a 10 chalets en location dans ce State Park.

Lake Erie State Park : l'endroit parfait pour un pique-nique ! (Brocton, NY)

SÉRÉNADE NOCTURNE

En camping, que ce soit dans une tente prospecteur, une tente-roulotte, une tente de toile conventionnelle ou une petite roulotte, on dirait qu'on devient encore plus attentif aux bruits de la forêt, des marais, des prés, des lacs où on a choisi de passer la nuit. On est encore plus à l'écoute du bruit du vent dans les feuilles et du plic-plic de la pluie sur le toit. On guette le huard, le cri rauque d'un héron, les petites notes des engoule-vents. Dès la brunante, l'orchestre des batraciens entre en scène : rainettes, crapauds, grenouilles des bois, grenouilles léopard, ouaouarons... tous chantent en même temps, sur différentes notes. Certains insectes s'occupent de la section rythmique. Les cicadas, ces cigales énormes, stridulent de manière entêtante. Les criquets prennent la relève. Près de la côte Atlantique, à la fin de l'été, d'autres insectes – des katydids ou bush crickets – répètent inlassablement une série de sons syncopés, toute la nuit durant. Cette toile musicale est souvent agré-mentée par le hou-hou d'une chouette rayée, d'un hibou ou d'une chouette effraie, et parfois par des jappements et des hurlements : oui, il y a des coyotes en maraude un peu partout. Je les ai entendus faire craquer des branches sèches, de l'autre côté du mur de ma tente de toile de « glamping ». Il est également question, depuis quelques années, du retour des loups dans les Adirondacks, dans le nord du Vermont et au New Hampshire...

Catskill Park

Niché entre Central New York et la vallée de l'Hudson, Catskill Park compte plus de 2 800 km² (1 080 mi²) de forêts publiques et privées, de belles montagnes arrondies, de vallées étroites, de lacs et de rivières. Le parc inclut 98 sommets de plus de 914 m (3 000 pi), culminant à 1 274 m (4 180 pi) avec Slide Mountain. Le territoire, situé à l'intérieur d'une démarcation appelée Blue Line (comme dans les Adirondacks), regroupe à la fois des terres privées et des terres sous la tutelle du New York State Forest Preserve qui ne seront jamais développées commercialement. C'est un territoire protégé où les amateurs de plein air et les sportifs se donnent rendez-vous pour des randonnées, des séjours de camping, de l'équitation, de la pêche à la truite, du ski de randonnée, du ski alpin et de la motoneige. Comme certains villages se trouvent à l'intérieur du parc, on peut aussi visiter des marchés fermiers, des galeries d'art et des sites historiques dans les Catskills. Le tout nouveau **centre d'interprétation Maurice D. Hinchey** vient d'ouvrir ses portes à Mount Tremper pour renseigner les visiteurs sur ses nombreux attraits.

Payant ; ouvert à l'année ; centre d'interprétation ouvert 7 jours sur 7, de 9 h 30 à 16 h 30.

Maurice D. Hinchey Catskill Interpretive Center (CIC)
5096 NY Route 28, Mt Tremper, NY 12457
Tél. : 845-688-3369
catskillinterpretivecenter.org

Les routes
SCÉNIQUES

Même en restant sur l'autoroute, les paysages sont spectaculaires dans la région des High Peaks, dans les Adirondacks (autoroute 87), dans les White Mountains (autoroute 93) et dans les Green Mountains du Vermont (autoroutes 89 et 91). Dans l'ouest de l'État de New York, l'autoroute 86 relie Binghamton, dans les Appalaches, et le lac Érié, en longeant la rivière Allegheny et les belles collines du plateau des Alleghenys. Les beaux paysages se trouvent partout. Mais pour découvrir les vrais trésors d'un *road trip,* il faut sortir des autoroutes et des sentiers battus et se lancer à la recherche des routes scéniques et des National Byways, ces routes répertoriées en raison de leur caractère exceptionnel. Votre trajet sera un peu plus long, mais vous serez récompensé par une nature magnifique, des petites villes coquettes, des villages fondés au début de la colonie et des fermes paisibles. Inévitablement, vous allez tomber sur un *country store,* un musée, une table champêtre, un vignoble... peut-être même sur un festival ou un marché fermier.

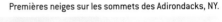
L'autoroute 86 traverse les Alleghenies.

Mon conseil : N'oubliez pas de faire le plein d'essence régulièrement car les services sont plus rares en région rurale.

Premières neiges sur les sommets des Adirondacks, NY.

La route 100

Au Vermont, ce n'est pas difficile de rouler dans de très beaux paysages : à peu près toutes les routes sont scéniques ! J'ai un petit faible pour la route 100, mais aussi pour la 100A et la 100B, des petites routes sinueuses qui se tortillent du nord-est au sud-ouest de l'État pendant plus de 300 kilomètres. La route 100 se prend un peu à l'ouest de Newport, près de la frontière de Stanstead, au Québec. Elle traverse tout le nord du Vermont, avant de se rendre à Morrisville et à Stowe, puis de suivre la route de la Mad River. Amateurs de bière, la Long Trail Brewing Company ne sera pas très loin de votre chemin, à Bridgewater Corners. Il y a un sympathique restaurant sur place. À quelques kilomètres au sud du Woodward Reservoir, un très beau plan d'eau, prenez la jonction 100A pour vous rendre à Plymouth Notch, où se trouve le superbe President Calvin Coolidge State Historic Site. Il s'agit d'un village-musée conservé tel qu'il était lors de l'entrée en fonction du 30e président des États-Unis, Calvin Coolidge, le 3 août 1923. C'est là qu'il est né et qu'il a grandi. Le Plymouth Artisan Cheese y fabrique d'excellents fromages. La Scenic Route 100 Byway officielle compte 222 km (138 mi) et traverse 16 villes et villages historiques, ainsi que des centres de ski comme l'Okemo Mountain Resort et le Killington Resort. Elle se trouve sur la portion de la route 100, entre Granville et Readsboro. Au passage, on y admire les sublimes paysages des Green Mountains.

Long Trail Brewing Company
5520 US Route 4
Bridgewater Corners, VT 05035
Tél. : 802-672-5011
longtrail.com

President Calvin Coolidge State Historic Site
3780 Route 100A
Plymouth, VT 05056
Tél. : 802-672-3773
historicsites.vermont.gov
scenicroute100byway.com

Les Green Mountains

Lorsqu'il explora la région en 1609, le Français Samuel de Champlain appela les montagnes sur la rive est du lac Champlain « Verts Monts » – d'où leur nom. Ces montagnes s'étendent du nord au sud sur une longueur d'environ 400 km (249 mi) et font partie de la chaîne des Appalaches. Les Green Mountains sont assez imposantes : 223 montagnes mesurent plus de 2 000 m (6 560 pi) et le sommet du mont Mansfield est le plus élevé, avec 1 339 m (4 393 pi). C'est peu si on considère que, dans leur « jeunesse », il y a 440 millions d'années, elles étaient aussi hautes que l'Himalaya. Les Green Mountains attirent chaque année des milliers de visiteurs pour le ski et les activités hivernales comme pour les activités estivales, dont la randonnée pédestre et le vélo de montagne. Le Long Trail, plus vieux sentier de randonnée de tous les États-Unis, traverse les Green Mountains sur 438 km (272 mi) de long et devient l'Appalachian Trail, dans le sud du Vermont, sur une distance de 160 km (100 mi). Il y a plus de 50 *State Parks* dans les Green Mountain et la Green Mountain National Forest est placée sous juridiction fédérale.

Mad River Byway

Cette route scénique magnifique emprunte deux des plus beaux rubans d'asphalte du Vermont, la 100 et la 100B. Vous traverserez des villages irrésistibles comme Waitsfield, Warren et Fayston, des montagnes, une vallée irriguée par la Mad River, des fermes aux belles granges rondes et des centres de ski exceptionnels, comme Sugarbush et Mad River Glen. Ne manquez pas les boutiques, les restaurants et les ponts couverts de Waitsfield et de Warren, ni les rhums de Mad River Distillers, à Waitsfield (voir p. 148). De nombreuses maisons historiques ont été converties en petites auberges et en B & B sur le chemin, comme The Pitcher Inn et Mad River Barn. Les chutes Moss Glen (voir p. 60) se trouvent près de Granville.

madriverbyway.org

Molly Stark Trail

Cette route scénique de 77 km (48 mi) relie les villes de Bennington et de Brattleboro, dans le sud du Vermont. Ces deux villes méritent une visite : la première pour ses musées et ses sites historiques et la seconde pour le dynamisme de sa vie culturelle. Cette portion de la route 9 porte le nom de la conjointe du général John Stark, qui conduisit la milice à la victoire lors de la bataille de Bennington, le 16 août 1777, pendant la Révolution américaine. La route traverse la superbe Green Mountain National Forest, mais aussi des vallées et des villages historiques comme Wilmington et Woodford. Ce dernier est établi à 675 m (2 215 pi) d'altitude : c'est le village le plus haut perché de tout le Vermont. La route scénique donne accès aux attraits récréatifs de trois *State Parks* : Molly Stark, Woodford et Fort Drummer. Du belvédère de Hogback Mountain, à Marlboro, la vue s'étend sur plus de 160 km (100 mi) : on voit les montagnes du sud du Vermont, le nord du Massachusetts et le sud du New Hampshire. Très beau !

mollystarkbyway.org

Route enneigée à Warren, VT.

The Connecticut River National Byway

La seule route scénique du Vermont à avoir obtenu le statut de National Byway s'étire du nord au sud, le long de la frontière du Vermont et du New Hampshire. Elle suit le trajet du fleuve Connecticut, le plus long et le plus puissant de toute la Nouvelle-Angleterre, de Colebrook jusqu'à Brattleboro. Cette route a une histoire intéressante puisque le peuple abénaquis s'y était établi bien avant l'arrivée des premiers colons européens. Elle traverse des forêts de conifères et des régions rurales, et croise quelques villes et villages où se trouvent de nombreux attraits (100 arrêts sont proposés !), comme l'American Precision Museum de Windsor, consacré aux outils, et le Fairbanks Museum et Planetarium à St. Johnsbury. Un pont couvert de 142 m (465 pi) de long, construit en 1866, traverse le fleuve, reliant Windsor (VT) et Cornish (NH). Les amateurs d'histoire ferroviaire (et les enfants !) voudront examiner de près la locomotive à vapeur Boston-Maine # 494, construite en 1892. Elle se trouve près de la gare Amtrak de White River Junction.

Suivre le trajet indiqué sur la carte routière à télécharger sur le site Web ; brochures offertes au centre des visiteurs des différentes régions, dont celui de Colebrook.

Colebrook Rest Area
Route 3 North
Colebrook, NH 03576
ctriverbyway.org

Vous aurez peut-être la chance de voir des orignaux dans la région de Colebrook, près de la frontière canadienne !

La route 1A, entre Portsmouth et Seabrook

Moins de 21 km (13 mi) du New Hampshire donnent sur la côte Atlantique, mais celle-ci est magnifique, bordée de plages de sable fin et de lieux intéressants. La route 1A longe cette côte, de la frontière du Maine à celle du Massachusetts. Au fil des kilomètres, l'ambiance varie : de l'expérience urbaine et historique remarquable de Portsmouth, une ville qui se découvre à pied, vous plongerez dans l'atmosphère festive et commerciale de Hampton Beach, en passant par le chic décontracté de Rye. La route 1A est particulièrement scénique entre Hampton Beach et Portsmouth. D'un côté on voit l'océan, d'un bleu insistant, et de l'autre, on admire des résidences cossues, toutes plus belles les unes que les autres. Ce beau parcours épouse les contours de la côte, mais des murs brise-lames empêchent souvent de voir la mer. La 1A est très populaire auprès des cyclistes, des joggeurs et des motocyclistes. Comme on y trouve aussi quelques marais salants, de nombreux oiseaux peuvent y être observés.

Stationnements payants, le long de la côte ; les parcomètres prennent les cartes de crédit et les *quarters* (25 cents US).

Route 1 A
entre Portsmouth et Seabrook, NH.

La route 1A entre Hampton Beach et Portsmouth, NH.

The Kancamagus

« The Kanc » (la route 112), une des routes les plus scéniques de la Nouvelle-Angleterre, relie les petites villes de Conway et Lincoln, dans la White Mountain National Forest. Il s'agit aussi d'un des trajets les plus fréquentés par les automobilistes qui veulent admirer les couleurs d'automne : 55 km (34,5 mi) de paysages magnifiques et de points de vue spectaculaires sur la rivière Swift, mais aussi sur Rocky Gorge et sur les chutes Sabbaday et Lower. Vous allez grimper, et grimper… jusqu'à atteindre 870 m (2 855 pi) près de la Kancamagus Pass, sur les flancs du mont Kancamagus, avant d'arriver à Lincoln. La vue sur la rivière Pemigewassett, sur les monts Osceola et sur le mont Hancock est superbe. La route donne accès à plusieurs sentiers de randonnée et à six terrains de camping publics.

Faites le plein d'essence avant d'accéder à cette route : il n'y a aucun service sur la Kanc ; il n'y a pas de frais pour emprunter cette route mais les véhicules stationnés (pour les randonnées et les visites) doivent présenter leur laissez-passer valide pour la forêt nationale.

fs.usda.gov

Les White Mountains

Le paysage des White Mountains, au cœur du New Hampshire, est d'une beauté saisissante. Chaque fois que j'arrive dans ce territoire magnifique, mon cœur palpite ! Ce n'est pas étonnant que des milliers de visiteurs s'y rendent depuis la fin des années 1800 pour pratiquer différentes activités sportives (randonnée, vélo de montagne, ski, golf, escalade, pêche), explorer les *State Parks,* séjourner dans les hôtels historiques construits dans les vallées et découvrir les villes animées de North Conway et Lincoln. Le mont Washington est un attrait principal, avec la Mount Washington Auto Road (voir p. 39) et le train à crémaillère du Cog Railway (voir p. 38). Cet imposant massif montagneux fait partie des Appalaches et occupe une bonne partie du territoire de l'État du New Hampshire, empiétant en partie sur le Maine et le Québec. Le mont Gosford, dans les Cantons-de-l'Est, en fait d'ailleurs partie. En tout, 48 sommets (les Four-Thousand Footers) mesurent plus de 1 200 m (4 000 pi), et le mont Washington, plus haut sommet de tout le nord-est des États-Unis, atteint 1 917 m (6 288 pi). La fameuse Appalachian Trail traverse ces montagnes sauvages du sud-ouest au nord-est.

The Cog Railway grimpe jusqu'au sommet du mont Washington.

Routes dans les White Mountains

Il existe plusieurs trajets magnifiques dans les White Mountains. Le paysage de cette région est tellement beau que même la portion de l'Interstate 93 qui traverse Franconia Notch State Park (voir p. 21) et passe devant Cannon Mountain est un *must*. La portion de la route 302 qui se trouve entre Bretton Woods et North Conway est l'un des trajets les plus intéressants, pour le panorama et la quantité d'attraits rencontrés en cours de route. L'entrée dans les White Mountains est très belle, et le paysage s'ouvre sur les impressionnants sommets. À Bretton Woods, on croise le chemin donnant accès au Cog Railway, le fameux train à crémaillère menant au sommet du mont Washington (voir p. 38). Devant le majestueux Omni Mount Washington Resort, une halte routière permet d'admirer le paysage. La route traverse ensuite la White Mountain National Forest et Crawford Notch State Park (voir p. 22), d'où la vue sur Frankenstein Cliff (des falaises impressionnantes) est splendide. Suivez ensuite la vallée du mont Washington en longeant la rivière Saco pour vous rendre jusqu'à Bartlett et North Conway. Vous passerez devant un centre de ski qui devient un parc d'aventure pendant l'été : l'Attitash Mountain Resort.

Autre option : la route 16, qui va de Jackson à Gorham, et qui est de toute beauté. Vous traverserez de magnifiques forêts, passerez devant Pinkham Notch, un centre d'interprétation de la nature très important pour les randonneurs, vous croiserez le Wildcat Mountain Ski Resort et la Mount Washington Auto Road (si vous avez envie de faire l'ascension de la montagne en voiture, voir p. 39). Vous pourrez ainsi vous rendre jusqu'à Gorham, un village sympathique où se trouvent quelques restaurants, une vieille gare et un antiquaire digne de mention, The Market Place at 101. Un très beau terrain de camping public historique (services limités, en cours de rénovation) se trouve juste avant Gorham : le Dolly Copp Campground.

Dolly Copp Campground
Dolly Copp Road
Gorham, NH 03581
Tél. : 603-466-2713
recreation.gov

Les beaux paysages se succèdent
à Bretton Woods, NH.

Paysage rural près de Cazenovia, NY.

La route 20

La route 20 traverse les États-Unis au grand complet, de Boston au Massachusetts à Newport dans l'Oregon. Sur le territoire new-yorkais, elle conduit grosso modo de Buffalo à Albany. Cette charmante route croise de nombreuses petites villes qui méritent un arrêt pour leur centre-ville pittoresque, leurs bâtiments historiques, leurs restaurants, leurs boutiques, leurs musées et leur vie culturelle : Cazenovia, Cherry Valley, Sharon Springs, LaFayette, Skaneateles, Auburn, Canandaigua. Elle traverse des paysages ruraux, au cœur de douces collines, ou bien se promène en pays plutôt plat. C'est un très bon trajet pour faire des trouvailles agrotouristiques : vergers, vignobles, fermettes y occupent une place de choix et j'y ai fait de superbes découvertes. De nombreux musées et sites historiques sont aussi présents tout au long du parcours, ainsi que des restaurants et *diners,* et quantité d'auberges et de B & B.

nyroute20.com

À voir:
le verger Beak & Skiff
à Lafayette
beakandskiff.com

Routes dans les Adirondacks

Dans les Adirondacks, vous serez choyés pour les *road trips.* La plupart des routes qui sillonnent le territoire offrent un point de vue magnifique sur les lacs, les rivières, les forêts et les montagnes de ce parc gigantesque. Elles font découvrir des villages craquants comme Saranac Lake, Speculator, North Creek et Long Lake, des sites culturels et historiques, conduisent aux accès (*trailheads*) des sentiers de randonnée mythiques et permettent d'évaluer l'étendue et la beauté de ce territoire sauvage. Il est impossible de tout voir en une journée : mieux vaut choisir des sections du parc et les explorer une à une, en découvrant les attraits qui sont disséminés ici et là. Il y a 14 *Scenic Byways* dans les Adirondacks, et toutes offrent une variété de paysages et d'expériences. Elles sont très populaires auprès des motocyclistes en été, et des amateurs de paysages multicolores pendant l'automne. L'Adirondack Trail s'étire du nord au sud, en commençant à Malone, tout près de la frontière canadienne, jusqu'à Fonda, sur le canal Érié. La spectaculaire High Peaks Byway commence sur l'I-87 (à la sortie 30) et traverse les hauts sommets jusqu'au village olympique de Lake Placid. Une autre route scénique remonte jusqu'aux sources du fleuve Hudson : elle se prend à Warrensburg sur l'I-87 et se rend jusqu'à Blue Mountain Lake, où se trouve l'incontournable **Adirondack Museum**, surnommé le « Smithsonian des Adirondacks » (voir p. 240). La route 30, entre Indian Lake et Speculator, offre elle aussi des points de vue spectaculaires. Gardez votre réservoir d'essence bien rempli et l'œil ouvert pour les chevreuils, les orignaux et les ours.

Adirondack Museum
9097 NY Route 30
Blue Mountain Lake, NY 12812
Tél. : 518-352-7311
adkmuseum.org
visitadirondacks.com

Les routes
VERS LES SOMMETS

Pour admirer les paysages des trois États de façon panoramique, on peut prendre d'assaut les sentiers qui mènent jusqu'aux sommets mythiques, portant les noms de Washington, Whiteface ou Mansfield, avec tout l'équipement nécessaire et l'énergie voulue : c'est la grande aventure, le bain de nature, le plein air à son meilleur ! Mais si ce n'est pas possible, peu importe la raison, il y a une autre option : s'y rendre par la route. Bien sûr, ce n'est pas le même genre d'aventure. Mais c'est quand même très bien et plusieurs montagnes sont accessibles en voiture. Après la descente, prenez deux minutes pour vérifier la température des écrous de vos roues. Si ça chauffe, arrêt obligatoire pendant 30 minutes.

Du sommet de Whiteface Mountain, on voit le fameux lac Placid et les montagnes des Adirondacks.

Vue sur le mont Washington, Mount Washington Auto Road, Gorham, NH.

La Mount Philo Auto Road conduit jusqu'au sommet du mont Philo,
d'où la vue sur le lac Champlain est magnifique.

Mount Philo Auto Road

Une route abrupte (roulottes et véhicules récréatifs ne sont pas les bienvenus !) qui serpente dans
la forêt conduit jusqu'au sommet du mont Philo (altitude : 295 m / 968 pi), dans le tout premier
State Park du Vermont (1924). Ce petit parc (67 ha / 168 ac) est très connu des gens de Burlington
et des alentours (c'est à quelques minutes seulement en voiture). Ils aiment s'y rendre pour faire
une petite randonnée et profiter du paysage. C'est en fait le *State Park* le plus populaire de tout le
Vermont ! La route étroite mène jusqu'au sommet, où se trouvent une aire de pique-nique et un
belvédère. Des fauteuils de bois ont été installés pour contempler la vue sur les champs cultivés,
le lac Champlain et la silhouette imposante des High Peaks, du côté de l'État de New York. Les
campeurs adoreront ceci : un tout petit terrain de camping de 10 sites, dont trois appentis
(*lean-to*), est aménagé au sommet, avec toilettes et douches ($), pour les tentes seulement.
Les amateurs d'ornithologie sont choyés : le mont Philo se trouve sur le corridor migratoire des
oiseaux de proie. Ils sont là en quantité la deuxième et la troisième semaine de septembre. Une
centaine d'espèces d'oiseaux ont aussi été répertoriées dans le parc.

Payant ; ouvert de Memorial Day (dernier lundi de mai) à Columbus Day
(deuxième lundi d'octobre), de 10 h au coucher du soleil.

Mt. Philo State Park
5425 Mt. Philo Road, Charlotte, VT 05445
Tél. : 802-425-2390
vtstateparks.com

Mount Mansfield

Une route à péage de 7,3 km (4,5 mi) dont l'accès se trouve à Stowe, la Stowe Mountain Resort Auto Toll Road, permet de monter presqu'au sommet du mont Mansfield (1 340 m / 4 395 pi), le plus haut du Vermont. La route étroite, construite il y a 150 ans, n'est pas pavée et zigzague jusqu'à quelques mètres du sommet, ensuite accessible par un sentier. Elle longe une partie du légendaire sentier de randonnée Long Trail. Au sommet, la vue sur les Green Mountains et les Adirondacks est à couper le souffle : des montagnes à perte de vue. À cause de l'altitude et des conditions climatiques difficiles, la végétation a dû s'adapter : on y retrouve des plantes alpines et propres à la toundra, ce qui est plutôt rare en Nouvelle-Angleterre. Les randonneurs sont priés de rester sur les sentiers pour ne pas les abîmer. De nombreuses restrictions s'appliquent à cette montée interdite aux motocyclistes et aux cyclistes de même qu'aux roulottes et VR. Il est donc important de s'informer avant de s'y rendre. Compter une vingtaine de minutes pour faire le trajet jusqu'au sommet.

Payant ; ouvert de la mi-mai à la mi-octobre, selon la météo.

Stowe Mountain Resort
7416 Mountain Road
Stowe, VT 05672
Tél. : 802-853-3000
stowe.com

Mount Ascutney Auto Road

Une route pavée de 4,8 km (3,7 mi) construite dans les années 1930 au cœur d'une forêt de feuillus conduit à quelques mètres du sommet du mont Ascutney (958 m / 3 144 pi), dans le *State Park* du même nom. On peut se rendre en voiture jusqu'à une aire de stationnement située à une altitude de 853 m (2 800 pi). Le parcours est assez raide : l'inclinaison est de 12 % en moyenne et dépasse même 19 % par moments. Un sentier de 1,3 km (0,8 mi) permet ensuite d'accéder au sommet, 105 m (344 pi) plus haut. Une tour d'observation haute de 7,3 m (24 pi) permet d'avoir une vue panoramique sur les Green Mountains et la région des lacs du New Hampshire. Un sentier d'une centaine de mètres conduit jusqu'à Brownsville Rock, un autre belvédère d'observation. Une rampe de saut pour le parapente s'y trouve aussi. Un petit terrain de camping ouvert aux tentes et aux VR se trouve à la base de la montagne : il y a 39 sites boisés, 10 appentis (*lean-to*), un bloc sanitaire et des douches ($). Randonneurs, quatre sentiers conduisent de la base au sommet.

Payant ; ouvert de la mi-mai à la mi-octobre, de 10 h au coucher du soleil.

Mt Ascutney State Park
1826 Back Mountain Road
Windsor, VT 05089
Tél. : 802-674-2060
vtstateparks.com

Il est recommandé d'utiliser la compression pour freiner votre véhicule pendant la descente de ces montagnes. Si vos freins chauffent, vous devrez vous arrêter pendant une trentaine de minutes.

Météo en folie au sommet du mont Washington

Le mont Washington est le plus haut sommet des White Mountains, au New Hampshire, et de tout le nord-est des États-Unis (1916 m / 6288 pi). Il est considéré comme un des pires endroits de la planète, côté météo. Il y fait froid : la moyenne annuelle est de -3°C (27°F), il fait -14°C (7°F) en moyenne en hiver. Le record enregistré en janvier 1934 a été de -44°C (-47°F). Il y vente à écorner les bœufs : en moyenne, le vent souffle à 56 km/h (35 mi/h). En hiver, il est de la force d'un ouragan un jour sur deux, en moyenne. Le record enregistré en avril 1934 a été de 372 km/h (231 mi/h). Il y pleut et y neige beaucoup : en moyenne il tombe 2540 mm (100 po) de pluie par année et 714 cm (281 po) de neige ou de précipitations solides en hiver. Et le sommet est dans la brume 60 % de l'année. Sympathique, n'est-ce pas ? Néanmoins, le personnel du **Mount Washington Observatory** y travaille 24 heures par jour, 7 jours par semaine, 365 jours par année. Il recueille des données scientifiques et entretiennent les instruments de mesure, beau temps, mauvais temps. Pas étonnant que plusieurs entreprises demandent aux scientifiques de l'observatoire de tester leurs produits ! Il est possible de faire une visite guidée de l'observatoire, sur réservation, de la mi-mai à la mi-octobre. Pendant l'hiver, des expéditions spéciales sont organisées, sur réservation. L'ascension du mont se fait alors dans un véhicule spécial, le snowcat, en suivant le tracé de la Mount Washington Auto Road. Deux musées permettent de se familiariser avec la météo du mont Washington et avec la climatologie en général. L'un se trouve à North Conway (**Weather Discovery Center**) et l'autre, **Extreme Mount Washington**, au sommet du mont Washington, à l'intérieur du centre d'accueil des visiteurs du Mount Washington State Park.

On se rend au sommet par la Mount Washington Auto Road (payant, 90 minutes, de la mi-mai à la mi-octobre), par la Cog Railway (payant, de la mi-mai à la mi-octobre) ou par snowcat en hiver (payant, sur réservation seulement, 16 ans et plus) ; communiquer avec l'**Appalachian Mountain Club** pour connaître les consignes de sécurité à respecter avant d'entreprendre l'ascension du mont en randonnée, peu importe la saison.

Mount Washington Observatory
Extreme Mount Washington
(Au sommet du mont Washington)
Tél. : 603-356-2137
mountwashington.org

Weather Discovery Center
2779 White Mountain Highway
North Conway, NH 03860
Tél. : 603-356-2137
mountwashington.org

Appalachian Mountain Club
Pinkham Notch Visitor Center
361 Route 16
Gorham, NH 03581
Tél. : 603-466-2721
outdoors.org

Le vent souffle si fort que certains bâtiments doivent être retenus à l'aide de chaînes.

Mount Washington Auto Road

Voilà LA route fétiche du New Hampshire, et même de tout le nord-est des États-Unis. Depuis plus de 150 ans, les visiteurs peuvent monter jusqu'au sommet du mont Washington (1 917 m / 6 288 pi !) avec leur véhicule, ou se laisser conduire par les guides expérimentés, à bord de camionnettes. C'est une expérience vertigineuse et inoubliable, qui implique de nombreux virages en épingles à cheveux, et l'absence d'accotement ou de rambardes en plusieurs endroits, notamment près de Tuckerman's Ravine. La route est en gravier dès le milieu du parcours et en raison de la météo extrême du mont Washington, même s'il fait beau à Gorham, c'est bien possible qu'il neige ou qu'il fasse un temps très moche au sommet (voir encadré ci-contre).

Si vous avez peur des précipices, comme moi, stationnez votre véhicule en bas et faites le tour guidé en vous cramponnant à votre siège. Même conseil si vous n'avez pas l'habitude des routes de montagne : la pente moyenne est de 12 %. Après 1 219 m (4 000 pi), il n'y a plus d'arbres et la végétation alpine prend le relais, survivant comme elle peut aux grands vents et aux changements brutaux de température. Du sommet, la vue est spectaculaire, s'étendant par temps clair jusqu'à l'Atlantique. Mais il est aussi possible que ce soit complètement bouché. On ne sait jamais avec cette montagne !

Payant ; ouvert aux véhicules pendant l'été, voir le site Web pour plus d'informations.

1 Mount Washington Auto Road
Gorham, NH 03581
Tél. : 603-466-3988
mtwashingtonautoroad.com

C'est bien possible de se retrouver dans un épais brouillard, au sommet !
À droite : La route qui conduit au sommet longe de profonds ravins.

Cathedral Ledge Road

Une route de presque 2 km (1,2 mi) permet de se rendre jusqu'au sommet de Cathedral Ledge (213 m / 700 pi), une falaise de granit spectaculaire, visible du centre-ville de North Conway. Cette formation géologique étonnante a été façonnée lors du retrait des derniers glaciers. Depuis les années 1960, c'est un site très populaire auprès des amateurs d'escalade chevronnés, qui apprécient une grande variété de parcours. On peut y admirer leur savoir-faire et leur sang-froid. Du sommet, la vue s'étend vers les White Mountains et la vallée de la rivière Saco – une très belle région du New Hampshire.

Payant ; ouvert de la mi-mai à la mi-octobre.

Echo Lake State Park
68 Echo Lake Road
Conway, NH 03818
Tél. : 603-356-2672
nhstateparks.org

Whiteface Veterans' Memorial Highway

Cette route longue de 8 km (5 mi) permet de se rendre à 300 m (984 pi) environ du sommet de Whiteface, d'où la vue sur les High Peaks, les Adirondacks et Lake Placid est époustouflante. Inaugurée par le président Roosevelt en 1936, la route entièrement asphaltée serpente sur le versant de la montagne, conduisant jusqu'à un imposant château de granit. De là, vous avez deux choix : vous pouvez emprunter un long tunnel puis un ascenseur qui vous conduit au sommet, 84 m (276 pi) plus haut, ou vous pouvez monter à pied, en suivant un sentier aménagé sur des roches de granit, sur une distance d'environ 300 m (984 pi). Le vent peut souffler très fort, les roches sont glissantes et le port de chaussures de marche est recommandé. Mais la vue... wow ! Vous êtes à 1 483 m (4 867 pi) d'altitude.

Payant ; ouvert de la mi-mai à la mi-octobre.

Intersection des routes NY 86 et NY 431
Près de Wilmington, NY 12997
Tél. : 518-946-2223
whiteface.com

Couleurs d'automne

L'automne est absolument magnifique dans le Vermont, le New Hampshire et l'État de New York. Ce sont trois territoires couverts de grandes surfaces boisées, où poussent plusieurs espèces de feuillus dont l'érable à sucre, l'érable rouge, le bouleau, le tremble, le chêne, le noyer, le frêne, le cerisier, le hêtre, le tupelo, le sassafras... Dès le mois de septembre, les feuilles commencent à passer du vert au jaune, au rouge éclatant, à l'orange vif, en passant par toutes les nuances de couleurs chaudes et d'ocre. Cette féerie culmine à peu près à la mi-octobre. La saison des couleurs s'étire jusqu'à la mi-novembre dans les régions côtières du New Hampshire, où le climat est plus tempéré. L'extravagance des couleurs d'automne fournit un cadre extraordinaire pour faire de la randonnée, du vélo ou une sortie en bateau ; pour aller rendre visite aux marchés fermiers ou cueillir des pommes, des citrouilles ou même des raisins. C'est aussi considéré comme la haute saison du point de vue touristique : notez que les prix sont haussés en conséquence !

Magnifiques jardins

Dans chacun des trois États, les responsables des sociétés horticoles et des différents sites historiques apportent un soin jaloux à leurs jardins. Aménagés sur des propriétés remarquables, des campus universitaires ou des parcs, ces oasis de verdure se distinguent par la beauté des aménagements paysagers, leur harmonie, la variété des couleurs et des textures qu'on y retrouve – sans compter les plans d'eau, les fontaines, les sculptures et les bâtiments qui les rendent encore plus fascinants. Ce sont des haltes parfaites pour un pique-nique ou une promenade romantique.

Les jardins de Hildene, à Manchester (VT), imitent des vitraux.

Hildene Gardens

Le fils aîné d'Abraham Lincoln, Robert Todd Lincoln, devenu président de la compagnie de transport Pullman, fit construire en 1903 un manoir de style *Gothic Revival* sur les collines de Manchester, qu'il nomma Hildene. Il choisit un site offrant une vue imprenable sur la rivière Battenkill. Le jardin formel Hoyt y a été créé en 1907 par sa fille, Jessie, en l'honneur de sa mère, Mary Harlan Lincoln. Son aménagement, d'influence française, rappelle le vitrail d'une cathédrale de style roman. Les panneaux de couleur sont représentés par des fleurs de différentes couleurs et des haies de troènes rappellent les soudures de plomb. À la mi-juin, plus de 1 000 plants de pivoines fleurissent en même temps. Il y a aussi un jardin de fleurs à couper et un jardin culinaire sur cette propriété exceptionnelle.

Payant ; voir le site Web pour les heures d'ouverture.

1005 Hildene Road
Manchester, VT 05254
Tél. : 802-362-1788
hildene.org

Shelburne Farms

Ce domaine de 566 ha (1 400 ac) donnant sur le lac Champlain a été fondé en 1886 par William Seward et Lila Vanderbilt Webb, avec la collaboration de l'architecte-paysagiste Frederick Law Olmsted, aussi concepteur de Central Park à New York et du parc du Mont-Royal à Montréal. L'architecte Robert Henderson Robertson a conçu les plans des 36 bâtiments qui se trouvaient à Shelburne Farms à l'époque. Il en reste 16 aujourd'hui. Les Seward souhaitaient faire un site modèle pour l'agriculture à Shelburne et firent l'essai de méthodes de culture et d'élevage de chevaux novatrices. Lila recevait beaucoup et de nombreuses personnalités visitèrent les lieux, dont le président Theodore Roosevelt. Aujourd'hui, le domaine classé National Historic Landmark est voué à l'apprentissage des principes du développement durable. On y trouve des aménagements paysagers, des jardins, des boisés, un manoir patrimonial et des bâtiments agricoles.

Payant ; voir le site Web pour les heures d'ouverture.

1611 Harbor Road
Shelburne, VT 05482
Tél. : 802-985-8686
shelburnefarms.org

Le manoir de Shelburne Farms a été transformé en auberge et restaurant. À droite : Les jardins de Hildene sont remarquables.

Jardin d'hémérocalles

Plus de 2 500 variétés d'hémérocalles de toutes les couleurs et de toutes les tailles sont cultivées dans les magnifiques **Olallie Daylily Gardens**, près de Brattleboro, au Vermont. Christopher Durrow suit les traces de son grand-père, le Dr George Durrow, un généticien qui s'intéressa à l'hybridation des hémérocalles en 1957 après avoir fait carrière au USDA (United States Department of Agriculture). Le Dr Durrow a d'ailleurs été intronisé au temple de la renommée de l'American Society for Horticultural Science en 1993. Au-

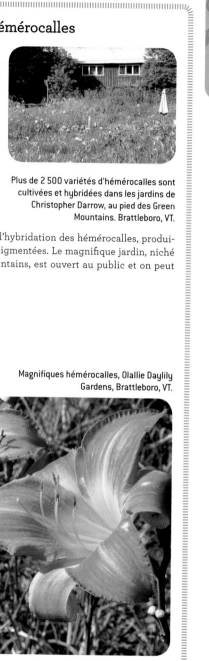

Plus de 2 500 variétés d'hémérocalles sont cultivées et hybridées dans les jardins de Christopher Darrow, au pied des Green Mountains. Brattleboro, VT.

jourd'hui, Chris s'intéresse toujours à l'hybridation des hémérocalles, produisant des variétés hâtives, géantes ou pigmentées. Le magnifique jardin, niché dans une petite vallée des Green Mountains, est ouvert au public et on peut même y faire un pique-nique.

Gratuit.

Olallie Daylily Gardens
129 Auger Hole Road
South Newfane, VT 05301
Tél. : 802-348-6614
daylilygarden.com

Magnifiques hémérocalles, Olallie Daylily Gardens, Brattleboro, VT.

Fuller Gardens

Ce jardin botanique public a été établi sur la propriété de Runnymede-by-the-Sea, la résidence d'été de l'homme d'affaires, politicien, champion cycliste, collectionneur d'œuvres d'art et philanthrope Alvan T. Fuller. Ce visionnaire, premier concessionnaire automobile de Boston, a offert ce jardin à sa femme, Viola. Des milliers de rosiers (il y en a 1 700 !) et des centaines de variétés de fleurs vivaces et annuelles s'épanouissent dans ces jardins bordés de haies taillées. On y trouve aussi un jardin japonais et des plates-bandes à l'anglaise.

Payant ; voir le site Web pour les heures d'ouverture.

10 Willow Avenue
North Hampton, NH 03862
Tél. : 603-964-5414
fullergardens.org

The Fells Historic Estate And Gardens

Établi près du lac Sunapee, ce jardin de 33 ha (83,5 ac) se trouve sur la propriété de l'ancien diplomate et homme d'État John Milton Hay, qui profitait des vacances d'été dans son manoir de style *Colonial Revival* de 22 pièces, construit en 1891. Le jardin historique, The Old Garden, s'y trouve toujours, de même qu'un étang à nénuphars, une terrasse pour les rosiers et une plate-bande de plantes vivaces longue de 30,5 m (100 pi). Une exposition de sculptures extérieures s'y déroule pendant l'été. Ce site est classé dans le National Register of Historic Places.

Payant ; voir le site Web pour les heures d'ouverture.

456 Route 103A
Newbury, NH 03255
Tél. : 603-763-4789
fells.org

La pergola du jardin Young, Cornell Plantations, Ithaca, NY.

Cornell Plantations

Un seul mot : extraordinaire. Situé sur le campus de Cornell University, ce jardin botanique de 14 ha (35 ac) compte 12 différentes sections, dont un jardin formel, un jardin de plantes médicinales, un jardin d'hiver (conifères), des rhododendrons, des plantes grimpantes, une collection de pivoines et des aménagements en bacs exceptionnels. C'est un véritable musée vivant et un centre de recherche. Une route pavée traverse l'immense arboretum F.R. Newman, qui compte 40 ha (100 ac). On y observe des étangs peuplés de batraciens et de tortues, des chênes, des érables et des conifères magnifiques, de même que des pommetiers et des cornouillers. Le **Nevin Welcome Center** (certifié LEED Or), un bâtiment d'accueil conçu par les architectes de la firme canadienne Baird Sampson Neuert, vient d'ouvrir ses portes. Des spécialistes y sont régulièrement invités pour présenter des conférences.

Gratuit, stationnement payant.

124 Comstock Knoll Drive
Ithaca, NY 14850
Tél. : 607-255-2400
cornellplantations.org

L'étang de l'arboretum F.R. Newman abrite une faune et une flore diversifiée. Cornell Plantations, Ithaca NY.

Le jardin de conifères (Winter Garden), Cornell Plantations, Ithaca, NY.

Cutler Botanical Garden

Ce jardin de 1 ha (4,5 ac) affilié à la Cornell University fait partie des 360 jardins botaniques américains présentant en primeur, chaque année, les variétés gagnantes des All-America Selections, qui seront commercialisées l'année suivante. Les nouvelles variétés provenant de partout dans le monde y sont testées et évaluées. La section consacrée aux habitats naturels est certifiée par la North America Butterfly Association : les plantes et le nectar qui s'y trouvent attirent les papillons. Les asters et les plants de verge d'or, entre autres, permettent aux monarques de se nourrir pendant leur longue migration.

Payant ; voir le site Web pour les heures d'ouverture.

840 Upper Front Street
Binghamton, NY 13905
Tél. : 607-772-8953
ccebroomecounty.com

E.M. Mills Rose Garden

Ce jardin urbain coloré et très parfumé a été établi en 1922 tout près du campus de la Syracuse University, en plein centre-ville. Une des plates-bandes originales (Lady Ursula) est toujours au même endroit. Autour d'une jolie gloriette, les visiteurs se promènent à travers les allées, à la découverte de 3 550 rosiers. Les membres de la Syracuse Rose Society y travaillent à tous les mercredis, entretenant en souriant 368 différentes variétés de rosiers. Les fleurs sont de toutes les couleurs : du rose le plus délicat au rouge grenat, en passant par le blanc éclatant, le jaune vif et l'orange pimpant.

Gratuit.

Thornden Park (à l'angle d'Ostrom Avenue et de Clarendon Street)
Syracuse, NY 13210
syracuserosesociety.org

Il y a 3 550 rosiers au E.M. Mills Rose Garden de Syracuse.

Les jardins de la George Eastman House de Rochester ont été aménagés d'après des photos d'époque.

Buffalo and Erie County Botanical Gardens

Lorsqu'il a ouvert ses portes en 1900, le Conservatoire de South Park (ancien nom de l'endroit) était considéré comme le troisième plus grand jardin botanique des États-Unis et le neuvième plus important au monde. Après avoir connu quelques décennies difficiles, ce bâtiment historique totalement voué à la botanique a été rénové. Plus de 100 000 personnes visitent chaque année les différentes serres et les jardins des Buffalo and Erie County Botanical Gardens. On y trouve la plus grande collection de lierres au monde, des orchidées, des plantes tropicales, un jardin de roses, un jardin dédié à la paix dans le monde et un jardin de méditation et de guérison spirituelle.

Payant ; ouvert toute l'année sauf à la Thanksgiving américaine (dernier jeudi de novembre) et à Noël, voir le site Web pour plus de détails.

2655 South Park Avenue
Buffalo, NY 14218
Tél. : 716-827-1584
buffalogardens.org

George Eastman House Gardens

Les spectaculaires aménagements paysagers de l'ancien manoir de George Eastman, sur East Avenue, comptent 5 ha (12,5 ac) de pelouse, arbres, arbustes ornementaux et plantes grimpantes. Des plantes à bulbes et des fleurs vivaces fleurissent dans quatre jardins de toute beauté. On y trouve aussi des éléments architecturaux historiques : une pergola, une fontaine à nénuphars et des puits vénitiens du XVIIe siècle. Tout l'aménagement est basé sur la collection de photos d'époque (1902 et 1932), la correspondance et la liste de plantes utilisées sur la propriété classée National Historic Landmark. Le manoir abrite le remarquable musée Eastman de la photographie et du cinéma (voir p. 259).

Payant ; voir le site Web pour les heures d'ouverture ; restaurant sur place.

900 East Avenue
Rochester, NY 14607
Tél. : 585-271-3361
eastman.org/house-gardens

Kykuit – John D. Rockefeller Estate

L'extravagant manoir Kykuit a été construit en 1913 pour John D. Rockefeller, fondateur de l'empire familial et de la Standard Oil. Jusqu'en 1991, des membres de la famille vivaient toujours dans l'imposante demeure de quatre étages qui a hébergé quatre générations de cette richissime famille. Le jardin de style Beaux-Arts, conçu par le renommé architecte W.W. Bosworth, compte des terrasses ornées de fontaines, des pavillons et une collection remarquable de sculptures du XXe siècle, comprenant des pièces de Brancusi, Calder, Lachaise, Matisse et Picasso. Le site grandiose offre un panorama superbe sur le fleuve Hudson.

Payant ; voir le site Web pour les heures d'ouverture.

381 North Broadway
Sleepy Hollow, NY 10591
Tél. : 914-631-8200
hudsonvalley.org

Sonnenberg Gardens and Mansion State Historic Park

Cette oasis de verdure, don du banquier new-yorkais Frederick Ferris Thompson et de sa femme Mary Clark Thompson à la communauté, se trouve à quelques coins de rue du centre-ville de Canandaigua. Ce couple prospère du *Gilded Age* (ou l'Âge doré, soit la période de reconstruction et de prospérité qui a suivi la Guerre de Sécession) a fondé cette propriété de style victorien de 21 ha (52 ac) pour y passer ses vacances d'été. On y trouve neuf jardins thématiques, dont une roseraie de 2 500 plants, un jardin japonais, un jardin nocturne composé uniquement de fleurs blanches et une serre de verre Lord & Burnham construite entre 1903 et 1915, qui est considérée comme l'une des plus imposante de tous les États-Unis. Le manoir *Queen Anne,* construit entre 1885 et 1887, compte 20 pièces.

Payant ; voir le site Web pour les heures d'ouverture.

151 Charlotte Street
Canandaigua, NY 14424
Tél. : 585-394-4922
sonnenberg.org

Le Finger Lakes Wine Center se trouve sur cette propriété.

John D. Rockefeller a fait construire cet imposant manoir en 1913.

Les croisières :
UNE PAUSE SUR LES FLOTS

Les petites excursions commentées sur les lacs, les rivières, le canal Érié et même l'Atlantique permettent d'en découvrir beaucoup sur l'histoire, l'écologie et l'art de vivre des régions visitées. Il y a des plans d'eau magnifiques dans les trois États et quantité d'excursions sont proposées. C'est l'occasion de se relaxer, de prendre une pause dans la conduite automobile, de savourer une bière locale ou un verre de vin, et de profiter du beau temps au cœur de paysages spectaculaires. Imaginez-vous sur le lac Champlain au soleil couchant ou sur Long Lake, avec vue sur les High Peaks... ou encore sur l'incomparable lac Placid, avec la meilleure vue qui soit sur Whiteface Mountain ! Avec un peu de chance, on peut apercevoir des aigles à tête blanche, des hérons, des canards, des chevreuils ou même des orignaux. En bonus, les excursions permettent de jeter un œil indiscret sur les propriétés prestigieuses construites sur les rives. Une chose est sûre, les croisières ont un petit côté *people* ! L'actrice Sigourney Weaver (*Alien*) passe ses étés à Long Lake, à l'abri des regards. Bruce Springsteen a été vu à Lake Placid et Joe Biden, vice-président américain, à Skaneateles. Steven Tyler (du groupe Aerosmith) a passé son enfance au bord du lac Sunapee, au New Hampshire. Les excursions permettent aussi d'apercevoir quelques-uns des fameux *Great Camps* dans les Adirondacks, ces constructions rustiques où les riches et célèbres des siècles derniers – les Roosevelt, Vanderbilt, Astor, Guggenheim, Durant, et compagnie – passaient une partie de leurs vacances. Voici quelques excursions très intéressantes.

Coucher de soleil sur le lac Champlain, Burlington, VT.

Newport

À bord du *Northern Star,* les passagers découvrent l'histoire et les légendes du lac Memphrémagog, partagé entre l'État du Vermont et la province de Québec. Plusieurs excursions sont proposées et l'une d'elles, offerte à quelques reprises pendant la saison, s'aventure dans les eaux canadiennes pour passer devant Owl's Head Resort et l'abbaye de Saint-Benoît-du-Lac. La croisière a été votée parmi les plus belles et les plus intéressantes de toute la Nouvelle-Angleterre par le *Yankee Magazine,* en 2015. Il y a même un piano à queue à bord !

Payant ; réservation recommandée plusieurs jours à l'avance (vérifications douanières préalables).

Newport's City Dock
84 Fyfe Drive
Newport, VT 05855
Tél. : 802-487-0234
vermontlakecruises.com

Le pirate Barbe-Noire aurait passé sa lune de miel dans l'île Smuttynose.

Isle of Shoals

Une seule île du mystérieux archipel d'Isles of Shoals, situé à 10 kilomètres de la côte du New Hampshire, est accessible en bateau commercial : Star Island. Cette île peu connue est gérée par la Star Island Corporation, une association affiliée à des organisations religieuses qui accueillent leurs fidèles dans l'Oceanic Hotel. L'établissement construit en 1876 est aussi ouvert au grand public. Pendant la belle saison, celui-ci peut découvrir Star Island grâce à une excursion commentée de quelques heures à bord du *M/V Thomas Laighton,* réplique d'un bateau à vapeur ancré à Portsmouth, ou à bord d'*Uncle Oscar,* à partir de la marina de Rye. Lorsque le *M/V Thomas Laighton* accoste à Star Island, on a le sentiment de poser le pied dans un monde parallèle. Pas étonnant que l'archipel ait inspiré l'écrivain Nathaniel Hawthorne et le peintre impressionniste Childe Hassam : la luminosité y est bien particulière et le paysage, vraiment inspirant. Les vieux bâtiments blancs aux toits rouges, le cimetière, les rochers blanchis par le soleil et le sel, la végétation rabougrie et le bruit des vagues ajoutent au dépaysement, tandis qu'on entend sonner la corne de brume du phare de White Island, situé à quelques encablures. Le guide poursuit en racontant l'histoire de l'île, « découverte » en 1614, et de ses habitants, les Shoalers, réputés pour leur esprit indépendant. On apprend aussi que l'île voisine, Appledore (supposément hantée), abrite un laboratoire de recherche affilié à la Cornell University et à la University of New Hampshire. D'après la légende, le pirate Barbe-Noire aurait passé sa lune de miel sur une autre île de l'archipel, Smuttynose.

Payant ; réservation recommandée pour la croisière ; il est interdit de fumer sur l'île.

Isle of Shoals Steamship Company
315 Market Street
Portsmouth, NH 03801
Tél. : 800-441-4620 ou 603-431-5500
isleofshoals.com

Bateau de croisière
M/V Thomas Laighton à l'ancre dans Gosport Harbor, Isles of Shoals, NH.

Bâtiment de pierre couvert de lichen, Isles of Shoals, NH.

Les plaisanciers apprécient le havre de Gosport Harbor, Isles of Shoals, NH.

L'Oceanic Hotel, dans les Isles of Shoals, NH, a été construit vers la fin des années 1800.

Lake George

En apercevant le lac George lors d'une visite dans la région, en 1791, Thomas Jefferson, le troisième président américain, trouva les mots parfaits pour le décrire : « C'est, sans comparaison possible, la plus belle étendue d'eau que j'ai jamais vue ! »*. Il n'a pas été le seul à admirer le paysage : bien des années plus tard, la peintre moderniste Georgia O'Keeffe en a fait un de ses sujets de prédilection. Plusieurs célébrités et de nombreux dignitaires ont passé leurs vacances au Sagamore, un hôtel historique spectaculaire construit sur ses rives. À défaut d'explorer le lac George avec sa propre embarcation et de camper sur une de ses îles, propriétés de l'État, on peut monter à bord du *Mohican,* un bateau classé dans le National Register of Historic Places, qui entamera cette année sa 108e saison de navigation. Le capitaine explore la partie sud du lac, passe devant le majestueux Sagamore avant d'entrer dans une portion pittoresque du lac, The Narrows, où l'on trouve de nombreuses îles et des canaux navigables. L'excursion commentée dure deux heures et demie et j'en ai apprécié chaque minute. D'autres excursions peuvent être faites à bord du *Lac du Saint Sacrement* et du *Minne-Ha-Ha,* célèbre pour sa belle roue à aube rouge pompier.

Payant ; réservation recommandée.

Lake George Steamboat Company
57 Beach Road
Lake George, NY 12845
Tél. : 800-553-BOAT ou 518-668-5777
lakegeorgesteamboat.com

> * Thomas Jefferson a dit, le 31 mai 1791 :
> « Lake George is without comparison, the most beautiful water
> I ever saw ; formed by a contour of mountains into a basin...
> finely interspersed with islands, its water limpid as crystal, and
> the mountain sides covered with rich groves... down to the
> water-edge : here and there precipices of rock to checker the
> scene and save it from monotony. »

Résidence de vacances et bateau de rêve dans la portion du lac George appelée The Narrows.
À droite : Le magnifique hôtel Sagamore, sur le lac George.

Long Lake

Plus de la moitié des rives du magnifique lac Long, un plan d'eau de 23 km (14 mi) de long situé dans les Adirondacks, appartient au New York State Forest Preserve. On y découvre une nature sauvage, des rives où quelques *Great Camps* ont été construits, et une vue absolument sensationnelle sur les High Peaks, les Seward Mountains et les Santanoni Mountains. Dans le petit hameau de Long Lake, presque en face de l'Adirondack Hotel (datant de 1900), sur la route NY30, le capitaine Martin Friedman invite les visiteurs à prendre place dans son ponton couvert. Tout au long d'une excursion qui nous amène jusqu'à l'extrémité nord du lac, il raconte l'histoire de Long Lake, décrit les paysages, rappelle l'ère des *Great Camps* et partage de bonnes anecdotes liées aux stars qui fréquentent le lac. Très divertissant !

Payant ; réservation recommandée.

Long Lake Boat Tours
1240 Main Street
Long Lake, NY 12847
Tél. : 518-624-3911
longlakeboattours.com

Le *W.W. Durant* navigue sur le lac Raquette dans les Adirondacks, NY.

Raquette Lake

Pour la beauté des paysages, la découverte patrimoniale et la gastronomie, le souper croisière à bord du *W.W. Durant,* sur le lac Raquette, dans les Adirondacks, est dans une classe à part. Dean Pohl, un capitaine passionné, navigue sur ce plan d'eau majestueux en racontant aux passagers l'histoire des *Great Camps* construits sur ses rives. À la fin des années 1800 et au début des années 1900, le lac Raquette était le terrain de jeu des millionnaires comme J.P. Morgan, Alfred Vanderbilt, Collis P. Huntington et les Carnegie, qui y trouvaient un lieu paisible en pleine nature. On passe doucement devant Carnegie's Camp à North Point, Camp Pine Knot (construit par W.W. Durant en 1877), et devant le site où, d'après la légende, les Tories de Sir John Johnson ont abandonné une pile de raquettes après s'être fait surprendre par le dégel en 1776. D'où le nom du lac. Les plats savoureux servis pendant la croisière sont créés par le chef exécutif Jim Pohl, et la souriante majordome, Donna Pohl, accueille les passagers. En hiver, pris dans la glace, le bateau se transforme en halte de restauration pour les motoneigistes.

Payant ; réservation obligatoire ; voir le site Web pour les différentes thématiques de croisières (gastronomique, BBQ, pizza, brunch, etc.).

Raquette Lake Navigation Company
254 Antlers Road
Raquette Lake, NY 13436
Tél. : 315-354-5532
raquettelakenavigation.com

Dean Pohl a construit ce bateau.

De la marina du lac Placid, on a une vue superbe sur Whiteface Mountain.

Lake Placid

D'abord, une explication : le lac qui se trouve dans le village de Lake Placid s'appelle Mirror Lake. Le véritable lac Placid est situé dans la partie nord du village, et on y a accès par Mirror Lake Road. On est déjà à 566 mètres (1857 pi) d'altitude. Le lac dont les rives boisées sont en majorité protégées de tout développement est absolument magnifique. Il offre une vue spectaculaire sur Whiteface Mountain (1 483 m / 4 865 pi), le cinquième plus haut sommet de l'État de New York. L'excursion commentée à bord des grands pontons de Lake Placid Marina & Tours présente de nombreuses anecdotes sur les prestigieux manoirs qui bordent le lac et les célébrités qui y ont séjourné, de même que sur l'histoire de Lake Placid et de ses Jeux olympiques d'hiver de 1980 (les épreuves de ski ont eu lieu sur Whiteface Mountain). Vous passerez devant le magnifique Lake Placid Lodge, un établissement en tout point remarquable, et si l'envie de vous payer la traite se dessine, réservez votre table au restaurant gastronomique L'Artisan. C'est l'un des meilleurs de tous les Adirondacks.

Payant ; réservation recommandée.

Lake Placid Marina & Boat Tours
Entrée sur Mirror Lake Drive
Lake Placid, NY 12946
Tél. : 518-523-9704
lakeplacidmarina.com

Cayuga Lake

Voilà une idée originale : découvrir en cinq heures trois vignobles des Finger Lakes en naviguant sur les eaux incroyablement turquoises du lac Cayuga. Le lac, profond de 183 m (600 pi) par endroits, crée un microclimat propice à la culture vinicole car il ne gèle pas. Skip Stamberger, propriétaire des croisières de Winolimo, propose d'en faire la découverte à bord de l'*Isle of Skye*. Le capitaine Dennis Daniels nous conduit d'une rive à l'autre du lac, afin de découvrir les vins de Sheldrake Point Winery, de Thirsty Owl Winery & Cafe et de Long Point Winery.

Payant ; réservation recommandée.

Water to Wine Tours
Silver Strand B & B
7398 Wyers Point Road, Ovid, NY 14521
Tél. : 607-229-6368
www.winolimo.com

Les rives du lac Cayuga sont plantées de vignobles.

Skaneateles

La croisière commentée de 50 minutes sur les eaux transparentes du lac Skaneateles à bord du *Judge Ben Wiles,* un très beau navire construit en 1985, vaut le détour. En sirotant un verre de blanc des Finger Lakes, vous verrez défiler sur les rives les résidences cossues ayant accueilli les gens influents de l'époque de Roosevelt à aujourd'hui. L'ex-président américain Bill Clinton et sa femme Hillary y ont déjà passé leurs vacances. Même les hangars à bateaux sont dessinés par des architectes sur ce lac. Derek Jeter et Tom Felicia habitent dans le coin, et le vice-président américain Joe Biden a récemment été aperçu au restaurant Rosalie's Cucina. En passant devant le Skaneateles Sailing Club, vous serez ébloui par les bijoux qui sont sagement alignés le long des quais. S'il fait très chaud, vous serez peut-être tenté de vous baigner : une petite partie du lac est balisée, surveillée et ouverte au public, tout près du quai.

Payant ; réservation recommandée.

Mid-Lakes Navigation Company
11 Jordan Street
Skaneateles, NY 13152
Tél. : 800-545-4318 ou 315-685-8500
midlakesnav.com

Le bateau de croisière *Judge Ben Wiles*
navigue sur le lac Skaneateles, NY.

Maison de rêve sur la rive du lac Skaneateles, NY.

Pittsford – Canal Érié

Corn Hill Navigation, un organisme sans but lucratif, propose tous les jours (pendant la belle saison) des croisières de 45 ou 90 minutes à bord du *Sam Patch*, réplique d'un *packet boat* (bateau de livraison) historique, sur le canal Érié. L'excursion commentée, très calme et relaxante, permet de découvrir une portion de cette voie navigable historique et de traverser l'écluse 32. La construction du canal Érié a commencé en 1817 et permettait de relier le fleuve Hudson au lac Érié. Le canal est bordé d'un très beau sentier multifonctionnel, l'Erie Canal Heritage Trail. L'excursion commence dans le port de Pittsford, un village pittoresque complètement restauré, et compte une halte de quelques minutes pour savourer une crème glacée chez Abbott's Frozen Custard.

Payant ; réservation recommandée.

Corn Hill Navigation
Port de Pittsford
12 Schoen Place
Pittsford, NY 14534
Tél. : 585-662-5748
sampatch.org

Sam Patch était un cascadeur célèbre des années 1800.

Le *Sam Patch* est une réplique d'un *packet boat* qui naviguait autrefois sur le canal Érié. Croisières quotidiennes au départ de Pittsford, NY.

Alexandria Bay

Depuis cinq générations, Uncle Sam Boat Tours propose de mai à octobre des croisières à la découverte des splendides châteaux Boldt et Singer, des phares et des différents attraits des Mille-Îles. Il y a plusieurs croisières offertes et je suis montée à bord de l'*Alexandria Belle* pour la Two Nation Cruise, une excursion d'une durée de plus de deux heures qui parcourt 35 km (22 mi). En explorant les canaux du Saint-Laurent, nous avons vu Smugglers Cove, la cachette du pirate Bill Johnson pendant la Rébellion des Patriotes de 1837, Tom Thumb Island, le pont international, le SkyDeck, et quantité d'attraits avant de débarquer sur Heart Island pour visiter Boldt Castle. L'excursion est vraiment agréable et les commentaires du guide, souvent teintés d'humour, sont très pertinents. Pour retourner à Alexandria Bay après la visite de Boldt Castle, on peut prendre n'importe quel bateau de la compagnie.

Payant ; réservation recommandée.

Uncle Sam Boat Tours
45 James Street
Alexandria Bay, NY 13607
Tél. : 315-482-2611
usboattours.com

Il y a un festival de la piraterie à Alexandria Bay chaque été, voir p. 199.

Qui passe (ou a passé) ses vacances où ?

Le pirate Barbe-Noire :
Isles of Shoals, NH

Bruce Springsteen :
Lake Placid, NY

Georgia O'Keeffe :
Lake George, NY

Bill Clinton :
Skaneateles, NY

Oprah Winfrey :
Lake Skaneateles, NY

Sigourney Weaver :
Long Lake, NY

Rachael Ray :
Lake Luzerne, NY

Shania Twain :
Dexter Lake, NY

Derek Jeter :
Lake Skaneateles, NY

Mitt Romney :
Lake Winnipesaukee, NH

Philip H. Morse
(propriétaire des Red Sox de Boston) :
Lake George, NY

Steven Tyler :
Lake Sunapee, NH

Albert Einstein :
Saranac Lake, NY

Tom Felicia :
Skaneateles, NY

Thomas Jefferson :
Lake George, NY

John Wayne :
Long Lake, NY

Chutes et cascades
SPECTACULAIRES

Des dizaines de chutes et de cascades spectaculaires se retrouvent sur le territoire de l'État de New York, où la topographie est particulièrement propice à la création de ces merveilles naturelles. Les magnifiques chutes du Niagara, connues dans le monde entier, sont les plus puissantes de toute l'Amérique du Nord. Les très belles chutes Taughannock, près de la ville d'Ithaca, font un plongeon impressionnant, tandis que 19 cascades déboulent dans la gorge de Watkins Glen, dans la région des Finger Lakes. Le choix est vaste et il y a de quoi s'amuser ! Au New Hampshire, les chutes Arethusa coulent sur une falaise de granit haute de 57 m (187 pi). Près de Stowe, au Vermont, les randonneurs apprécient beaucoup les chutes Bingham et Moss Glen, même si elles ne sont pas très hautes. Plusieurs sentiers de randonnée permettent d'admirer les chutes de près et de profiter, pendant la saison chaude, d'un peu de fraîcheur. La baignade est permise en quelques endroits seulement, et en tout temps, la prudence est une alliée précieuse !

Les chutes Taughannock plongent d'une hauteur de 65 m (215 pi).

Au pied des chutes américaines, Niagara Falls, NY.

Moss Glen Falls

Le ruisseau Moss Glen, petit paradis bien connu des randonneurs qui visitent régulièrement la région de Stowe, chute de presque 23 m (75 pi) dans une gorge de schiste mesurant entre 12 et 24 m (40 et 80 pi) de hauteur. Le sentier d'accès pour les chutes Moss Glen est à quelques kilomètres de Stowe et on y accède par Moss Glen Falls Road. Ce site n'est pas un parc aménagé, il est donc moins touristique.

Gratuit.

Moss Glen Falls Road
Glenville, VT

Bingham Falls

Les belles chutes Bingham se trouvent tout près du territoire de la Mount Mansfield National Forest. Le ruisseau cascade sur les rochers de schiste et de gneiss avant de faire un saut de 9 m (30 pi) dans un bassin rond. Ce n'est pas un parc aménagé, mais il est bien connu des amateurs de beaux paysages et des photographes, et très fréquenté pendant la saison estivale. On s'y rend en empruntant un sentier forestier. Ces fameuses chutes inspirent une certaine zénitude – elles ont été reproduites dans le spa de Stoweflake Mountain Resort. Dans ce magnifique spa, on peut s'installer sous les chutes et se relaxer !

Gratuit ; ouvert toute l'année.

Route 108
Stowe, VT

Randonneurs au pied des chutes Arethusa.

Arethusa Falls

Découvertes par Edward Tuckerman en 1875, les chutes Arethusa sont formées par les eaux de ruissellement de Bemis Brook. Elles sont situées sur le territoire de **Crawford Notch State Park** (voir p. 22) et plongent d'une falaise de granit haute de 43 m (140 pi). Ce sont les deuxièmes plus hautes de l'État, après les chutes Dryad. On y accède en suivant un sentier de 2,4 km (1,8 mi) qui se prend à partir de la route 302. C'est une des randonnées les plus populaires du parc : mieux vaut arriver tôt pour trouver du stationnement en haute saison.

Payant ; ouvert toute l'année, voir le site Web pour plus de détails.

Crawford Notch State Park
Harts Location, NH 03812
Tél. : 603-374-2272
nhstateparks.org

Le sentier d'accès pour les chutes Arethusa se situe à environ 800 m (0,5 mi) de Dry River Campground.

The Flume Gorge

S'il y a une activité que je recommande dans la région des White Mountains, c'est la randonnée qui conduit au cœur de la cascade de Flume Gorge, un important attrait de **Franconia Notch State Park** (voir p. 21). The Flume a été « découverte » en 1808 par Jess Guernsey, 93 ans, alors qu'elle était partie pêcher dans ce secteur. Il s'agit d'une imposante gorge longue de 244 m (800 pi), se trouvant à la base du mont Liberty. Des murs de granit hauts de 21 à 27 m (70 à 90 pi) s'élèvent de chaque côté de la gorge, à une distance variant entre 3,6 et 6 m (12 et 20 pi). Une passerelle de bois est reconstruite chaque année le long de la cascade, permettant de se promener au cœur même de la gorge. Le sentier de découverte, long de 3,2 km (2 mi), permet d'admirer un pont couvert datant de 1886, Liberty Gorge, et The Pool, un bassin de la rivière Pemigewassett entouré de falaises mesurant 39 m (130 pi) de hauteur. Le long du sentier, on contourne d'énormes blocs de moraine, rochers laissés sur place par le passage des glaciers. Les enfants adorent une crevasse appelée The Wolf Den, qu'ils peuvent explorer en marchant à quatre pattes et en grimpant. Sur le site Web, on peut télécharger gratuitement le Flume Gorge Scavenger Hunt, une activité de chasse au trésor excitante faite sur mesure pour les familles (en anglais seulement).

Payant ; ouvert de mai à octobre, voir le site Web pour plus de détails ; prévoir des chaussures adéquates et de l'eau ; les escaliers sont nombreux et le site ne convient pas aux poussettes ni aux fauteuils roulants.

Franconia Notch State Park
852 Daniel Webster Highway
Lincoln, NH 03251
Tél. : 603-745-8391
nhstateparks.org

Des escaliers et des passerelles permettent d'explorer The Flume Gorge.

Niagara Falls

Les magnifiques chutes du Niagara se composent en fait de trois chutes : le Fer à cheval, les chutes américaines et le Voile de la mariée. Elles séparent l'Ontario de l'État de New York. Leur débit d'eau est de 2 800 m³ par seconde. Bien qu'elles soient très larges (945 m / 3100 pi), ce ne sont pas les plus hautes (elles mesurent 57 m / 187 pi). En comparaison, les chutes Montmorency – les plus hautes du Québec – font un saut de 83 m (272 pi). Le récollet Louis Hennepin fut le premier européen à décrire les chutes du Niagara en 1683, dans un ouvrage intitulé *Description de la Louisiane*. Les chutes, « découvertes » par l'explorateur René Robert Cavelier, sieur de La Salle, l'ont laissé pantois : « La chute est composée de deux nappes d'eau et d'une cascade, avec une île en Talus. Au milieu ces eaux écument et bouillonnent d'une manière affreuse. Elles tonnent continuellement et lorsque le vent souffle du côté du Sud, on entend le bruit qu'elles font de plus de quinze lieues[1]. », a-t-il écrit.

Aujourd'hui, ce site touristique de grande envergure attire des millions de visiteurs chaque année. Le soir, les chutes sont illuminées par des projecteurs et, de mai à août (le vendredi et le dimanche, à 22h), des feux d'artifice explosent au-dessus d'elles. Du côté américain, des sentiers conduisant à la tour d'observation de Prospect Park permettent d'admirer les chutes et leur débit spectaculaire. Un ascenseur amène les visiteurs 53 m (175 pi) plus bas, à la base des chutes américaines, sur le site de Cave of the Winds. Après avoir revêtu un poncho de plastique jaune et chaussé des sandales, les visiteurs empruntent une série de passerelles de bois pour se rendre au pied des chutes. C'est une expérience unique : à Hurricane Point, on se fait copieusement arroser, les vents soufflent comme dans une tempête tropicale et l'eau tombe par vagues sur la passerelle dans un fracas assourdissant.

Payant ; passerelles ouvertes de la mi-mai à la mi-octobre, voir le site Web pour plus de détails ; restaurant sur place.

Niagara Falls State Park Visitor Center
332 Prospect Street
Niagara Falls, NY 14303
Tél. : 716-278-1796
niagarafallsstatepark.com

Visiteurs sur les passerelles de Caves of the Winds, Niagara Falls, NY.

---

1. Source : Louis Hennepin, *Description de la Louisiane,* Paris, 1683, pp. 29-30. Il faut se rappeler qu'à l'époque, le territoire appelé « Louisiane » allait des Grands Lacs au golfe du Mexique.

Les chutes Taughannock à Trumansburg, NY.

Dans ce parc extrêmement populaire, qui fait partie du Top 10 des plus beaux parcs d'État américains des lecteurs du quotidien *USA Today*, des sentiers étroits aménagés dans le roc permettent d'admirer de près les 19 cascades qui débôulent sur un dénivelé de 122 m (400 pi) sur 3,2 km (2 mi), au fond d'une gorge atteignant une hauteur de 61 m (200 pi). Le sentier spectaculaire compte 832 marches. Soyez bien chaussé (c'est très glissant) et apportez de l'eau en quantité : en été il fait très chaud, et même en automne, vous en aurez besoin ! Le parc est très bien aménagé : on y trouve des terrains de pique-nique, un pavillon, un terrain de camping de 283 sites et 10 chalets, ainsi qu'une piscine creusée.

Payant ; ouvert toute l'année, voir le site Web pour plus de détails ; l'endroit n'est pas adapté pour les poussettes et les fauteuils roulants.

1009 N Franklin Street
Watkins Glen, NY 14891
Tél. : 607-535-4511
nysparks.com

Taughannock Falls

Situées à quelques kilomètres de la ville d'Ithaca, sur la rive ouest du lac Cayuga, ces chutes spectaculaires plongent d'une hauteur de 65 m (215 pi) dans le bassin circulaire d'une gorge haute de 120 m (400 pi). Les différentes couches de sédiments (grès, shale, calcaire), vestiges des anciens fonds marins, se découpent dans la paroi. Plusieurs sentiers sillonnent ce parc d'État et une route pavée donne accès à un belvédère. C'est une occasion de « tricher » en ayant une superbe vue sur la chute sans avoir à faire de la randonnée !

Payant ; ouvert toute l'année, voir le site Web pour plus de détails.

1740 Taughannock Boulevard (Route 89)
Trumansburg, NY 14886
Tél. : 607-387-6739
nysparks.com

Les sentiers de Watkins Glen State Park, NY.

Les chutes Chittenango, NY.

Chittenango Falls

Il y a 400 millions d'années, le passage d'un glacier a sculpté la roche pour former les magnifiques chutes de la rivière Chittenango, hautes de 51 m (167 pi). Les visiteurs peuvent les admirer à partir d'un belvédère situé au sommet ou descendre dans le ravin par un sentier. Le site du **Chittenango Falls State Park** est très bien aménagé, avec des tables de pique-nique et un pavillon couvert. Il est aussi très prisé des ornithologues et des naturalistes – une espèce d'escargots en danger d'extinction y survit, le Chittenango Ovate Amber Snail.

Gratuit ; ouvert toute l'année,
voir le site Web pour plus de détails.

Chittenango Falls State Park
2300 Rathbun Road
Cazenovia, NY 13035
Tél. : 315-637-6111
nysparks.com

Genesee Falls

Surnommé le « Grand Canyon de l'Est », **Letchworth State Park** est considéré comme l'un des plus beaux parcs d'État du pays. Il se trouve dans l'ouest de l'État de New York, hors des sentiers battus. Traversant le parc, la rivière Genesee rugit dans un canyon dont les parois sont hautes de 183 m (600 pi) par endroits. On y admire trois chutes spectaculaires auxquelles s'ajoutent les différents affluents de la rivière Genesee, qui comptent aussi des chutes, dont les chutes Inspiration. Les belvédères offrent de superbes points de vue.

Payant ; ouvert toute l'année,
voir le site Web pour plus de détails.

Letchworth State Park
Castile, NY 14427
Tél. : 585-493-3600
nysparks.com

Mine Lot Creek Falls

Un sentier de randonnée aménagé au cœur de Thacher State Park permet de passer sous les chutes de Mine Lot Creek, qui coulent de 30 m (100 pi) à partir d'une petite caverne dans le roc. L'escarpement de Helderberg, qui se trouve dans ce parc, est considéré comme l'un des sites fossilifères les plus riches du monde. Le sentier d'accès pour la chute se prend à partir de la route 157, qui traverse le parc.

Payant ; ouvert toute l'année,
voir le site Web pour plus de détails.

Thacher State Park
Route 157
Voorheesville, NY 12186
nysparks.com

Ausable Chasm

Bien des Québécois connaissent Ausable Chasm, un site touristique extrêmement populaire situé à une trentaine de minutes au sud de Plattsburgh. Au fil des millénaires, la petite rivière Ausable s'est creusé un chemin dans le grès vieux de 500 millions d'années, tant et si bien qu'elle a fini par créer un vrai canyon dont les parois verticales s'élèvent par endroits jusqu'à 160 m (520 pi) de hauteur. Le site, exploré pour la première fois en 1760 à l'aide de cordes par le major John Howe, est ouvert aux visiteurs depuis 1870. En parcourant les sentiers, on peut y voir les chutes The Flume et Rainbow, et des formations rocheuses comme Elephant's Head et The Devil's Oven. Toutes sortes d'activités peuvent être pratiquées à Ausable Chasm, de la simple promenade sur les sentiers bordant les chutes à la tyrolienne de l'Adventure Trail, en passant par la descente de rivière, dans la portion plus calme de celle-ci. Il y a un terrain de camping à proximité.

Payant ; ouvert toute l'année, avec un horaire restreint hors saison, voir le site Web pour plus de détails ; restaurant sur place.

2144 U.S. 9
Ausable Chasm, NY 12911
Tél. : 518-834-7454
ausablechasm.com

À ne pas manquer, de l'autre côté de la rue, le **North Star Underground Railroad Museum**, consacré à l'histoire du chemin de fer clandestin de l'État de New York (voir p. 289).

Elephant's Head, une formation rocheuse facile à voir à partir des sentiers, Ausable Chasm, NY.

Ausable Chasm, NY.

Lucifer Falls

Un sentier sinueux situé dans le **Robert H. Treman State Park** suit le superbe canyon d'Enfield Glen et permet de voir 12 chutes différentes, dont les impressionnantes chutes Lucifer. Elles plongent d'une hauteur de 35 m (115 pi) ! Cet ensemble de cascades spectaculaire est considéré comme l'un des plus beaux de la région des Finger Lakes. Fait inusité, une aire de baignade surveillée a été aménagée au pied des chutes et les visiteurs peuvent s'y rafraîchir pendant la belle saison. Ils peuvent même plonger directement au pied des chutes !

Payant ; ouvert toute l'année, voir le site Web pour plus de détails.

Robert H. Treman State Park
105 Enfield Falls Road, Ithaca, NY 14850
Tél. : 607-273-3440
nysparks.com

Kaaterskill Falls

Les magnifiques chutes de Kaaterskill tombent en deux temps du haut d'une falaise mesurant au total 79 m (260 pi) de hauteur. Elles sont parmi les plus hautes chutes de l'est des États-Unis. Elles ont été immortalisées par les peintres et les écrivains dès le début du XIXe siècle, au point de devenir des références pour les peintres de la Hudson River School, qui y voyaient un idéal de la peinture paysagiste américaine. Washington Irving y fait référence dans sa célèbre nouvelle *Rip Van Winkle*. Un sentier difficile conduit au pied des chutes. Ce n'est pas un parc aménagé.

Gratuit.

Accès par la route 23A, à l'est de Haines Falls
Hunter, NY
Catskill Mountains

La West Branch, tributaire de la rivière Ausable, plonge dans un canyon à High Falls Gorge.

High Falls Gorge

Ce site aménagé sur la rivière West Branch, à Wilmington, permet aux visiteurs de découvrir les chutes et les marmites de géants en empruntant différents sentiers et passerelles. La gorge est spectaculaire en toute saison, spécialement en hiver, alors que les parois et les cascades se couvrent de glace. Les visiteurs enfilent alors des crampons Yaktrax (fournis à l'entrée) pour parcourir les sentiers en toute sécurité. Le chef, Tim, sert une cuisine fraîche et délicieuse au River View Café – essayez le sandwich à la truite arc-en-ciel. Bières de microbrasserie et vins de l'État de New York sont au menu.

Payant ; restaurant sur place.

4762 NY-86 Scenic
Wilmington, NY 12997
Tél. : 518-946-2278
highfallsgorge.com

Cavernes et formations géologiques

Même si la topographie des États du Vermont, du New Hampshire et de New York n'est pas propice à la formation de grottes et de cavernes, comme c'est le cas en Pennsylvanie, en Virginie et au Kentucky, il y a quand même quelques attraits géologiques à signaler.

- **Natural Stone Bridge & Caves Park,** la plus grande bouche d'entrée d'une caverne de marbre de tout l'est des États-Unis, se trouve près de Schroon Lake. On peut explorer le site (marmites de géants, rivière souterraine, etc.) en visite autoguidée, ou s'aventurer plus profondément sous terre avec un guide et tout l'équipement de spéléologie (Adventure Tour).

- Le site très populaire de **Howe Caverns** est à quelques kilomètres à l'ouest d'Albany, tout près de l'Interstate 88. La caverne, sculptée dans le calcaire, se trouve à une profondeur de 48 m (156 pi). Elle fut découverte par Lester Howe en 1842 et ouverte aux visiteurs dès l'année suivante. On y voit des stalactites, des stalagmites et un lac souterrain. Une nouvelle section conduisant à l'entrée naturelle de la caverne, auparavant fermée au public, est maintenant ouverte aux spéléologues, en visite guidée seulement (équipement nécessaire).

- Il existe également deux sites très intéressants au New Hampshire : **Polar Caves Park** et **Lost River Gorge and Boulder Caves.** Ce ne sont pas des cavernes sculptées dans le sous-sol, mais plutôt d'énormes blocs de granit déplacés pendant l'époque glaciaire, au travers desquels on peut se promener en empruntant des passerelles et des escaliers. À Lost River Gorge, le sentier d'exploration mesure 1,6 km (1 mi) de long, comprend 1000 marches et descend à une profondeur de 91 m (300 pi).

Payant ; voir les heures d'ouverture, les activités proposées et les restrictions sur les sites Web.

Polar Caves Park 705 NH Route 25 Rumney, NH 03266 Tél. : 603-536-1888 polarcaves.com	**Lost River Gorge & Boulder Caves** 1712 Lost River Road (Route 112 West) North Woodstock, NH 03262 Tél. : 603-745-8031 findlostriver.com
Natural Stone Bridge & Caves Park 535 Stone Bridge Road Pottersville, NY 12860 Tél. : 518-494-2283 stonebridgeandcaves.com	**Howe Caverns** 255 Discovery Drive Howes Cave, NY 12092 Tél. : 518-296-8900 howecaverns.com

COUPS DE CŒUR

Les cinq meilleurs endroits pour admirer le coucher du soleil

 Rien de tel, à la tombée du jour, qu'un endroit offrant une perspective extraordinaire sur l'ouest pour admirer le coucher du soleil. C'est un moment magique pour les vacanciers, et inspirant pour les photographes et les artistes. Les États du Vermont et de New York, avec leurs immenses lacs, de même que les grands plans d'eau du New Hampshire, comme le lac Winnipesaukee, sont tout indiqués pour voir la boule de feu plonger dans l'eau. La côte du New Hampshire, avec ses plages donnant vers l'est, offre plutôt de magnifiques levers de soleil. Voici mes cinq endroits de prédilection.

Perkins Pier

Le quai Perkins, près de Waterfront Park, à Burlington, offre un point de vue spectaculaire sur le lac Champlain et la marina. On y aperçoit en arrière-plan la silhouette imposante des Adirondacks, dans l'État voisin de New York. C'est un endroit très animé où les gens se rassemblent à l'heure du coucher du soleil, souvent spectaculaire. Bonne idée : réserver sa place pour la **Sunset Cruise** du *Spirit of Ethan Allen III,* une croisière de deux heures et demie avec service de bar et musique.

Accès au quai gratuit ; croisière payante.

« Sunset Cruise » du *Spirit of Ethan Allen III*
Départ du quai de Burlington Boathouse
1 College Street
Burlington, VT 05401
Tél. : 802-862-8300
soea.com

Cape Vincent

Bien des vacanciers aiment regarder passer les cargos au large de Cape Vincent, là où le fleuve Saint-Laurent rejoint le lac Ontario. Rendez-vous près du phare historique de **Tibbetts Point** (construit en 1827) (voir p. 268) pour admirer de formidables couchers de soleil. Vous ne pourrez pas monter dans le phare mais le paysage est tout de même remarquable. Apportez une « petite laine » : cet endroit peut être assez venteux !

Gratuit ; visite du site possible de Memorial Day (dernier lundi de mai) à Columbus Day (deuxième lundi d'octobre).

33435 County Route 6 (Tibbetts Point Road)
Cape Vincent, NY 13618
Tél. : 315-654-2700
capevincent.org

Coucher de soleil sur le lac Ontario et le vieux phare d'Oswego, depuis Fort Ontario.

Fort Ontario

Rendez-vous dans le stationnement de Fort Ontario, à Oswego, pour un point de vue en hauteur sur le lac Ontario et regardez le soleil y plonger. Le stationnement patrouillé du site historique ferme immédiatement après le coucher du soleil. Une autre idée : installez-vous au **Rudy's Lakeside Drive-In** (près du campus universitaire) pour manger les meilleurs *Fish Sandwiches* du coin et admirer le coucher du soleil.

Fort Ontario State Historic Site
1 East 4th Street
Oswego, NY 13126
Tél. : 315-343-4711
nysparks.com

Rudy's Lakeside Drive-In
78 County Route 89
Oswego, NY 13126
Tél. : 315-343-2671

Sylvan Beach

Sylvan Beach, petit trésor *vintage* donnant sur le lac Oneida, compte une très belle plage de sable qui longe les restaurants du village et les appartements **Sunset Cottages.** Il y a un petit parc d'attractions vieillot situé tout près, sur Park Avenue, où la famille Carello opère de façon indépendante un carrousel historique (1896). Profitez-en pour aller consulter Zoltar, l'automate qui prédit

l'avenir, comme dans le film *Big*. Une suggestion pour souper en profitant du soleil couchant : le restaurant **Harpoon Eddie's,** sur la plage.

Payant ; ouverture saisonnière.

Sunset Cottages
801 Park Avenue, Sylvan Beach, NY 13157
Tél. : 315-762-4093
sylvanbeach.com

Harpoon Eddie's
611 Park Avenue
Sylvan Beach, NY 13157
Tél. : 315-762-5238
harpooneddies.com

Hôtel The Sagamore

La terrasse de cet hôtel historique offre une vue extraordinaire sur une très belle partie du lac George, à Bolton Landing. La tombée du jour se fête dans une ambiance chic, en sirotant un Blueberry Mojito ou un Sun Shower près de la piscine. Quand il fait plus froid, des couvertures sont placées sur les fauteuils de la véranda... et le hall d'entrée abondamment fenestré dispose d'une belle cheminée pour se réchauffer.

Payant ; ouvert à l'année ; restaurant sur place.

110 Sagamore Road
Bolton Landing, NY 12814
Tél. : 518-644-9400
thesagamore.com

OÙ MANGER ET DORMIR
EN PROFITANT D'UNE VUE EXCEPTIONNELLE

 **MANGER**

The Simon Pearce Restaurant – The Taste Of Vermont

Ce restaurant situé dans un moulin rénové, sur la chute de la rivière Ottauquechee, offre une vue superbe sur la rivière et le pont couvert. Il propose une carte exceptionnelle où les produits du terroir sont mis en valeur. L'atelier du souffleur de verre Simon Pearce se trouve dans le même bâtiment. Expérience extraordinaire – la quintessence du Vermont.

1760 Quechee Main Street
Quechee, VT 05059
Tél. : 802-295-1470
simonpearce.com

The Glen View Café

Savourez une soupe, un sandwich ou un chili réconfortant en ayant une vue imprenable sur les montagnes, avant d'entamer l'ascension en auto du mont Washington.

1 Mount Washington
Auto Road
Gorham, NH 03581
Tél. : 603-466-3988
mtwashingtonautoroad.com

The Lake View Café à l'Adirondack Museum

Le sympathique café de l'Adirondack Museum offre une vue spectaculaire sur Blue Mountain Lake. Il est difficile de trouver plus beau point de vue pour un repas sans prétention à prix abordable, au cœur d'un musée exceptionnel.

9097 NY-30
Blue Mountain Lake,
NY 12812
Tél. : 518-352-7311
adkmuseum.org

Le Bistro du Lac

Le chef Bernard Perillat est propriétaire de ce bistrot français offrant une vue spectaculaire sur le lac Champlain et les montagnes du Vermont. Ouvert de la mi-juin à la mi-septembre seulement.

44 Old Arsenal Road
Westport, NY 12993
Tél. : 518-962-8777
bistrodulac.com

The Cottage Restaurant

Ce petit resto propose une cuisine savoureuse et présente une très belle sélection de bières de microbrasseries. Vue sur le lac Mirror, superbe en toute saison. Délicieuse pizza de style *flat bread*.

77 Mirror Lake Drive
Lake Placid, NY 12946
Tél. : 518-523-2544
mirrorlakeinn.com

 **DORMIR**

Crisanver House

Cette charmante auberge est perchée à 610 m (2 000 pi) d'altitude, dans les Green Mountains, sur une grande propriété comptant une piscine extérieure. Les propriétaires, Carol et Michael Calotta, l'ont minutieusement rénovée. Ils accueillent chaleureusement les visiteurs et cuisinent comme des chefs. Très privé. L'endroit accueille plusieurs cérémonies de mariage.

1434 Crown Point Road
Shrewsbury, VT 05738
Tél. : 802-492-3589
crisanver.com

White Mountain Hotel & Resort

Cette superbe propriété est construite au pied de Cathedral Ledge, une falaise de granit très appréciée des grimpeurs. Elle offre une vue sur Cranmore Mountain et sur le terrain de golf de Hale's Location, une piscine extérieure, un jacuzzi et de très bons déjeuners, et accueille de multiples mariages.

2560 West Side Road
North Conway, NH 03860
Tél.: 603-356-7100 ou 800-533-6301
whitemountainhotel.com

Wentworth By The Sea

Cet hôtel historique réputé, construit en 1874, donne sur la mer, près de Portsmouth. Il appartient maintenant à la chaîne Marriott et a été rénové au coût de 30 M $ en 2003. Il compte 161 chambres et suites (presque toutes ont vue sur la mer ou sur le port) et sa marina privée peut accueillir 170 bateaux. Vous pourrez profiter du spa sur place.

588 Wentworth Road
New Castle, NH 03854
Tél.: 603-422-7322 ou 866-384-0709
wentworth.com

Omni Mount Washington Resort

Ce véritable joyau des White Mountains offre une vue sur le mont Washington. Il a été construit en 1902 par Joseph Stickney, et déclaré National Historic Landmark en 1986 et restauré au coût de 50 millions en 2007. La Conférence monétaire internationale de 1944 y a eu lieu. Trois présidents américains et quantité de célébrités y ont séjourné. On y trouve des restaurants et un spa, et on pratique le golf et le ski à proximité. C'est un endroit tout indiqué pour présenter des conférences ou célébrer des mariages.

310 Mount Washington Road
Bretton Woods, NH 03575
Tél.: 603-278-1000 ou 800-843-6664
omnihotels.com

Lake Placid Lodge

Ce lodge, membre de la prestigieuse association Relais & Châteaux, a été rebâti dans la tradition *Arts & Crafts* après avoir été détruit par un incendie en 2005. C'est un des plus beaux de tous les Adirondacks, et il offre un panorama spectaculaire sur le lac Placid. On y trouve le Maggie's Pub et Artisans, l'une des meilleures tables de toute la région.

144 Lodge Way
Lake Placid, NY 12946
Tél.: 518-523-2700 ou 877-523-2700
lakeplacidlodge.com

Kiwassa Lake B & B

Vous serez accueillis comme des amis par la famille Cochran, propriétaire de ce B & B enchanteur donnant directement sur le lac Kiwassa. Vous vous y endormirez en écoutant le clapotis des vagues et serez réveillé par le chant des oiseaux, en ayant le sentiment d'être au bout du monde. Leurs petits-déjeuners sont délicieux.

Kiwassa Lake B & B
1150 Kiwassa Lake Road
Saranac Lake, NY 12983
Tél.: 518-891-5721
adirondackbandb.com

Sport
et
plein air

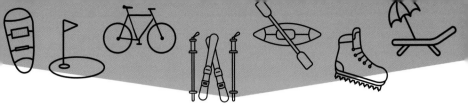

UN IMMENSE TERRAIN DE JEU POUR

les sportifs !

Avec leurs dizaines de stations destinées au ski alpin et de randonnée, leurs milliers de kilomètres à parcourir à vélo, leurs sentiers de courtes et de longues randonnées mythiques, leurs lacs et leurs rivières canotables et leurs 32 187 km (20 000 mi) de pistes de motoneiges, les États du Vermont, du New Hampshire et de New York fournissent un immense terrain de jeu aux amateurs de sports et de plein air. Si vous faites partie de ces adeptes, vous pouvez vous amuser beaucoup et longtemps… Empruntez une section ou la totalité du Long Trail ou de l'Appalachian Trail pour la randonnée. Découvrez tous les petits villages qui jalonnent la piste cyclable du canal Érié. Dévalez les pentes enneigées de Stowe, Jay Peak, Whiteface, Cannon Mountain ou Sugarbush. Exercez vos muscles dans les sentiers de ski de randonnée ou de vélo de montagne. Relevez les défis proposés dans quelques-uns des plus beaux terrains de golf du nord-est des États-Unis. Baignez-vous dans un lac ou dans la mer et faites du camping dans les *State Parks* pour respirer l'air frais des Adirondacks, des Green Mountains ou des White Mountains. Lâchez votre fou, éclatez-vous, dépassez-vous : vous êtes en vacances !

Le skieur extrême John Egan passe l'hiver sur les pentes de Sugarbush, au Vermont.

Les amateurs de vélo de montagne se donnent rendez-vous à Plattekill Mountain, dans les Catskills.

La randonnée
POUR TOUS

« *The mountains are calling and I must go* » (« Les montagnes m'appellent et je dois y aller ! »). Cette citation bien connue de l'environnementaliste John Muir résume bien l'effet qu'ont les montagnes sur les randonneurs : elles les attirent comme des aimants ! Les montagnes ont inspiré de nombreux écrivains, dont le poète et naturaliste Henry David Thoreau, et le poète Ralph Waldo Emerson. Tous deux ont décrit la beauté du mont Monadnock dans leurs œuvres. Pour se mesurer au caractère robuste de la nature, s'imprégner de beaux paysages et voir du pays, pas à pas, les Green Mountains, les White Mountains et les Adirondacks proposent assez de sentiers pour s'amuser pendant toute une vie.

Le sentier mythique de l'Appalachian Trail s'attaque aux pentes du mont Mansfield, plus haut sommet du Vermont.

Vous pouvez parcourir le Long Trail et l'Appalachian Trail en partie ou en totalité, vous attaquer aux pentes du mont Mansfield, de Camel's Hump, du mont Moosilauke ou de Blue Mountain dans les Adirondacks, sans oublier quantité d'autres sommets plus faciles d'accès. La randonnée se pratique aussi en terrain beaucoup moins accidenté : les *State Parks* proposent des sentiers qui conviennent aux randonneurs de tous les niveaux et bien des pistes cyclables (voir p. 17) sont également ouvertes aux marcheurs. Même si vous ne disposez que de quelques heures, ça vaut la peine de les découvrir !

L'Allegany State Park compte plusieurs sentiers de randonnée convenant à tous les marcheurs.

Appalachian Trail

Il a été récemment popularisé par le formidable récit de Bill Bryson, *A Walk in the Woods*, porté à l'écran en 2015 avec Robert Redford et Nick Nolte dans les rôles-titres. Dans sa totalité, d'après les chiffres de l'Appalachian Trail Conservancy, l'AT mesure 3 476 km (2 160 mi) et se complète par quelques randonneurs aguerris et déterminés – les *thru-hikers* – en une saison. Par chance, les randonneurs peuvent aussi l'emprunter par petites sections : il accueille annuellement 3 millions de visiteurs ! La fameuse piste traverse une partie du sud de l'État de New York (Bear Mountain State Park et Harriman State Park), avant de traverser le fleuve Hudson pour rejoindre les États du Connecticut et du Massachusetts. Dans le sud du Vermont, l'AT fusionne avec le Long Trail sur une distance de 161 km (100 mi), puis traverse le New Hampshire dans le secteur des White Mountains avant d'entrer sur le territoire du Maine.

Gratuit ; sentiers fermés du 15 avril à Memorial Day (dernier lundi de mai) pour la saison du dégel.

Pinkham Notch Visitors Center (AMC)
361 Route 16, Gorham, NH 03581
Tél. : 603-466-2721
outdoors.org

Appalachian Trail Conservancy
appalachiantrail.org

Le Long Trail se rend au sommet de Camel's Hump.

Long Trail

Le Long Trail est le plus vieux sentier de longue randonnée des États-Unis. Il a été aménagé par les bénévoles du Green Mountain Club entre les années 1910 et 1930, et traverse tout le Vermont, de la frontière du Massachusetts (au sud) jusqu'à la frontière canadienne, au Québec (au nord). Il a servi de modèle pour l'Appalachian Trail (voir ci-contre), avec laquelle il est fusionné sur une distance d'environ 161 km (100 mi), au sud du Vermont. Ce sentier long de 439 km (273 mi) est rejoint par 282 km (175 mi) de sentiers secondaires. Il n'est pas de tout repos : il suit les crêtes des plus hauts sommets du Vermont, dans les Green Mountains : le mont Mansfield, le mont Ellen, Camel's Hump... Les randonneurs peuvent le parcourir dans sa totalité, ce qui demande habituellement de 20 à 30 jours consécutifs, ou le compléter section par section, selon leur disponibilité, leurs capacités et leur volonté. Ce sentier de grande nature traverse des paysages sauvages, des sommets inhospitaliers, des torrents de montagne, des zones alpines et des forêts de feuillus.

Gratuit ; sentiers fermés du 15 avril à Memorial Day (dernier lundi de mai) pour la période de dégel.

Green Mountain Club
4711 Waterbury-Stowe Road
Waterbury Center, VT 05677
Tél. : 802-244-7037
greenmountainclub.org

L'Appalachian Trail traverse les White Mountains au New Hampshire.

Mount Cardigan

Situé à quelques kilomètres à l'ouest de la ville de Plymouth, dans le centre du New Hampshire, le mont Cardigan attire les amateurs de plein air, qu'ils soient entre amis ou en famille. Les randonneurs apprécient les forêts denses qu'ils doivent traverser avant d'atteindre le sommet exposant de grandes plaques de granit. De là, ils ont une vue panoramique sur la région des lacs. Cette randonnée de 4,2 km (2,6 mi) prend un peu plus de deux heures et convient aux marcheurs peu expérimentés et aux familles. La portion la plus escarpée se trouve près du sommet. L'Appalachian Mountain Club y gère le Cardigan Lodge, une auberge à partir de laquelle les randonneurs ont accès à un réseau de 80,5 km (50 mi) de sentiers. Différentes activités thématiques sont présentées pendant tout l'été au Cardigan Lodge, qui compte aussi quelques emplacements de camping pour tentes seulement (accès à pied).

Payant ; ouvert à l'année.

Cardigan Lodge
774 Shem Valley Road
Alexandria, NH 03222
Tél. : 603-466-2727 ou 603-744-8011
outdoors.org

Consultez toujours les prévisions météorologiques.

La portion la plus escarpée du mont Cardigan se trouve près du sommet.

Plus de 125 000 personnes font l'ascension du mont Monadnock chaque année.

Monadnock State Park

Cette randonnée en montagne permet de découvrir la belle région du sud-ouest du New Hampshire. Le mont Monadnock culmine à 965 m (3 165 pi). Depuis 1987, il porte la désignation de National Natural Landmark. C'est une destination extrêmement populaire auprès des randonneurs : on estime que plus de 125 000 personnes en font l'ascension chaque année ! Plusieurs pistes partent du *State Park* pour gravir la montagne. Les plus populaires sont le White Dot Trail (la plus escarpée) et le White Cross Trail (7 km/4,5 mi, difficulté moyenne). Les sentiers se trouvant sur le versant sud sont moins fréquentés. Le sentier le plus facile, le White Arrow Trail, est long de 3,7 km (2,3 mi). Le sommet chauve du mont Monadnock est constitué de roche métamorphique vieille de 400 millions d'années et de quartzite. Il offre un bon exemple de la végétation subalpine : le couvert forestier a été détruit par des incendies, au XIXe siècle. Deux autres sentiers de randonnée plus longs donnent aussi accès au sommet : le Pumpelly Ridge Trail (13 km/8 mi, difficile), qui part de Dublin, et le Marlborough Trail (6 km/ 3,8 mi, difficulté moyenne), qui part de Marlborough. Il y a un terrain de camping dans le *State Park*. Les randonneurs sont priés de communiquer directement avec le bureau d'information du parc pour connaître les prévisions météo avant de s'engager dans les sentiers.

Payant ; ouvert à l'année ; camping ouvert du début mai à la fin octobre.

116 Poole Road
Jaffrey, NH 03452
Tél. : 603-532-8862
nhstateparks.org

L'AMC Highland Center de Crawford Notch a été bâti pour répondre aux besoins des randonneurs.

Un lodge écoresponsable pour l'AMC

L'Appalachian Mountain Club (AMC) gère un superbe lodge bâti selon les principes du développement durable à Crawford Notch, dans les White Mountains, l'**AMC Highland Center.** Il se trouve à quelques centaines de mètres de la belle gare où s'arrête la Conway Scenic Railroad (voir p. 282). Ce grand centre multifonctions, conçu pour les randonneurs, compte 34 chambres très simples proposant les commodités de base et deux dortoirs, des salles de bain impeccables, une cafétéria où on sert des plats savoureux, et un *lounge* où socialiser et se relaxer devant un feu de cheminée. Un couvre-feu vous assure d'y passer une nuit réparatrice. On y trouve aussi une réserve bien garnie, gracieuseté de L.L. Bean, où les clients du lodge peuvent emprunter gratuitement des vêtements et du matériel (bottes, sac à dos, raquettes, etc.). Une boutique est remplie de livres spécialisés, de cartes topographiques et de matériel pour la randonnée. Le lodge est construit à proximité de plusieurs sentiers, dont le fameux Appalachian Trail (voir p. 78), le Crawford Notch Path et le sentier conduisant aux chutes Arethusa (voir p. 60). L'AMC pense à la relève : le Big Mountain Playscape, un super parc de jeux construit en bois et en pierre, permet aux enfants de grimper et s'amuser dans le pré. Service de navette pour les randonneurs, conférences, ateliers et sorties guidées. Un *must* dans les White Mountains !

Payant ; ouvert à l'année ; réservation obligatoire.

Route 302
Bretton Woods, NH 03575
Tél. : 603-278-4453
outdoors.org

Northville – Lake Placid Trail

Ce sentier culte des Adirondacks traverse les montagnes sur une distance de 214 km (133 mi), de Northville jusqu'à Lake Placid. Il a été aménagé en 1924 par l'**Adirondack Mountain Club,** et traverse des terres publiques. Le sentier compte différents niveaux de difficulté, allant de sections assez faciles jusqu'aux plus exigeantes. Il traverse une des régions les plus sauvages de l'Adirondack Park, près des lacs Spruce, West Canada, Cedar et de la rivière Cold. À son point le plus haut, Blue Mountain, il atteint 916,8 m (3 008 pi). Le sentier passe aussi par de petits villages sympathiques comme Blue Mountain Lake (voir Adirondack Museum, p. 240) et Long Lake (voir p. 102). Les randonneurs doivent s'attendre à relever des défis en tous genres puisque les conditions météo changent rapidement et influencent l'état des sentiers.

Payant ; ouvert à l'année ; cartes disponibles sur le site Web.

nptrail.org

Adirondack Mountain Club
Tél. : 800-395-8080
adk.org

The Finger Lakes Trail

Ce sentier entièrement aménagé et entretenu par des bénévoles est situé dans la région des Finger Lakes, dans l'État de New York. Il s'étire sur 941,5 km (585 mi), des Catskill Mountains jusqu'au très beau Allegany State Park (voir p. 134), à la frontière de la Pennsylvanie. Il passe au sud des 11 lacs faisant partie des Finger Lakes, et traverse le Robert H. Treman State Park, le Watkins Glen State Park (voir p. 63), la Mariposa State Forest, Bear Spring Mountain et quantité de régions éloignées des grandes villes. Il rejoint le North Country dans les Adirondacks, le Long Path dans les Catskills, et compte de nombreux sentiers secondaires. Le Finger Lakes Trail fusionne en partie avec le North Country National Scenic Trail. Ce réseau ambitieux, une fois complété, comptera 7 403 km (4 600 mi) et permettra de relier l'est de l'État de New York et le Dakota du Nord, dans le nord-ouest des États-Unis. Tout un projet !

Gratuit ; certaines portions du sentier peuvent être fermées pendant la saison de la chasse.

Finger Lakes Trail Conference
6111 Visitor Center Road
Mt. Morris, NY 14510
Tél. : 585-658-9320
fltconference.org

Les Adirondacks comptent plusieurs kilomètres de sentiers en terrain montagneux.

Promenade extérieure au musée

En juillet 2015, le **Wild Center,** un superbe musée d'histoire naturelle des Adirondacks, a inauguré une promenade extérieure spectaculaire : The Wild Walk. Il s'agit d'une immense structure d'acier et de bois qui part du sol pour s'élever graduellement à une hauteur de 13,7 m (45 pi) – ce qui correspond à la cime des arbres dans cette magnifique région. La structure comprend un nid d'aigle énorme dans lequel on peut s'installer et admirer les montagnes qui se dessinent à l'horizon, et une toile d'araignée géante sur laquelle on peut sautiller. C'est absolument irrésistible pour les enfants... et même pour les adultes. Le musée du Wild Center est un centre parfait pour améliorer ses connaissances en histoire naturelle. On y découvre la géologie des Adirondacks (couverts par un glacier de 2 km d'épaisseur lors de la dernière glaciation), la faune et la flore. Les enfants sont vraiment choyés : il y a plusieurs bassins pour observer les poissons, les batraciens et les reptiles, un immense aquarium pour les loutres et quantité d'activités. On y trouve en plus une superbe boutique de souvenirs.

Payant ; ouvert à l'année sauf à la Thanksgiving américaine (dernier jeudi de novembre), à Noël et au jour de l'An ; fermé tout le mois d'avril pour permettre d'installer les nouvelles expositions ; The Wild Walk est ouvert de la fin mai à la mi-octobre, voir le site Web pour de détails.

45 Museum Drive
Tupper Lake, NY 12986
Tél. : 518-359-7800
wildcenter.org

La nouvelle promenade aérienne Wild Walk du Wild Center,
à Tupper Lake (NY), est spectaculaire.

Dans les limites de la *Blue Line*

Contrairement à la croyance populaire, **l'Adirondack Park Forest Preserve** n'est pas un parc national : on ne franchit pas de barrière pour y entrer et on n'a pas à payer de droits de visite. C'est un majestueux *State Park* de 2 428 000 ha (6 000 000 ac) formé de terres publiques et privées, dont une bonne partie est préservée de toute coupe forestière depuis le XIXe siècle. À l'intérieur de la *Blue Line*, les limites du parc, on trouve plus de 3 000 lacs, 48 280 km (30 000 mi) de rivières et de ruisseaux, et une centaine de villes et villages comme Lake Placid, Saranac Lake, North Creek, Speculator, Long Lake, Paul Smith, Lake George et Schroon Lake. Plusieurs *Great Camps* (voir p. 264) y ont été bâtis par des familles fortunées, aux XIXe et XXe siècles. C'est une région très montagneuse : les 46 plus hauts sommets du parc se trouvent dans la spectaculaire région des High Peaks. Le mont Marcy, montagne mythique où Theodore Roosevelt avait ses habitudes, culmine à 1 628,5 m (5 343 pi) d'altitude. C'est le plus haut sommet de tout l'État de New York. L'Adirondack Park est fréquenté par des centaines de randonneurs chaque saison : ils peuvent y parcourir un réseau de sentiers totalisant 3 219 km (2 000 mi). Ceux et celles qui aiment la randonnée en altitude ont peut-être l'Adirondack 46er dans la mire : il faut avoir escaladé les 46 plus hauts sommets des Adirondacks pour porter l'écusson du club ! Ce n'est pas une mince affaire et ces excursions demandent préparation et savoir-faire. Quelques-unes de ces belles montagnes ont été développées en centres de ski : Whiteface Mountain (voir p. 120) a accueilli les compétitions de ski des Jeux olympiques d'hiver de 1980, Gore Mountain (voir p. 119) attire des milliers de skieurs et de planchistes chaque hiver, et des randonneurs et amateurs de vélo de montagne en été. Le parc compte aussi des musées extrêmement intéressants : ne manquez pas l'Adirondack Museum à Blue Mountain Lake (voir p. 240) ni le Wild Center à Tupper Lake (voir p. 83), deux attraits qui valent le voyage à eux seuls. Cette vaste forêt sillonnée de routes où les beaux paysages se succèdent représente l'occasion rêvée de prendre contact avec la nature. Cinquante espèces de mammifères ont été répertoriées dans cette forêt boréale. Vous aurez peut-être la chance d'y croiser des orignaux, des ours, des lynx, des carcajous, des castors et des loutres. On y trouve une centaine d'espèces d'oiseaux et des insectes... en grande quantité. C'est une région coup de cœur, riche en histoire et en magnifiques paysages, où une découverte n'attend pas l'autre. Une destination de vacances inoubliable.

Les plus hauts sommets se trouvent dans les High Peaks.

Aucuns frais pour entrer dans l'Adirondack Park ; ouvert à l'année.

Adirondack Regional Tourism Council visitAdirondacks.com	**Adirondack 46ers** adk46er.org
Adirondack Coast goAdirondack.com	**Roost** adirondackusa.com

DÉCOUVERTES
à vélo

Si c'est à vélo que vous aimez passer vos vacances, vous allez trouver beaucoup d'endroits pour pédaler au Vermont, au New Hampshire et dans l'État de New York. Il y a une grande variété de routes scéniques, de pistes cyclables et de sentiers récréatifs accessibles aux vélos de route et hybrides, ainsi que des sites très connus des amateurs de vélo de montagne. Au Vermont, une piste cyclable emprunte une jetée sur le lac Champlain pour aller de Burlington à l'île de South Hero. Au New Hampshire, de nombreuses emprises ferroviaires ont été converties en sentiers récréatifs. Dans l'État de New York, le chemin de halage bordant le canal Érié a été presque totalement converti en sentier récréatif, devenant une destination touristique à lui seul. Et comme les trois États comptent de très beaux massifs montagneux, il y a de magnifiques terrains de jeux pour les amateurs de vélo de montagne ! Préparez-vous à solliciter vos muscles dans les Kingdom Trails, à Bretton Woods ou au Plattekill Bike Park ! Je vous suggère également d'aller explorer du côté des centres de ski comme Gore Mountain (voir p. 119) ou Garnet Hill Resort (voir p. 112) : ils sont souvent ouverts aux cyclistes pendant l'été.

Il existe plusieurs circuits cyclables entre les montagnes et le lac Champlain, dans l'État de New York.

Lake Champlain Bikeways

Tout un réseau d'itinéraires a été mis en place par un organisme appelé Lake Champlain Bikeways afin de découvrir, à vélo, la vallée du lac Champlain du côté du Vermont, de New York et au Québec. Certains itinéraires explorent les très belles îles du lac Champlain et leurs nombreux attraits, d'autres contournent le lac Champlain ou proposent des circuits thématiques plus courts. En tout, 2 575 km (1 600 mi) de routes cyclables sont répertoriés. Vous pouvez explorer tranquillement les terres à fermes laitières du nord-ouest du Vermont (Franklin County), la vallée de la Missisquoi, la région de la Bataille de Saratoga, Roger Island ou Slate Valley. Vous pouvez même partir sur les traces de Samuel de Champlain. Tous ces itinéraires mettent en valeur le patrimoine historique, les paysages et les attraits touristiques des régions. L'organisme propose aussi des listes d'adresses pour manger et dormir (auberges, B & B, terrains de camping) le long des parcours, sans oublier celles des magasins de vélo !

Gratuit ; voir les différents itinéraires possibles sur le site Web.

> Pour obtenir des brochures et des cartes :
> champlainbikeways.org

Island Line Trail

Cette piste cyclable spectaculaire est l'une des plus populaires du Vermont. Relativement plate, elle offre de très beaux points de vue sur le lac Champlain, les Green Mountains et les Adirondacks, dans l'État de New York. Elle mesure 22,5 km (14 mi) et débute à Oakledge Park (se prend par Austin Drive), à Burlington. La piste rejoint ensuite North Beach Park, Leddy Park, et emprunte le pont de la rivière Winooski. À Malletts Bay, la piste traverse ensuite le lac Champlain sur la Colchester Causeway, une jetée de 4 km (2,5 mi) qui permet de rejoindre l'île de South Hero (Martin Road). Il s'agit d'une ancienne emprise ferroviaire construite en 1900 avec des blocs de marbre provenant d'une carrière des environs. Le seul et unique traversier pour vélos et piétons de tout le Vermont – l'**Island Line Bike Ferry** – permet de traverser le canal de 61 m (200 pi), appelé « The Gap », qui sectionne l'Island Line Trail en deux parties.

Traversier payant ; voir les horaires sur le site Web.

> **Island Line Bike Ferry**
> South Hero, VT 05486
> Tél. : 802-861-2700
> localmotion.org

Les cyclistes peuvent emprunter les traversiers comme celui de Port Kent pour rouler dans les îles du lac Champlain.

Kingdom Trails Association

En 1994, des résidents visionnaires se sont associés pour former la Kingdom Trails Association, un regroupement souhaitant mettre en valeur les superbes paysages de la région d'East Burke et de Lyndonville, dans le nord du Vermont. Des pistes de vélo de montagne ouvertes à tous ont été créées. Elles sont répertoriées par niveau de difficulté, de celles pour débutants et familiales à celles pour experts. Elles sillonnent des propriétés privées, empruntent des routes secondaires et traversent des boisés comme Darling Hill. Un laissez-passer ($) est en vente au centre des visiteurs, où les responsables vous fourniront une carte et des itinéraires qui répondent à vos attentes. Les cyclistes intermédiaires et experts peuvent se lancer sur les pistes de Burke Mountain, sur la Dead Moose Alley, la Camptown ou la Burnham Down.

Payant ; ouvert de mai à la fin octobre ; chiens interdits le samedi et le dimanche.

478 Route 114
East Burke, VT 05832
Tél. : 802-626-0737
kingdomtrails.org

Les amateurs de vélo de montagne sont choyés dans les pistes de la Kingdom Trails Association.

Le centre de ski de Bretton Woods accueille les adeptes de vélo de montagne pendant l'été et l'automne.

Bretton Woods

Le centre de ski de Bretton Woods (voir p. 118), très apprécié pendant la saison hivernale, se transforme en centre de vélo de montagne pendant l'été. L'Adventure Center du Mount Washington Resort, situé au pied des pentes, accueille les aventuriers qui veulent découvrir les pistes alpines. Les cyclistes expérimentés peuvent emprunter la remontée mécanique et dévaler les pentes en profitant d'une vue exceptionnelle sur l'hôtel, le mont Washington et le Presidential Range. Les chaussures fermées et le casque protecteur sont exigés, et le matériel de protection est recommandé (coudes, genoux, poignets). Il est possible de louer un Diggler Mountain Scooter pour explorer les pistes. Il s'agit d'une trottinette équipée de pneus de vélos de montagne.

Payant ; remontées mécaniques en opération de la fin juin à la mi-octobre, voir le site Web pour plus de détails.

99 Ski Area Road
Bretton Woods, NH 03575
Tél. : 603-278-3335 ou 800-314-1752
brettonwoods.com

On peut aussi explorer la montagne en VTT. Je l'ai fait, c'est super !

Franconia Notch Recreation Path

Ce beau ruban d'asphalte de 14,2 km (8,8 mi) traverse le spectaculaire Franconia Notch State Park (voir p. 21), en longeant l'Interstate 93 (Daniel Webster Highway) sans jamais mettre les cyclistes et les promeneurs en danger. Quelle bonne idée ! Ce sentier offre de magnifiques points de vue sur les monts Kinsmen et Franconia, et relie les attraits principaux du *State Park* comme Cannon Mountain (voir p. 118) et The Flume Gorge (voir p. 61). Le sentier est réservé aux randonneurs et aux cyclistes (pas de patins à roues alignées). Il y a une pente de 244 m (800 pi) quand on prend le sentier du sud au nord (de Flume Gorge à Cannon Mountain). On peut aussi faire le trajet en sens inverse, « descendre » doucement jusqu'à The Flume Gorge et de là, prendre la navette pour revenir au stationnement de **Cannon Mountain** ($). Ce *State Park* propose de très beaux sites pour faire des pique-niques – c'est l'un des joyaux des White Mountains ! Vous pourrez voir des grimpeurs escalader Cannon Cliffs (voir p. 91) et vous croiserez certainement des randonneurs qui font l'Appalachian Trail (voir p. 78), puisqu'elle passe par là !

Payant ; ouvert de mai à octobre, voir le site Web pour plus de détails ; service de navette et location de vélos à Cannon Mountain.

9 Franconia Notch Parkway
Franconia/Lincoln, NH 03580
Tél. : 603-745-8391
nhstateparks.org

Cannon Mountain
260 Tramway Drive
Franconia, NH 03580
Tél. : 603-823-8800
cannonmt.com

De grandes sections du Canalway Trail suivent le canal Érié.

The Canalway Trail

Ce sentier multi-usage couvre une distance d'environ 579 km (360 mi) dans la région d'Upstate New York. Il emprunte d'anciennes voies ferrées et des routes qui suivent le réseau de canaux de l'État de New York. Ces chemins de halage, appelés en anglais *towpaths,* étaient autrefois utilisés par les mules pour remorquer les péniches. De grandes sections du Canalway Trail suivent d'ailleurs le canal Érié (voir p. 272), qui relie Albany et Buffalo en traversant les villes de Rochester, Syracuse et Utica, et plusieurs villages pittoresques comme Pittsford et Lockport. D'autres sections suivent le canal Champlain, le canal Cayuga-Seneca et le canal Oswego, ce qui permet d'explorer différentes régions de Central New York et des Finger Lakes. La majorité du sentier est recouverte de poussière de pierre. Le Canalway Trail est utilisé pour les petites excursions familiales de quelques kilomètres comme pour les longues distance : ceux et celles qui font le trajet en entier sont surnommés les « End-to-Enders ».

Gratuit ; ouvert à l'année.

Tél. : 1-800-4CANAL4
canals.ny.gov ou ptny.org

Plattekill Bike Park

Située dans les Catskills, Plattekill Mountain a très bonne réputation pour le ski en hiver... et pour le vélo de montagne en été ! Cette station familiale figure au palmarès des meilleurs centres de vélo de montagne du nord-est des États-Unis. La montagne de 1 067 m (3 500 pi) offre des pistes pour débutants, intermédiaires et experts depuis 1995. Elles sont desservies par des navettes et des remontées mécaniques. Le complexe a accueilli des sportifs aguerris et des compétitions y sont disputées chaque été, comme Eastern States Cup et Gravity East Finals. Aujourd'hui, le célèbre Bike Park compte 96,5 km (60 mi) de pistes et vient d'ajouter la Greenhorn, qui part du sommet et descend doucement jusqu'au bas des pentes, de manière à offrir une option accessible aux débutants et aux familles. Un forfait d'initiation guidé de deux heures, comprenant l'équipement, est d'ailleurs offert pour découvrir le vélo de montagne.

Payant ; ouvert tous les week-ends, de Memorial Day (dernier lundi de mai) à Columbus Day (deuxième lundi d'octobre).

469 Plattekill Mountain Road
Roxbury, NY 12474
Tél. : 607-326-3500
plattekill.com

Catskill Scenic Trail

Un ancien chemin de fer des Western Catskill Mountains a été converti en sentier récréatif de 30,5 km (19 mi), entre Roxbury et Bloomville, créant le Catskill Scenic Trail. Cette piste cyclable est également utilisée par les randonneurs, les joggeurs, les skieurs et les raquetteurs. Elle passe près des belles montagnes de Delaware County, où le mont Utsayantha culmine à 980 m (3 214 pi). L'ancienne voie ferrée de l'Ulster & Delaware Railroad, large et couverte de poussière de pierre, est également populaire auprès des amateurs d'équitation et d'attelages puisqu'elle n'a pas de pente. Elle traverse plusieurs petits villages, enjambe des ponceaux et offre beaucoup de sites pour mettre sa ligne à l'eau : elle longe la rivière West Branch Delaware, le ruisseau Bear Kill et de petits étangs. Il est recommandé d'être prudent car la piste croise des routes où il y a beaucoup de circulation, notamment à Grand Gorge et Bloomville.

Gratuit (les dons sont appréciés) ; ouvert à l'année.

Railroad Avenue
Stamford, NY 12167
Tél. : 845-586-2929
catskillscenictrail.org

Vous pouvez camper au Stratton Falls Campground. strattonfalls.com

Plattekill Bike Park offre des pistes pour tous les niveaux.

Les grimpeurs peuvent s'amuser sur les parois d'escalade des Adirondacks.

Les roches forment d'étonnantes créatures à Thunder Rocks.

Promenade dans les merveilles géologiques !

La topographie de Western New York, cette région qui borde la Pennsylvanie, entre le lac Érié et les Appalaches, est propice à la formation de merveilles géologiques. On se trouve au fond d'une mer préhistorique qui n'a jamais été recouverte par les glaciers, où des conglomérats de roches sédimentaires ont été sculptés par les cycles de gel, de dégel et d'érosion. À **Thunder Rocks,** un site mystérieux faisant partie de l'Allegany State Park, il est fascinant de se promener au milieu de rochers énormes qui prennent toutes sortes de formes bizarres. On a l'impression de se promener dans un décor de film fantastique… et de reconnaître une grenouille, une tortue, une baleine, un gorille ou des trolls parmi des rochers qu'on peut aussi escalader. À **Rock City Park,** un site touristique situé à 701 m (2 300 pi) d'altitude, des sentiers permettent de se promener sur les rochers, d'où l'on a une superbe vue sur les environs. Des passerelles franchissent les crevasses et des escaliers conduisent au pied de ces blocs gros comme des immeubles, qui sont en fait les plus grands conglomérats de quartz apparents au monde. On peut se faufiler entre les rochers et explorer le site à sa guise. Très amusant !

Payant ; l'Allegany State Park est ouvert à l'année et le Rock City Park est ouvert de mai à octobre.

Allegany State Park	**Rock City Park**	
2373 Allegany State Park Route 1	505A Rock City Road Route 16 South	
Salamanca, NY 14779	Olean, NY 14760	
Tél. : 716-354-9121	Tél. : 716-372-7790	
nysparks.com	rockcitypark.com	

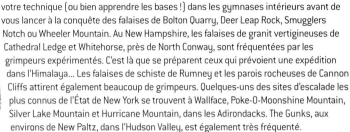

À la conquête des parois !

Il y a de quoi ravir les amateurs de sensations fortes dans les trois États frontaliers. Au Vermont, vous pouvez perfectionner votre technique (ou bien apprendre les bases !) dans les gymnases intérieurs avant de vous lancer à la conquête des falaises de Bolton Quarry, Deer Leap Rock, Smugglers Notch ou Wheeler Mountain. Au New Hampshire, les falaises de granit vertigineuses de Cathedral Ledge et Whitehorse, près de North Conway, sont fréquentées par les grimpeurs expérimentés. C'est là que se préparent ceux qui prévoient une expédition dans l'Himalaya... Les falaises de schiste de Rumney et les parois rocheuses de Cannon Cliffs attirent également beaucoup de grimpeurs. Quelques-uns des sites d'escalade les plus connus de l'État de New York se trouvent à Wallface, Poke-O-Moonshine Mountain, Silver Lake Mountain et Hurricane Mountain, dans les Adirondacks. The Gunks, aux environs de New Paltz, dans l'Hudson Valley, est également très fréquenté.

À Rutland (VT), les guides de **Vermont Adventure Tours** proposent des sorties d'escalade privées au Vermont, au New Hampshire et dans l'État de New York pour lesquelles ils fournissent le matériel. Ils offrent aussi différentes cliniques pour apprendre les techniques de l'escalade et du rappel. Il existe des écoles d'escalade dans les trois succursales du magasin **Eastern Mountain Sports,** et les guides sont agréés par l'**American Mountain Guide Association.** L'International **Mountain Climbing School** de North Conway (NH), offre aussi des cours d'escalade et des services de guides depuis plus de 30 ans.

Payant ; escalade de mai à octobre.

**Green Mountains Rock Climbing Center
and Vermont Adventure Tours**
223 Woodstock Avenue
Rutland, VT 05701
Tél. : 802-773-3343
vermontclimbing.com

**Petra Cliffs Climbing Center &
Mountaineering School**
105 Briggs Street
Burlington, VT 05401
Tél. : 802-657-3872
petracliffs.com

Eastern Mountain Sports Climbing School
(North Conway)
1498 Main Street
North Conway, NH 03860
Tél. : 800-310-4504 ou 603-356-5433
emsoutdoors.com

**International Mountain
Climbing School**
2733 White Mountain Highway
North Conway, NH 03860
Tél. : 603-356-7064
ime-usa.com

Eastern Mountain Sports Climbing School
(New Paltz/The Gunks)
3124 Route 44 & 55
Gardiner, NY 12525
Tél. : 800-310-4504 ou 845-255-3280
emsoutdoors.com

Eastern Mountain Sports Climbing School
(Adirondacks)
2453 Main Street
Lake Placid, NY 12946
Tél. : 800-310-4504
emsoutdoors.com

American Mountain Guide Association
207 Canyon Boulevard
Boulder, CO 80302
Tél. : 303-271-0984
amga.com

COUPS DE CŒUR

Les cinq plus beaux parcours aériens

On trouve de plus en plus de parcs aériens et des tyroliennes spectaculaires dans les trois États. Au cœur des belles régions boisées, on peut grimper dans toutes sortes de structures de bois et de cordages, des plates-formes et des ponts suspendus, pour aller d'une station à une autre en testant notre équilibre et notre force musculaire. En tyrolienne, on survole ensuite la cime des arbres en profitant d'une superbe vue sur le paysage. Il faut oublier sa peur des hauteurs (et alerter quelques écureuils) pour voir ce qui se passe à 3, 12 ou 20 mètres au-dessus du sol. Voici quelques bonnes adresses pour faire monter son taux d'adrénaline.

Arbor Trek Canopy Adventures

Ce parcours d'aventure se trouve tout près du centre de ski Smuggler's Notch, dans les Green Mountains. C'est l'un des rares parcs aériens à être ouvert à l'année, ce qui permet de faire de la tyrolienne dans un paysage tout blanc ! Les parcours se font en compagnie d'un guide, à travers les érables, la pruche et le bouleau, en empruntant des ponts suspendus et des structures en tout genre.

Payant ; certains parcours sont ouverts toute l'année ; réservation obligatoire.

> 1239 Edwards Road
> Jeffersonville, VT 05464
> Tél. : 802-644-9300
> smuggs.com ou arbortrek.com

Bromley Aerial Adventure Park

Pendant l'été, cette montagne de ski très populaire du sud du Vermont se transforme en centre d'activités pour toute la famille. On y trouve un parc aérien de cinq parcours comprenant 65 éléments différents (cordes, tyroliennes, ponts suspendus dans les

arbres, etc.). La tyrolienne Sun Mountain Flyer permet de survoler la montagne à une vitesse de 80 km/h (50 mi/h), sur une distance de 0,8 km (0,5 mi).

Payant ; ouvert de Memorial Day (dernier lundi de mai) à la mi-octobre, voir le site Web pour plus de détails.

> 3984 VT Route 11
> Peru, VT 05152
> Tél. : 802-824-5522
> bromley.com

La tyrolienne d'Arbor Trek Canopy Adventure est ouverte à l'année.

Le parc aérien de Holiday Valley compte plusieurs ponts suspendus.

Attitash Mountain Resort

La nouvelle tyrolienne de ce parc d'attractions très populaire des White Mountains n'est pas conçue pour les petites natures ! Cette aventure d'une durée d'environ deux heures permet de survoler les 1 514,5 m (4 969 pi) qui séparent les sommets de Bear Peak et d'Attitash Mountain, à une hauteur de 76,2 m (250 pi). Chaque participant peut contrôler la vitesse à laquelle il effectue sa descente... et peut atteindre plus de 100 km/h (65 mi/h) s'il en a envie ! Si vous en êtes encore capable, vous pouvez ensuite prendre la deuxième tyrolienne, Attitash Aerial Zip, et vous laisser glisser jusqu'à la base de la montagne, 669,3 m (2 196 pi) plus loin.

Payant ; ouvert de la fin mai à la mi-octobre, voir le site Web pour plus de détails.

775 Route 302
Bartlett, NH 03812
Tél. : 800-223-7669 ou 603-374-2665
attitash.com

Cranmore Aerial Adventure Park

Le parc aérien de Cranmore Mountain est vraiment conçu pour toute la famille. On y trouve cinq parcours différents (ponts de cordes, structures de bois à escalader, tyrolienne, etc.), où on se retrouve graduellement jusqu'à 18 m (60 pi) au-dessus du sol ! Depuis 2015, le parcours Orange a été ajouté, permettant aux plus petits (à partir de trois ans) de tester leurs habiletés de grimpeurs !

Payant, ouvert de la fin mai à la mi-octobre, voir le site Web pour plus de détails.

1, Skimobile Road
North Conway, NH 03860
Tél. : 603-356-5543
cranmore.com

Sky High Adventure Aerial Park

Ce nouveau parc aérien est situé en bordure des pistes de ski de Holiday Valley, sur 1 ha (4 ac) de terrain boisé. On y trouve 13 parcours différents comprenant des ponts suspendus, des tyroliennes et différentes plates-formes. Depuis 2013, il y a maintenant une forêt à grimper – the Climbing Forest – l'équivalent d'un mur d'escalade, en trois dimensions. Dix grands arbres sont munis de prises sur lesquelles on peut s'agripper en se fiant à des codes de couleurs, pour emprunter le parcours le plus simple ou le plus difficile, au choix.

Payant, ouvert du début mai à la fin octobre, voir le site Web pour plus de détails.

6557 Holiday Valley Road
Ellicottville, NY 14731-0370
Tél. : 716-699-HIGH
holidayvalley.com

Des plages
POUR LA BAIGNADE (ET LA DÉTENTE !)

Bordant la mer ou des lacs, de très belles plages attendent les vacanciers dans les trois États frontaliers. Plusieurs plages du Vermont donnent sur le lac Champlain, un lieu de prédilection pour les sports nautiques. Elles bordent aussi d'autres lacs où l'on peut profiter des beaux jours de l'été en famille et entre amis. Ces plages se trouvent souvent dans les *State Parks,* où l'on peut planter sa tente ou stationner son VR. Le New Hampshire compte 21 km (13 mi) de côtes donnant sur l'océan Atlantique. Cette section n'est pas très longue... mais elle compte de très belles plages de sable qui descendent doucement dans la mer. Elles sont fréquentées par les familles qui y installent leur parasol et leur glacière pour passer la journée. Vous avez le choix de l'ambiance : effervescente à Hampton Beach ou plus tranquille à Wallis Sands ou Jenness. L'État de New York compte de belles plages sur le lac Champlain, mais propose de petites surprises comme les plages de sable blanc de Verona/Sylvan Beach, sur le lac Oneida, ou la baignade dans un lac méromictique aux couleurs tropicales au Green Lakes State Park (voir p. 23). La baignade n'est pas toujours possible dans les Grands Lacs, mais certains endroits s'y prêtent bien, comme le Fair Haven State Park, sur le lac Ontario.

Les baigneurs et les marcheurs adorent la longue plage de sable fin de Hampton Beach.

Les amateurs de canot et de kayak apprécient également les eaux calmes du lac Champlain près de Sand Bar State Park.

North Beach Park

Burlington, la ville verte, a une superbe plage donnant sur le lac Champlain : North Beach. Il s'agit de la seule plage de cette région où des surveillants sont en devoir pendant la saison estivale. On y trouve un très beau parc de jeux pour les enfants, un bloc sanitaire muni de douches, des tables de pique-nique et des grils pour le BBQ. La plage est accessible pour les personnes en fauteuil roulant. Un concessionnaire, SKIRACK, offre la location de vélos à la journée pour ceux qui souhaiteraient découvrir les pistes cyclables de Burlington (voir p. 86). Les amateurs de sports nautiques peuvent louer des canots, des kayaks et des SUP (*Stand Up Paddleboards*/planches à rame). Le parc compte également un terrain de camping de 137 sites offrant tous les services.

Payant ; ouvert de mai à octobre ; camping ouvert du 1er mai à Columbus Day (deuxième lundi d'octobre).

60 Institute Road
Burlington, VT 05408
Tél. : 802-865-7247
enjoyburlington.com

Sand Bar State Park

Ce petit parc est situé près de la jetée menant de Milton à l'île de South Hero. Il compte une superbe plage sablonneuse s'étirant sur plus de 600 m (2 000 pi). C'est l'une des plus belles de tout le lac Champlain et l'eau y est d'excellente qualité. Comme le lac est peu profond à cet endroit, la plage est très appréciée des familles ayant de jeunes enfants. On y trouve aussi un parc de jeux, un bloc sanitaire, des douches, un kiosque de restauration et des tables de pique-nique. Attendez-vous à avoir de la compagnie : c'est l'un des *State Parks* les plus fréquentés du Vermont ! Les marais situés au sud et à l'est du parc font partie de la réserve faunique de Sand Bar. Elle abrite une grande variété d'oiseaux, ainsi que des castors, des ratons laveurs et des tortues.

Payant ; ouvert de Memorial Day (dernier lundi de mai) à la fête du Travail ; location de canots et de kayaks ; animaux interdits dans le parc.

1215 US Route 2
Milton, VT 05468
Tél. : 802-893-2825 ou 800-252-2364
vtstateparks.com

La plage d'Ellacoya State Park se trouve sur le lac Winnipesaukee.

Ellacoya State Park

La magnifique plage sablonneuse de ce petit *State Park* se trouve sur la rive du lac Winnipesaukee, le plus grand lac du New Hampshire. Elle est longue de 183 m (600 pi) et plutôt étroite, mais elle est bordée de grands arbres matures qui fournissent de l'ombre dans la zone des tables de pique-nique. Cette plage est très appréciée des familles qui aiment y passer la journée, faire un pique-nique et louer des embarcations. La baignade est supervisée, en saison, et il y a des balançoires pour les enfants. La vue sur les Sandwich et Ossipee Mountains est superbe. Les belles journées d'été, planifiez d'arriver tôt à la plage : lorsque la capacité maximum de visiteurs est atteinte, il n'est plus possible d'entrer dans le parc. Les animaux de compagnie ne sont pas admis. Il y a une rampe de mise à l'eau pour les petites embarcations, et un bloc sanitaire. De l'autre côté du ruisseau Poor Farm, un petit terrain de camping de 37 sites est réservé aux VR (eau, électricité, égout ; aucune tente).

Payant, ouvert de la fin mai à la fin septembre, voir le site Web pour plus de détails ; réservation obligatoire pour le camping.

266 Scenic Road
Gilford, NH 03246
Tél. : 603-293-7821
nhstateparks.org

Hampton Beach State Park

Une portion de la très populaire plage de Hampton Beach se trouve dans le Hampton Beach State Park, ce qui la protège de tout développement commercial. C'est une plage de sable fin absolument magnifique, à laquelle on accède en traversant des dunes de sable. Elle est très appréciée des baigneurs, des marcheurs et des pêcheurs. La qualité de l'eau est excellente. Le parc dispose d'un grand stationnement dans le secteur de South Beach, où se trouve aussi un pavillon d'accueil comptant des salles de bain, des douches et des tables de pique-nique. Un petit terrain de camping (*RV Park*) est aménagé pour les VR seulement, à l'embouchure de la rivière Hampton. Il compte 28 sites et offre les trois services (eau, électricité, égouts), mais il faut réserver. Un nouveau pavillon d'accueil – le Seashell Complex – vient aussi d'ouvrir dans le secteur central (près de F. Street). Il est équipé pour accueillir des banquets, des mariages et des événements spéciaux.

Payant ; ouvert du début avril à la fin octobre ; les surveillants sont en devoir de la mi-juin au début septembre ; réservation recommandée pour le camping.

160 Ocean Boulevard
Hampton, NH 03842
Tél. : 603-926-8990
nhstateparks.org

Cumberland Bay State Park

Cette plage très populaire est fréquentée par de nombreux Québécois pendant les vacances d'été. Elle est en bordure du lac Champlain, tout près du centre-ville de Plattsburgh. C'est un bon endroit pour la baignade, la navigation de plaisance et la pêche. La baignade est permise uniquement dans une zone déterminée, lorsque les surveillants sont en devoir. Une partie de la plage donne directement sur le terrain de camping du *State Park* (134 sites), ce qui permet de se déplacer entre son site et la plage sans prendre la voiture. En haute saison, il n'est pas permis de camper plus de 14 jours consécutifs dans ce *State Park*. On y trouve des blocs sanitaires et un tout nouveau (et très grand !) parc de jeux pour les enfants. Des restaurants, des magasins et tous les services sont à courte distance du terrain de camping.

Payant ; ouvert de la mi-mai à la mi-octobre.

152 Cumberland Head Road
Plattsburgh, NY 12901
Tél. : 518-563-5240
nysparks.com

Sylvan Beach et Verona Beach State Park

La partie ouest d'Oneida Lake, dans Central New York, compte deux belles plages : celle de Verona Beach State Park et celle de Sylvan Beach. Verona Beach, une très belle plage se trouvant dans un *State Park*, est équipée d'un nouveau pavillon comptant des toilettes, des douches et un kiosque de restauration. Le parc offre la possibilité de pique-niquer à l'ombre, sous de grands arbres. On y trouve aussi 47 emplacements de camping (dont 12 avec électricité), ce qui permet de s'installer en tout confort et de se relaxer à la plage sans devoir utiliser la voiture. Vous pourrez y admirer de magnifiques couchers de soleil. Un petit parc d'attractions vieillot se situe à Sylvan Beach (voir p. 97), une autre belle plage de sable située dans un centre de villégiature. Le canal Érié (voir p. 272) communique avec le lac Oneida tout près de Verona Beach et de Sylvan Beach.

Payant ; camping ouvert de la mi-mai à la mi-octobre ; baignade de la fin mai au début septembre.

6541 Lakeshore Road South (Route 13)
Verona Beach, NY 13162
Tél. : 315-762-4463
nysparks.com

Un petit creux ? Pensez au Canal View Cafe ou au Anchor Light Inn & Cafe pour un petit-déjeuner.

Cumberland Bay State Park compte une plage surveillée très appréciée des vacanciers.

Paradis de la pêche !

Le lac Ontario et la rivière Salmon, dans Oswego County (NY), sont des paradis de la pêche. Chaque année, les amateurs de pêche à la ligne et de pêche à la mouche se rassemblent par centaines dans la région de Pulaski pour pratiquer leur sport préféré. Pendant l'été, les excursions sur le lac Ontario sont les plus populaires, car on y capture des saumons Atlantique, Coho et Chinook « à trophée », de l'omble de fontaine, des truites grises et des truites arc-en-ciel légendaires. De vrais monstres ! À l'automne, les inconditionnels de pêche à la mouche se rendent sur la rivière Salmon pour pêcher le saumon. Il y a des gens en cuissardes partout, et même en traversant la rivière sur l'Interstate 81, vous apercevrez des pêcheurs ! Le **Salmon River Fish Hatchery** d'Altmar fait l'élevage de 3 millions de salmonidés par année. Ces poissons, une fois relâchés dans la rivière, vont peupler les lacs Ontario et Érié et faire le bonheur des pêcheurs. On peut visiter les remarquables installations intérieures et extérieures de cette pisciculture pour comprendre le cycle de vie du saumon et les différentes actions menées pour la préservation de l'espèce, dans l'État de New York. Plusieurs pourvoyeurs et guides de pêche offrent leurs services aux visiteurs dans le comté d'Oswego et on peut y louer des lodges. Si vous passez à Pulaski, en saison de pêche ou non, je vous recommande de manger une bouchée au Tailwater Bar & Restaurant (voir p. 131) et d'essayer les sandwichs à la viande fumée maison du **Riverhouse Restaurant.**

Payant ; la Salmon River Fish Hatchery est ouverte du 1er avril au 30 novembre.

Salmon River Fish Hatchery
2133 County Route 22
Altmar, NY 13302
Tél. : 315-298-5051
dec.ny.gov

Riverhouse Restaurant
4818 Salina Street
Pulaski, NY 13142
Tél. : 315-509-4281
riverhouserestaurant.net

Oswego County Tourism
46 East Bridge Street
Oswego, NY 13126
Tél. : 315-349-8322 ou 800-248-4386
visitoswegocounty.com/fishing-hunting

Beau camping au Selkirk Shores State Park !
nysparks.com

Les pêcheurs capturent des vrais poissons-trophées dans les eaux du lac Ontario, dans le comté d'Oswego, et dans la rivière Salmon.

DÉCOUVERTES
en canot et en kayak

Des petites sorties de deux heures aux grandes excursions pouvant durer l'été complet, on trouve de tout au Vermont, au New Hampshire et dans l'État de New York ! Les plus grands plans d'eau accueillent tous les types d'embarcation et vous devrez parfois partager « votre » lac avec des bateaux à moteurs et des motomarines. Il existe des rivières canotables et des petits lacs protégés, si c'est la tranquillité et la sérénité que vous recherchez. Si vous possédez votre propre embarcation, vous pouvez facilement trouver des stationnements et des sites pour la mise à l'eau en consultant les différentes cartes présentées sur les sites Web des régions visitées. Si vous n'avez pas l'équipement nécessaire – ou si vous préférez partir à l'aventure avec des experts – il est possible de réserver un forfait tout inclus avec des guides certifiés. Ils connaissent le territoire comme le fond de leur poche et vous permettront de profiter de votre expérience au maximum en s'occupant de la logistique, du transport et des repas. Ça vaut la peine de s'informer !

Les expéditions de St. Regis Canoe Outfitters permettent de découvrir une région sauvage des Adirondacks.

Lake Carmi State Park

Ce grand lac très apprécié des canoteurs se situe à quelques kilomètres de la frontière canadienne, au sud de Frelighsburg. Il n'est pas très profond – 6,1 m (20 pi) en moyenne – et abrite plusieurs espèces de poissons d'eau tempérée, comme le brochet et le doré jaune. On y découvre la troisième plus grande tourbière de tout le Vermont. La plus grande partie des rives du lac est de propriété privée, mais une section est préservée par le *State Park* : le stationnement, la plage, le terrain de camping et la rampe de mise à l'eau s'y trouvent. Le lac et ses rives sont propices à l'observation des oiseaux : des aigles pêcheurs et des aigles à tête blanche y sont souvent aperçus, de même que des hérons. On y trouve aussi le plus grand terrain de camping public de tout le Vermont : il compte 140 sites, 35 abris (*lean-to*) et deux chalets.

Payant ; ouvert de la fin mai au début octobre ; location d'embarcations.

460 Marsh Farm Road
Enosburg Falls, VT 05450
Tél. : 802-933-8383
vtstateparks.com

Lake Wentworth

La belle petite ville de Wolfeboro est établie sur le lac Winnipesaukee, immense plan d'eau qui fait la renommée de la région des lacs du New Hampshire. Néanmoins, les amateurs de canot et de kayak se donnent plutôt rendez-vous sur la rive du lac Wentworth, dans le parc d'Albee Beach, situé à quelques kilomètres du centre-ville. On y a accès par Center Road. C'est une adresse connue des habitués... et moins fréquentée par les visiteurs de passage au centre-ville. On y trouve une très belle plage pour la baignade, surveillée par des sauveteurs de la mi-juin à la fin août, des grils pour cuisiner et un bloc sanitaire. On peut y pêcher la truite arc-en-ciel, l'achigan à petite et grande bouche et la barbotte brune, entre autres espèces. Le New Hampshire Boat Museum (voir p. 239) organise des expéditions commentées de deux heures en kayak sur ce lac, pendant l'été.

Gratuit ; ouvert du lever au coucher du soleil, à l'année.

Albee Beach Park
Albee Beach Road
Wolfeboro, NH 03894
Tél. : 603-569-5639
wolfeborochamber.com ou wolfeboronh.us

Le lac Wentworth se trouve à Wolfeboro. On peut mettre son canot ou son kayak à l'eau à Albee Beach Park.

En canot sur la rivière Raquette.

St. Regis Canoe Area

Cette région sauvage des Adirondacks mesurant 76 km^2 (47,2 mi^2) est très populaire auprès des amateurs de canot et de kayak puisqu'ils peuvent y trouver 50 différents plans d'eau, variant de 2 023 m^2 (0,5 ac) à 1 570 180 m^2 (388 ac). Il s'agit de la seule région accessible uniquement en canot/kayak de tout le nord-est des États-Unis : il n'y a aucune route carrossable dans ce secteur. Les différents circuits peuvent être entamés à partir de Long Pond, Upper St. Regis Lake, Hoel Pond et Little Clear Pond. Une des expéditions les plus populaires s'appelle The Seven Carries (les sept portages). Cette route part de Little Clear Pond, vers Lower St. Regis Lake. Une autre expédition appelée The Nine Carries (les neuf portages) est également populaire. Par contre, l'administration de cette région de canot/kayak rappelle que les sentiers de portage ne sont pas nécessairement dans un état optimal puisqu'ils peuvent être détruits par les barrages de castors et les inondations. Des sites de camping primitifs se trouvent le long des parcours. Le pourvoyeur **St. Regis Canoe Outfitters** propose des excursions guidées dans ce labyrinthe de lacs et de forêts.

Payant ; ouvert de mai à octobre ; les parcours sont accessibles à partir de différents terrains de stationnement listés sur le site Web.

Différents accès le long de la route 30
dec.ny.gov

St. Regis Canoe Outfitters
73 Dorsey Street
Saranac Lake, NY 12983
Tél. : 518-891-1838
canoeoutfitters.com

Raquette River

Très appréciée des canoteurs et des kayakistes, la rivière Raquette prend sa source dans le lac Blue Mountain, puis chemine du lac Long au lac Tupper sur une distance de 48,2 km (30 mi), n'imposant qu'un seul portage aux aventuriers, aux chutes Raquette. Elle se dirige ensuite vers la frontière canadienne, terminant son voyage dans la réserve mohawk d'Akwasasne. Des sites de camping primitifs et des abris (*lean-to*) sont aménagés le long de ce parcours de plus de 200 km (124 mi). Il est possible de faire des excursions avec un guide et de louer des embarcations au lac Tupper et au lac Long. En pagayant sur le lac Raquette, on passe tout près des *Great Camps* légendaires de cette région sauvage des Adirondacks (voir p. 264).

Payant ; ouvert d'avril à octobre.

Raquette River Outfitters
1754 State Route 30
Tupper Lake, NY 12986
Tél. : 518-359-3228
raquetteriveroutfitters.com

Lake George Islands

Le canot, le kayak et le SUP (*Stand Up Paddleboard*/planche à rame) sont populaires sur le lac George, comme la navigation à voile, à moteur et le jetski. Il est important de surveiller les bulletins météo : c'est un lac imposant qui mesure 51,4 km (32 mi) de longueur, 4,8 km (3 mi) à son point le plus large, et dont la profondeur atteint 59,4 m (195 pi). Le secteur se trouvant près du Sagamore (voir p. 69), un très bel hôtel historique construit à Bolton Landing, est propice à la pratique du canot, du kayak et de la planche à rame. Une des sections les plus spectaculaires du lac George, The Narrows, se trouve également près du Sagamore. Elle compte trois groupes d'îles sur lesquelles sont aménagés des emplacements de camping publics accessibles seulement par bateau. Il y a trois zones de camping : Glen Island, Long Island et Narrow Island. Ces sites sont sur des îlots boisés munis d'une toilette sèche, d'une table de pique-nique, d'un emplacement pour les feux de camp et d'un quai.

Payant ; ouvert de la fin mai au début septembre ; réservation obligatoire au moins deux jours à l'avance ; location d'embarcations à Bolton Landing.

> **Narrow Island State Park – Lake George Islands**
> Bolton Landing, NY 12814-0993
> Tél. : 518-499-1288
> Pour réserver : reserveamerica. com
>
> **Lake George Kayak Co.**
> 3 Boathouse Lane
> Bolton Landing, NY 12814
> Tél. : 518-644-9366
> lakegeorgekayak.com

Certains restaurants donnant sur le lac George ont leur propre quai.

En camping sur une île du lac George.

Long Lake

Long Lake est l'endroit parfait pour découvrir la nature sauvage des Adirondacks et pour s'offrir une vue extraordinaire sur les monts Santanoni. Les canoteurs et les kayakistes peuvent partir de la plage du village de Long Lake ou de la rampe de mise à l'eau qui se trouve sur Dock Street pour se lancer dans une aventure qui peut durer quelques heures... ou plusieurs jours. La quasi-totalité (90 %) des rives du lac Long est protégée de tout développement et on y trouve une dizaine de sites de camping primitif, conçus exprès pour le canot camping. Une entreprise de Long Lake, **Raquette River Outfitters,** offre des excursions et la location de canots et de kayaks. Situé tout près de la marina, le **Motel Long Lake** compte également sa propre plage, fournit gratuitement les canots et les kayaks à ses clients et possède deux quais.

Gratuit ; ouvert d'avril à octobre ; location d'embarcations.

> **Raquette River Outfitters**
> 1265 Main Street
> Long Lake, NY 12847
> Tél. : 518-624-2360
> raquetteriveroutfitters.com
>
> **Motel Long Lake**
> 51 Dock Lane
> Long Lake, NY 12847
> Tél. : 518-624-2613
> motellonglake.com

La rampe de mise à l'eau se trouve sur Dock Street.

En KAYAK
sur la rivière Ausable

J'ai beau avoir passé une partie de ma jeunesse sur les lacs du Parc de la Mauricie, je ne connais pas grand-chose au kayak. Dan Myatt, un guide certifié (et un mordu de plein air) du **Baggs' Landing Paddlesports Center**, à quelques minutes

Dan Myatt, guide certifié, enseigne le kayak à Baggs' Landing Paddlesports Center.

au sud de Plattsburgh, s'est chargé de me montrer comment m'y prendre. Le petit kiosque estival du **Kayak Shack** est installé sur la rivière Ausable, près du pont métallique de la route 9. Cette section de la rivière est vraiment calme et rejoint tout doucement le lac Champlain, au cœur d'une forêt de feuillus. On peut y louer des canots, des kayaks et des planches à rame (**Stand Up Paddleboards**). Dan (un gars TRÈS patient...) m'a révélé ses endroits favoris pour faire du canot/kayak dans les Adirondacks (St. Regis Canoe Area, Old Forge, Rainbow Lake...). J'irai sans doute y faire un tour à nouveau !

Payant ; ouvert de Memorial Day (dernier lundi de mai) à la fête du Travail.

The Kayak Shack – Baggs' Landing Paddlesports Center
3004 Route 9, Peru, NY 12972
tél. : 518-566-0505
kayak-shack.com

Northern Forest Canoe Trail (NFCT)

Ce parcours de 1 191 km (740 mi) part d'Old Forge, dans les Adirondacks, sur la rivière Saranac. Il traverse le lac Champlain, une partie du Vermont, s'aventure au Québec puis revient au Vermont avant de s'engager dans le New Hampshire et dans les forêts sauvages du Maine. Il se termine à Fort Kent, dans le Maine, sur le fleuve Saint-Jean. Le NFCT retrace l'histoire fascinante du territoire par les routes navigables qu'ont empruntées les Premières nations et les premiers européens, au cœur de magnifiques régions. Si vous le faites en entier, vous devrez effectuer 63 portages. L'expédition vous prendra une cinquantaine de jours... Le NFCT traverse des petits villages où il est possible de trouver des auberges, des B & B et des terrains de camping, de même que plusieurs attraits touristiques.

Pour obtenir des informations, des cartes, des dépliants et planifier vos expéditions :

P.O. Box 565, Waitsfield, VT 05673
Tél. : 802-496-2285
northernforestcanoetrail.org

COUPS DE CŒUR

Cinq beaux sites pour l'ornithologie

Les régions du lac Champlain, des Green Mountains, des White Mountains, des Adirondacks, de même que les rives des Grands Lacs et le bord de mer sont toutes propices à l'observation des oiseaux. La vénérable **Audubon Society,** organisme à but non lucratif chargé de protéger l'habitat naturel des oiseaux et de promouvoir l'ornithologie, est très active dans les trois États. On trouve des sanctuaires et des réserves naturelles, plusieurs clubs d'ornithologie et des sentiers d'interprétation sur tout le territoire.

Missisquoi National Wildlife Reserve

Près de la frontière canadienne, une zone de 2 723 ha (6 729 ac) du delta de la rivière Missisquoi est classée réserve faunique nationale. De nombreuses espèces d'oiseaux menacés s'y reproduisent, et c'est une halte migratoire importante pour la sauvagine, les oiseaux de rivage et les sternes. Le grand héron bleu, le goglu de prés, le balbuzard, la guifette noire, le canard branchu, la grèbe à bec bigarré et le petit blongios y résident. Les chiens doivent être tenus en laisse.

29 Tabor Road
Swanton, VT 05488
Tél. : 802-868-4781
fws.gov

Les huards nichent sur certains lacs de l'État de New York.

Dead Creek Wildlife Management Area

Cette zone de boisés, de marais et de champs agricole, située entre Snake Mountain et le lac Champlain, abrite de nombreuses espèces protégées. C'est également une halte migratoire importante. Plus de 200 espèces d'oiseaux y ont été répertoriées : bernaches, oies blanches, guifette noire, balbuzard et maubèche des champs, de même qu'une grande variété d'oiseaux de rivage. Il y a un belvédère d'observation sur la route 17, à 1,6 km (1 mi) de l'intersection avec la route 22A. Il y a également des rampes de mise à l'eau pour les petites embarcations.

966 Route 17 West
Addison, VT 05491
Tél. : 802-759-2398
vtfishandwildlife.com

Connecticut River Birding Trail

Cet organisme regroupe 128 sites de prédilection pour l'observation des oiseaux dans le bassin-versant du fleuve Connecticut, un important cours d'eau qui sépare le Vermont du New Hampshire. Dans les différents sites répertoriés, il est possible d'observer des espèces communes, mais aussi des espèces plus rares, comme la paruline à collier, la paruline azurée, le busard Saint-Martin et la grèbe à bec bigarré.

Tél. : 603-271-3211
wildlife.state.nh.us

Odiorne Point State Park

Ce petit *State Park* (voir p. 17) situé près de la belle ville de Portsmouth se trouve à l'embouchure de la rivière Piscataqua, qui se jette dans l'Atlantique. Il s'agit d'un site important pour la migration d'automne des oiseaux de proie. On peut y observer l'épervier de Cooper, le faucon pèlerin, le faucon émerillon, la crécerelle d'Amérique et des éperviers. Au printemps, ce sont les parulines qui s'y donnent rendez-vous. Il y a un centre d'interprétation de l'histoire naturelle très intéressant, le Seacoast Science Center.

570 Ocean Boulevard
Rye, NH 03870
Tél. : 603-436-7406
nhstateparks.org

Roger Tory Peterson Institute of Natural History

Les amateurs d'ornithologie sont familiers avec les fameux guides Peterson, des ouvrages de référence qu'on garde dans le sac à dos ou la poche de son manteau en se rendant sur le terrain pour identifier les oiseaux. Ce magnifique centre, construit dans un secteur boisé de Jamestown, présente des expositions d'art animalier et conserve les illustrations originales du naturaliste Roger Tory Peterson. Il y a des sentiers d'interprétation sur la propriété pour observer les oiseaux.

311 Curtis Street, Jamestown, NY 14701
Tél. : 716-665-2473
rtpi.org

ski de randonnée et de la raquette

Les régions montagneuses du Vermont, du New Hampshire et de l'État de New York, de même que la fameuse *Snow Belt* entourant le lac Érié et le lac Ontario fournissent des conditions d'enneigement très intéressantes pour les amateurs de ski de randonnée et de raquette. À Bretton Woods, près du mont Washington, l'accumulation annuelle moyenne de neige est de plus de 500 cm. Dans la forêt Winona, près d'Oswego, l'effet de lac favorise l'enneigement : on y mesure annuellement de 508 à 762 cm de neige (200 à 300 po) en moyenne. C'est la région américaine à l'est des Rocheuses où l'on observe la plus importante accumulation de neige ! Voici quelques très bonnes adresses pour pratiquer vos sports préférés. Conservez-les dans votre petit carnet pour la saison estivale : ces centres de villégiature se transforment parfois en terrains de golf, en sentiers de randonnée ou de vélo de montagne durant l'été.

En ski de fond dans les Adirondacks.

Les Great Glen Trails comptent 45 km (28 mi) de pistes entretenues.

Le premier centre de ski de randonnée des États-Unis a été fondé à Stowe en 1968 par la famille Von Trapp.

Il y a une microbrasserie sur place.

Trapp Family Lodge

À la fin des années 1930, la légendaire famille autrichienne Von Trapp, qui a inspiré le film à succès *La Mélodie du Bonheur,* a parcouru les États-Unis en tournée avant de s'installer sur une ferme de Stowe. Les Von Trapp y ont construit un premier lodge dans les années 1940, puis ils ont fondé le tout premier centre de ski de randonnée des États-Unis en 1968. À la suite d'un violent incendie, un nouveau lodge de 96 chambres a été construit en 1981. Aujourd'hui, le centre propose 59,5 km (37 mi) de pistes entretenues, et près de 100 km (62 mi) de ski hors-piste sur une propriété de 1 011 ha (2 500 ac). À **Slayton Pasture Cabin,** les skieurs et raquetteurs peuvent se réchauffer et refaire le plein d'énergie en savourant une soupe maison, un sandwich ou un chocolat chaud. Le lodge a son propre centre de conditionnement physique, une piscine intérieure et un jacuzzi pour se détendre. Des cours de yoga et des activités pour les enfants y sont offerts.

Payant ; location d'équipement ; voir les conditions de ski sur le site Web.

700 Trapp Hill Road
Stowe, VT 05672
Tél. : 802-253-8511 ou 800-826-7000
trappfamily.com

Bolton Valley Resort

Ce centre de ski alpin et de ski de fond est situé dans un petit village alpin : la base de la montagne se trouve déjà à 640 m (2 100 pi) d'altitude. Il propose l'une des expériences de ski de randonnée et de raquette les plus recherchées de toute la Nouvelle-Angleterre. On y trouve 100 km (62 mi) de pistes pour le ski de fond et la raquette dans les sous-bois, dont 26 km (16 mi) de pistes entretenues. L'accumulation moyenne annuelle de neige est de 792 cm (312 po) ! Le complexe situé entre Burlington et Stowe compte son propre hôtel de 60 chambres, et les propriétaires viennent d'investir 400 000 $ US en rénovations. Si vous n'êtes pas familier avec le ski de randonnée, un forfait comprenant le billet d'accès, la location d'équipement et une heure de cours avec un instructeur, pour apprendre les bases, est offert.

Payant ; ouvert selon les conditions de ski, voir le site Web pour plus de détails ; cours de ski et location d'équipement sur place.

4302 Bolton Access Road
Bolton Valley, VT 05477
Tél. : 802-434-3444 ou 877-9BOLTON
boltonvalley.com

Les pistes du Jackson Ski Touring Foundation traversent les prés et les forêts.

Great Glen Trails

Ce centre sportif situé près de la Mount Washington Auto Road compte 45 km (28 mi) de pistes entretenues, destinées aux amateurs de ski de randonnée classique et à ceux qui pratiquent le ski patin. Le centre propose aussi plusieurs sentiers de raquette. Des randonnées nocturnes guidées par un naturaliste de l'Appalachian Mountain Club sont proposées régulièrement. Ces sorties permettent d'entendre les cris des hiboux et des chouettes, et de découvrir les pistes laissées par les animaux dans la neige fraîche. Toute la famille peut également s'amuser dans les glissades de neige (avec des bouées gonflables). Il est permis de rouler en *fatbike* sur les sentiers, le dimanche seulement, si les conditions le permettent.

Payant ; vérifier les conditions de ski sur le site Web.

1, Mount Washington Auto Road
Gorham, NH 03581
Tél. : 603-466-2333
greatglentrails.com

Jackson Ski Touring Foundation

Cet organisme à but non lucratif se charge d'entretenir 150 km (93 mi) de sentiers pour le ski de randonnée et 45 km (28 mi) de sentiers de raquette, dans l'une des plus belles régions du New Hampshire. Les pistes sont conçues pour répondre aux attentes de tous les skieurs, peu importe leur niveau. Elles traversent des forêts anciennes qui se trouvent sur le territoire de la municipalité de Jackson, l'un des plus beaux villages des White Mountains. Les pistes sont reliées à celles de l'Appalachian Mountain Club, à Pinkham Notch, de même qu'aux pistes de l'arrière-pays de la White Mountain National Forest. Des bénévoles certifiés patrouillent les sentiers et des naturalistes offrent des randonnées guidées.

Payant ; vérifier les conditions de ski sur le site Web.

153 Main Street
Jackson, NH 03846
Tél. : 603-383-9355
jacksonxc.org

Bear Notch Ski Touring Center

Voici un secret d'initié ! Les 65 km (40 mi) de pistes de neige naturelle de ce centre permettent de sillonner le nord de la vallée du mont Washington en toute sérénité, en ski de fond ou en raquette. Les sentiers longent parfois la rivière Saco, sillonnent l'arrière-pays pour voir des chutes, des prés enneigés et des boisés. Il s'agit de l'un des rares centres où les skieurs peuvent être accompagnés de leurs compagnons à quatre pattes, si ceux-ci sont bien éduqués. Dans le chalet, de la soupe, du pain maison et des breuvages chauds sont servis.

Payant ; vérifier les conditions de ski sur le site Web.

1573 US Route 302
Bartlett, NH 03812
Tél. : 603-374-2277
bearnotchskitouring.com

Bretton Woods Nordic Center

Ce centre de ski de randonnée comptant 687 ha (1 770 ac) est situé sur la propriété du Mount Washington Hotel dans la White Mountain National Forest. C'est le plus important de tout l'est des États-Unis : il compte 100 km (62 mi) de pistes entretenues. Les pistes catégorisées pour débutants, intermédiaires et experts traversent des boisés d'épinettes, de pruches et de sapin, et croisent des étangs de castors et des ruisseaux de montagnes. Comme le point de départ se trouve déjà à une altitude de 488 m (1 600 pi), certaines pistes atteignent une hauteur de 853 m (2 800 pi). L'enneigement annuel est de 508 cm (200 po). Les pistes sont conçues pour les randonneurs classiques, ceux qui pratiquent le pas de patin et la raquette. Des courses et des événements spéciaux y sont présentés chaque saison.

Payant ; vérifier les conditions de ski sur le site Web.

210 Mount Washington Hotel Road
Bretton Woods, NH 03575
Tél. : 603-278-3322
brettonwoods.com

On peut skier avec son chien au Bear Notch Ski Touring Center.

Purity Spring Resort

Ce centre de villégiature fréquenté par les sportifs depuis plus de 100 ans est géré par la cinquième génération de la famille Hoyt. Il compte un centre de ski alpin familial (King Pine), 22 km (13,6 mi) de pistes de ski de randonnée et des sentiers de raquette. Purity Springs Resort est situé au sud de la vallée du mont Washington, dans un site enchanteur et vraiment tranquille, à 20 minutes de North Conway. L'ancien moulin a été transformé en centre de conditionnement physique et comprend une piscine intérieure. Le *resort* offre plusieurs options pour l'hébergement et un restaurant très sympathique, Traditions. Amateurs d'ornithologie, notez que ce complexe se trouve en bordure du Hoyt Wildlife Sanctuary, une propriété de 67 ha (168 ac) gérée par le chapitre du New Hampshire de l'Audubon Society, une organisation américaine sans but lucratif très active dans la protection des habitats naturels et l'observation des oiseaux. On peut s'y promener en raquette.

Payant ; ouvert à l'année ; vérifier les conditions de ski et de raquette sur le site Web.

1251 NH Route 153
Madison, NH 03849
Tél. : 603-367-8896 ou 800-373-3754
purityspring.com

Pendant l'été, un couple de huards séjourne sur le lac Purity.

Les pistes du Cascade Cross Country Ski Center de Lake Placid sont reliées à celles du Jack Rabbit Trail.

Cascade Cross Country Ski Center

Ce centre de ski de randonnée situé près de Lake Placid propose 20 km (12,4 mi) de pistes entretenues, dans une zone à l'abri du vent. Ces pistes ont l'avantage d'être reliées au réseau du Jack Rabbit Trail et des pistes olympiques du mont Van Hoevenberg. On peut louer de l'équipement sur place (le centre a sa propre boutique), se restaurer dans le lodge et prendre des cours de ski. Des soirées spéciales de ski au clair de lune sont organisées les samedis de pleine lune, en janvier et en février. Hot-dogs, chocolat chaud, bières de microbrasseries et musique *live* sont alors au programme dans le chalet. On y trouve aussi des sentiers de raquette.

Payant ; vérifier les conditions de ski sur le site Web.

4833 Cascade Road
Lake Placid, NY 12946
Tél. : 518-523-9605
cascadeski.com

Il y a 32,2 km (20 mi) de pistes entretenues au cœur de l'Allegany State Park.

Garnet Hill Resort

Adeptes de sport, voici LE *resort* à découvrir dans le centre des Adirondacks, près de North Creek. Bien caché au sommet de Garnet Hill, à 609 m (2 000 pi) d'altitude, ce lodge rustique en bois, construit en 1936, compte 16 chambres, une salle à dîner, un bar et une salle de jeu familiale. Deux bâtiments plus modernes offrent des chambres supplémentaires. En été, ce centre de villégiature est fréquenté par les amateurs de randonnée et de vélo de montagne, tandis qu'en hiver, ce sont les inconditionnels de ski de randonnée et de raquette qui fréquentent les 55 km (34 mi) de pistes entretenues. Au Loghouse Restaurant, le chef exécutif Thomas DeCiantis sert une cuisine régionale fraîche, saine et savoureuse. La pâtissière, Mary Jane Freeburn, confectionne les meilleures tartes des Adirondacks !

Payant ; ouvert à l'année ; vérifier les conditions de ski sur le site Web.

39 Garnet Hill Road Section 2
North River, NY 12856
Tél. : 518-251-2444
garnet-hill.com

Art Roscoe Cross Country Ski Trails

Ce superbe centre situé dans l'Allegany State Park, à la frontière de la Pennsylvanie, compte quelques-unes des plus belles pistes de ski de fond de tout l'État de New York. En tout, 32,2 km (20 mi) de sentiers sont entretenus pour le ski de randonnée classique et le pas de patin dans les Enchanted Mountains – les montagnes enchantées. Les différents parcours conviennent à tous les niveaux de skieurs, des débutants aux experts. Il y a également 40,2 km (25 mi) de sentiers hors-pistes. Les sentiers sont ponctués de belvédères offrant de superbes panoramas sur la belle région montagneuse d'Allegany, et aucune route ou ligne de transmission d'électricité ne les traversent. La grande nature ! Si vous n'avez pas votre équipement, rendez-vous au **Summit Warming Hut** (de l'autre côté de la rue), pour la location.

Payant ; ouvert à l'année ; location d'équipement ; location de chalets ; vérifier les conditions de ski sur le site Web.

2373 Allegany State Park Route 1
Salamanca, NY 14779
Tél. : 716-354-9121
nysparks.com et alleganynordic.org

Summit Warming Hut
Tél. : 716-354-9163

Le ski alpin
À SON MEILLEUR

Il y a plus de 50 centres de ski alpin dans l'État de New York, une vingtaine dans le Vermont et une vingtaine dans le New Hampshire : vous êtes au cœur de la région de ski du nord-est des États-Unis. Les secteurs les plus montagneux bénéficient de conditions d'enneigement remarquables : plus de 950 cm (377 po) à Jay Peak (VT), plus de 500 cm (197 po) à Killington (VT), à Whiteface (NY) et à Bretton Woods (NH). Certaines montagnes sont de grande envergure et comptent des centaines de pistes pour les skieurs et les planchistes, d'autres, de dimensions plus modestes, sont très appréciées de la clientèle familiale. Il y a des pistes faciles pour les débutants, beaucoup de pistes intermédiaires et un excellent choix de pistes casse-gueule pour les experts, avec bosses et sous-bois. L'ambiance est parfois à la fête, parfois relax, parfois glamour... vous avez le choix !

Pendant l'été et surtout l'automne, plusieurs centres de ski gardent leurs télésièges et leurs gondoles en opération pour permettre aux visiteurs d'admirer le paysage, de faire du vélo de montagne, de la randonnée et même de se marier au sommet des montagnes !

Smuggler's Notch, au Vermont, est un paradis pour les amateurs de poudreuse !

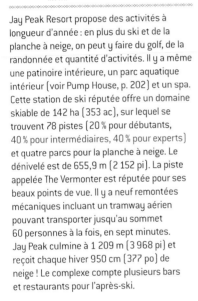

Il tombe en moyenne 762 cm (300 po) de neige par hiver à Smuggs.

Jay Peak Resort

Jay Peak Resort propose des activités à longueur d'année : en plus du ski et de la planche à neige, on peut y faire du golf, de la randonnée et quantité d'activités. Il y a même une patinoire intérieure, un parc aquatique intérieur (voir Pump House, p. 202) et un spa. Cette station de ski réputée offre un domaine skiable de 142 ha (353 ac), sur lequel se trouvent 78 pistes (20 % pour débutants, 40 % pour intermédiaires, 40 % pour experts) et quatre parcs pour la planche à neige. Le dénivelé est de 655,9 m (2 152 pi). La piste appelée The Vermonter est réputée pour ses beaux points de vue. Il y a neuf remontées mécaniques incluant un tramway aérien pouvant transporter jusqu'au sommet 60 personnes à la fois, en sept minutes. Jay Peak culmine à 1 209 m (3 968 pi) et reçoit chaque hiver 950 cm (377 po) de neige ! Le complexe compte plusieurs bars et restaurants pour l'après-ski.

Payant ; ski de la fin novembre au début mai ; vérifier les conditions de ski sur le site Web ; location d'équipement ; cours de ski offerts.

830 Jay Peak Road
Jay, VT 05859
Tél. : 802-988-2611 ou 800-451-4449
jaypeakresort.com

Smugglers Notch Resort

SKI Magazine l'a nommé meilleur centre de ski familial de tout l'est des États-Unis ! Sur place, on peut constater à quel point tout est mis en œuvre pour plaire aux familles : grandes unités de condos en location, centre de jeux FunZone pour les jeunes, piscine intérieure, école de ski pour les enfants dès l'âge de deux ans et demi, garderie, calendrier d'activités, animation, menus pour enfants dans les restos, feux d'artifices, soirées feux de camp et guimauve, glissades, parc aérien ouvert toute l'année (voir Arbor Trek, p. 92)... et j'en oublie sans doute ! Le domaine skiable de 125 ha (310 ac), au dénivelé de 795,5 m (2 610 pi), convient aux skieurs de tous les niveaux, et les experts ne sont pas en reste ! On y trouve 78 pistes, 14 sous-bois, cinq parcs pour la planche à neige et 8 remontées mécaniques.

Payant ; ouvert de la fin novembre à la mi-avril ; vérifier les conditions de ski sur le site Web ; location d'équipement ; cours de ski offerts ; garderie sur place.

4323 Vermont Route 108 South
Smuggler's Notch, VT 05464-9537
Tél. : 802-332-6854 ou 800-419-4615
smuggs.com

Le tramway aérien de Jay Peak transporte les skieurs au sommet de la montagne en 7 minutes.

Stowe Mountain Resort

Depuis les années 1940, les skieurs savent qu'ils vont passer des super vacances à Stowe. Ce domaine skiable remarquable de 196 ha (485 ac) leur permet de pratiquer leur sport à 1 105 m (3 625 pi) d'altitude (dénivelé : 719,3 m/2 360 pi), dans un secteur où il tombe chaque hiver 798 cm (314 po) de neige. On y trouve 116 pistes où les skieurs de tous les calibres peuvent s'amuser : les débutants ont 16 % des pistes, les intermédiaires, 56 % et les experts, 28 %. Il y a 13 remontées mécaniques, une gondole à grande vitesse et une nouvelle gondole permettant d'aller du sommet du mont Mansfield à Spruce Peak ! Les skieurs et les non-skieurs peuvent aussi profiter de leur séjour en visitant un spa qui sort de l'ordinaire au Stowe Mountain Lodge (voir p. 216), et plusieurs bonnes tables. La ville de Stowe, située à quelques minutes de la montagne, va combler les *foodies*.

Payant ; ouvert à l'année ; ski de la fin novembre à avril ; vérifier les conditions de ski sur le site Web ; location d'équipement ; cours de ski offerts.

7416 Mountain Road
Stowe, VT 05672
Tél. : 802-253-3000 ou 888-253-4849
stowe.com

L'hôtel situé au pied des pentes, Clay Brook, compte un stationnement intérieur chauffé.

Sugarbush Resort

Ce centre de ski, complètement revampé sous la gouverne de l'homme d'affaires Win Smith, est un joyau de Mad River Valley. Sugarbush se trouve près des beaux villages de Waitsfield et de Warren, au pays des ponts couverts (voir p. 254). Le domaine skiable est extrêmement vaste : il compte six sommets, 233 ha (578 ac) auxquels on ajoute 809 ha (2 000 ac) de ski hors piste en région sauvage, dans Slide Brook Basin. En tout, il y a 111 pistes et 21 remontées mécaniques à Sugarbush. Le dénivelé est de 792,5 m (2 600 pi). La montagne principale, Lincoln Peak, propose des pentes de ski classiques. Elle se trouve juste en face de Lincoln Peak Village, construit pour ressembler aux belles fermes qu'on voit dans cette région du Vermont. Une autre montagne, le mont Ellen, s'adresse à ceux qui cherchent plus de défis : un terrain exigeant, des sous-bois, des bosses. Sugarbush est aussi le terrain de jeu du skieur légendaire John Egan, qui a tourné avec son frère dans 17 films de ski extrême de Warren Miller. Vous pouvez skier avec lui pour apprendre ses astuces.

Payant ; vérifier les conditions de ski sur le site Web ; location d'équipement ; cours de ski offerts.

102 Forest Drive
Warren, VT 05674
Tél. : 802-563-6300 ou 800-53-SUGAR
sugarbush.com

Killington Resort

Situé au cœur des Green Mountains, le Killington Resort compte six sommets dont le plus haut, Killington Peak, culmine à 1 293 m (4 241 pi) et offre un dénivelé de 914 m (3 000 pi). L'enneigement annuel moyen est de 635 cm (250 po). Le centre compte un domaine skiable énorme (200 ha/600 ac) où sont aménagées 155 pistes destinées aux skieurs de tous niveaux (43 % pour débutants, 53 % pour intermédiaires, 60 % pour experts). Il y a 22 remontées mécaniques, incluant deux gondoles « express ». Les planchistes peuvent s'en donner à cœur joie dans six parcs, dont The Stash, qui compte un Superpipe de 152,4 m (500 pi) dont les murs font 5,4 m (18 pi). Le calendrier d'activités déborde et les visiteurs peuvent aller glisser, réserver une excursion de motoneige ou une promenade en traîneau, faire de la raquette ou profiter du spa pour se relaxer. Pendant l'été, les golfeurs se donnent rendez-vous au terrain de 18 trous de Killington et les amateurs de vélo de montagne dévalent ses pentes. Les randonneurs ont accès à 56,3 km (35 mi) de sentiers de randonnée balisés et peuvent rejoindre l'Appalachian Trail et le fameux Long Trail (voir p. 78).

Payant ; complexe ouvert à l'année ; ski de novembre à mai ; vérifier les conditions de ski sur le site Web ; location d'équipement ; cours de ski offerts.

4763 Killington Road
Killington, VT 05751
Tél. : 802-422-6201 ou 800-621-MTNS
killington.com

Une station de ski unique !

Les chaises solo des remontées mécaniques de Mad River Glen datent de 1948.

Voici une station de ski vraiment à part des autres. **Mad River Glen,** située dans la Mad River Valley, est gérée par une coopérative. Les skieurs sont donc propriétaires du centre et ont droit de vote sur les décisions qui le concernent. Il y a des célébrités dans l'équipe, dont le musicien folk Pete Seeger et l'astronaute Cady Coleman, qui a apporté l'autocollant de la station dans la navette spatiale ! Le slogan « Ski it if you can » (Skiez-la si vous le pouvez !), est représentatif : le domaine skiable de 46 ha (115 ac) est considéré comme le plus exigeant de toute la côte Est des États-Unis. Il offre une dénivellation de 610 m (2 000 pi) et compte plusieurs descentes en bosses : 45 % des pistes sont réservées aux experts. Le centre reçoit en moyenne 635 cm (250 po) de neige par saison et ne fait presque pas d'entretien (15 %) sur ses 45 pistes plutôt étroites. La planche à neige est interdite. Ce centre de ski est historique : il est l'un des deux seuls aux États-Unis à avoir conservé une remontée mécanique à chaise solo (une personne à la fois seulement). Elle date de 1948. C'est à voir !

Payant ; ouvert de la mi-janvier à la mi-avril ; vérifier les conditions de ski sur le site Web.

57 Schuss Pass Road, Waitsfield, VT 05673
Tél.: 802-496-3551
madriverglen.com

Un extraordinaire château de glace

Chaque hiver, un magnifique château de neige et de glace se construit progressivement à Lincoln, au New Hampshire, dans le stationnement de Hobo Railroad. **IceCastles,** une compagnie basée en Utah, y construit un château de glace formé d'immenses glaçons, de tours, de tunnels, de cascades, de glissades et de cavernes, illuminé de milliers de lampes DEL multicolores. La structure conçue par le sculpteur Brent Christensen et son équipe commence par un petit glaçon, qu'on arrose et qu'on fait « pousser »... Les glaçons s'assemblent jour après jour, jusqu'à devenir une immense structure féerique haute de presque 8 m (25 pi), qui fait penser aux plus belles formations qu'on trouve dans les cavernes. Lorsque le château est prêt (voir la date sur leur site Web), les visiteurs peuvent s'y promener, s'amuser dans les tunnels et prendre beaucoup de photos (surtout le soir) en s'imaginant au royaume de la Reine des Neiges ! Une belle sortie en plein air pour toute la famille. C'est tellement populaire qu'il faut choisir son heure de visite en achetant ses billets.

Payant ; ouvert de la fin janvier au début mars.

64 Railroad Street
Lincoln, NH 03251
Tél. : 888-407-4054 ou 603-745-8111
icecastles.com

Un immense château de glace est construit chaque hiver à Lincoln, NH.

Cannon Mountain Ski Area

Haute de 1 243,5 m (4 080 pi), Cannon Mountain offre le plus haut sommet skiable de tout le New Hampshire et son dénivelé est de 664,5 m (2 180 pi). Le centre compte 114 ha (282 ac) répartis sur deux montagnes, Cannon et Mittersill. On y trouve 95 pistes et sous-bois, dont 15 % pour débutants, 52 % pour intermédiaires et 33 % pour experts. Cette station est célèbre pour son tramway aérien, qui peut transporter jusqu'à 80 passagers au sommet de Cannon Mountain en 10 minutes ! De là, les skieurs, les randonneurs et les visiteurs peuvent admirer la vue sur les White Mountains, se restaurer au 4080 Café ou s'élancer sur les pentes. Une section du centre est consacrée aux débutants et aux familles : Tuckerbrook Family Area. Même s'il tombe en moyenne 406 cm (160 po) de neige par année, des nouveaux canons à neige à haute efficacité ont été ajoutés. Cannon Mountain Ski Area vient d'investir 1 M $ US pour améliorer son infrastructure. On trouve de l'hébergement et plusieurs restaurants dans les villes voisines de Lincoln, Franconia et Littleton. Le New England Ski Museum (voir p. 128) se situe au pied des pentes.

Payant ; ouvert de la fin novembre à la mi-avril ; vérifier les conditions de ski sur le site Web ; location d'équipement ; cours de ski offerts ; garderie sur place.

260 Tramway Drive
Franconia, NH 05380
Tél. : 603-823-8800
cannonmt.com

À voir aussi, Wildcat Mountain ! skiwildcat.com

Cannon Mountain est célèbre pour son tramway aérien.

Bretton Woods Ski Area

Le plus grand domaine skiable du New Hampshire est à Bretton Woods : 187 ha (464 ac) sont ouverts aux skieurs et aux planchistes, qui peuvent s'amuser sur 62 pistes aménagées, 35 pistes de sous-bois et trois parcs. Le centre, situé en face de l'Omni Mount Washington Resort (voir p. 118), offre une vue imprenable sur le mont Washington et les montagnes du Presidential Range. Il est équipé de 10 remontées mécaniques, incluant des chaises quadruples à grande vitesse. Rosebrook Mountain, le plus haut sommet du centre de ski, culmine à 945 m (3 100 pi), offrant un dénivelé de 457 m (1 500 pi). Comme il tombe en moyenne 508 cm (200 po) de neige par hiver, les conditions de ski sont généralement très intéressantes. Le centre est équipé de canons à neige pour que 92 % des pentes soient recouvertes de neige si nécessaire. Cinq pistes de ski et de planche à neige sont éclairées en soirée, le vendredi, le samedi et les jours fériés.

Payant ; ouvert de novembre à la mi-avril ; vérifier les conditions de ski sur le site Web.

99 Ski Area Road
Bretton Woods, NH 03575
Tél. : 603-278-3320
brettonwoods.com

Titus Mountain Family Ski Center

Ce petit centre de ski super sympathique, situé près de Malone, à quelques minutes de la frontière canadienne (Huntington, Qc), est vraiment à découvrir. Les habitués apprécient son atmosphère familiale, ses pistes bien entretenues et pas trop achalandées qui sillonnent trois montagnes ; la rapidité avec laquelle ils ont accès aux remontées mécaniques et les prix très abordables de la station (50 $ US par adulte pour la journée, en haute saison). Upper Mountain fait 617 m (2 025 pi) et offre un dénivelé de 366 m (1 200 pi). Cinquante pistes sont réparties sur un domaine skiable de 57 ha (143 ac), dans une magnifique érablière. Vous y trouverez 17 pistes pour les débutants, 19 pistes pour les intermédiaires et 14 pour les experts. La piste la plus longue (une combinaison de trois pistes : Bridge Run, Paul's Way et Long Way Home) mesure 3 219 m (10 560 pi). On peut faire du ski et de la planche à neige en soirée à Titus Mountain.

Payant ; vérifier les conditions de ski sur le site Web ; location d'équipement ; cours de ski offerts ; événements spéciaux.

215 Johnson Road
Malone, NY 12953
Tél. : 518-483-3740 ou 800-848-8766
titusmountain.com

Gore Mountain Ski Resort

Situé au cœur des Adirondacks, ce centre de ski comptant quatre sommets offre 109 pistes réparties sur un domaine skiable de 177 ha (439 ac) (10 % des pistes pour débutants, 50 % pour intermédiaires et 40 % pour experts) et un parc pour la planche à neige. Quinze remontées mécaniques conduisent jusqu'au sommet de Gore Mountain (1 097 m – 3 600 pi) dont le dénivelé est de 773 m (2 537 pi). Le centre de ski reçoit en moyenne 381 cm (150 po) de neige par hiver. Des services de restauration sont offerts à même la montagne, pour ne pas avoir à descendre jusqu'au bas des pentes pour manger une bouchée ! Pendant l'été et l'automne, on peut aussi monter à bord des gondoles jusqu'au sommet de Bear Mountain (le sommet situé un peu plus bas), où vous accueille un labyrinthe méditatif de roche et de gravier.

Payant ; ouvert de la fin novembre à la mi-avril ; vérifier les conditions de ski sur le site Web ; location d'équipement ; cours de ski offerts ; garderie sur place.

793 Peaceful Valley Road
North Creek, NY 12853
Tél. : 518-251-2411
goremountain.com

Moon Valley Maple entaille les érables de la station de ski de Titus Mountain pour faire du sirop d'érable.

En moyenne, Titus Mountain reçoit chaque hiver 305 cm (120 po) de neige.

Les amateurs de planche à neige ont plusieurs équipements pour s'amuser à Whiteface Mountain.

Whiteface Mountain

Les compétitions de ski des Jeux olympiques de 1980 ont eu lieu sur cette montagne mythique qui domine le beau village de Lake Placid. Il s'agit du plus haut domaine skiable de tout l'est des États-Unis : au sommet de la plus haute piste, The Slides, vous êtes à 1 417 m (4 650 pi) d'altitude ! Le dénivelé est de 1 045 m (3 430 pi), et de 965 m (3 166 pi) au point atteint par la plus haute remontée mécanique. La montagne reçoit chaque hiver environ 508 cm (200 po) de neige. Le centre de ski compte 87 pistes : 18 pour les débutants, 36 pour les skieurs de niveau intermédiaire et 33 pistes pour les experts. Amateurs de défis, notez ceci : il y a 14 ha (35 ac) pour le ski hors piste (double diamant noir) en altitude, et 21 ha (53 ac) de sous-bois. Whiteface offre 11 remontées mécaniques, dont une gondole appelée CloudSplitter. Il n'y a pas de ski de soirée : rendez-vous plutôt dans les nombreux pubs et restaurants de Lake Placid et profitez de l'ambiance !

Payant ; ouvert de novembre à avril ; vérifier les conditions de ski sur le site Web ; location d'équipement ; cours de ski offerts ; garderie sur place.

5021 Route 86
Wilmington, NY 12997
Tél. : 518-946-2223 ou 877-SKI-FACE
whiteface.com

La motoneige : 32 187 km (20 000 mi) de sentiers !

Il y a de nombreux sentiers de motoneige dans la vallée du mont Washington, au New Hampshire.

La **Vermont Association of Snow Travelers** compte 128 clubs de motoneigistes qui entretiennent 8 047 km (5 000 mi) de sentiers à travers le Green Mountain State. Ils donnent accès à tout un réseau d'hébergement et de restauration. Pour les parcourir, il faut être membre d'un de ces clubs – référez-vous au site Web pour trouver celui qui vous convient. Plusieurs entreprises proposent également des visites guidées et de la location d'équipement. On en trouve facilement dans les stations de ski, entre autres. Le sentier Trans-Québec #35 se rend à la frontière du Vermont (Morse's Line) et le sentier Trans-Québec #55 se rend à Stanstead, près du poste de Derby Line.

Le New Hampshire est un paradis pour les motoneigistes : on y trouve plus de 11 265 km (7 000 mi) de sentiers qui traversent toutes ses régions. Plusieurs corridors se trouvent dans la région qui est la plus proche du Québec – Great North Woods. La piste #5 du New Hampshire rejoint d'ailleurs le sentier Trans-Québec #65, près de Chartierville, dans les Cantons-de-l'Est. Au poste douanier, elle communique avec les 90 km (55,9 mi) de sentiers du **Club de motoneigistes des monts Appalaches.** La **New Hampshire Snowmobile Association** fournit des cartes et des adresses pour la location de motoneiges, l'hébergement situé à proximité des sentiers et les restaurants pour se réchauffer et casser la croûte. Comme plusieurs sentiers de motoneige traversent les *State Parks,* les adeptes peuvent aussi vérifier quotidiennement les conditions d'enneigement et les différentes recommandations sur leur site Web.

Dans l'État de New York, le Tug Hill Plateau, près de Watertown, est réputé pour la motoneige. Il s'agit de la région où il y a la plus importante accumulation de neige, à l'est des Rocheuses, de tous les États-Unis : entre 508 cm (200 po) et 762 cm (300 po) par année ! Les autres régions qui bordent les Grands Lacs sont également populaires pour la motoneige puisqu'elles bénéficient de l'effet de lac et enregistrent d'importantes accumulations. Il y a 12 874 km (8 000 mi) de sentiers dans tout l'État de New York... Vous avez l'embarras du choix.

Payant ; sentiers ouverts selon les conditions d'enneigement ; vérifier auprès des organismes concernés.

Club de motoneigistes des Monts Appalaches (Québec)
Tél. : 819-888-2747
motoneigistes.estrie.site

New Hampshire Snowmobile Association
614 Laconia Road, Tilton, NH 03276-5322
Tél. : 603-273-0220
nhsa.com

Vermont Association of Snow Travelers
26 Vast Lane, Barre, VT 05641
Tél. : 802-229-0005
vtvast.org

New York State Snowmobile Association
Tél. : 888-317-2441
nysnowmobiler.com

Golf à l'américaine

À la recherche d'un 9 trous, d'un 18 trous ou même d'un 45 trous mémorable ? Les dizaines de terrains de golf publics et privés du Vermont, du New Hampshire et d'Upstate New York offrent toutes sortes de défis aux golfeurs, peu importe leur niveau. Ils se trouvent au cœur des régions montagneuses, en région rurale, sur des propriétés historiques ou sur celles de centres de villégiature quatre-saisons qui savent fidéliser leur clientèle. La plupart des terrains offrent des leçons et des cliniques de golf, et certains sont même dirigés par des professionnels de la PGA. Pendant la saison hivernale, ces terrains de golf minutieusement entretenus et invitants sont souvent convertis en centres de ski de fond et de raquette tout aussi accueillants. Un conseil : renseignez-vous sur les forfaits de golf offrant le dollar canadien au pair.

Le terrain de golf de l'Omni Mount Washington est considéré comme l'un des plus beaux du New Hampshire.

Le Green Mountain National Golf Course est dirigé par le pro David Soucy (PGA).

Green Mountain National Golf Course

Ce terrain de 18 trous, dirigé par David Soucy (professionnel agréé par la PGA), est situé dans une superbe vallée des Green Mountains, au pied de la célèbre montagne Killington. Il est considéré comme l'un des plus beaux terrains de golf publics de tout l'État, et le magazine *Travel & Leisure* l'a nommé dans son top 100 des terrains de golf américains où il est possible de jouer pour 100 $ et moins. Le terrain municipal de 6 025 m (6 589 vg) (normale : 71) est reconnu pour ses vues panoramiques (le trou numéro 16 est célèbre !) et pour les formations rocheuses sculptées à l'époque glaciaire qui s'y trouvent. Les différentes sections du parcours sont séparées les unes des autres par des bandes forestières et offrent des niveaux de difficulté variés. Des leçons sont offertes et les golfeurs peuvent savourer un bon repas chez Gracie's Grill.

Payant ; ouvert de mai à octobre ; location d'équipement et Pro Shop.

476 Barrows Town Road
Killington, VT 05751
Tél. : 888-483-4653 ou 802-422-4653
gmngc.com

Equinox Resort

Le terrain de golf de l'Equinox Resort & Spa se trouve dans la jolie ville de Manchester, dans le sud du Vermont. Craig Luckey, professionnel agréé par la PGA, est directeur de ce green vallonné blotti entre deux chaînes de montagnes, les Green Mountains et les Taconic Mountains. Le parcours de 5 873 m (6 423 vg) (normale : 71) a été conçu par le champion amateur américain Walter Travis en 1926, qui y a imaginé plusieurs obstacles. Les clients peuvent réserver leur heure de départ (*tee time*) en confirmant leurs réservations à l'hôtel. Des cours de golf sont offerts. Après leur partie, les clients peuvent se relaxer dans la piscine de cet hôtel historique, savourer un repas dans l'un de ses quatre restaurants ou profiter d'un moment de quiétude au spa. Le terrain se trouve tout près des *Designer Outlets* (voir p. 209) et du site historique de Hildene (voir p. 257).

Payant ; ouvert de mai à octobre (selon la météo).

3567 Main Street
Manchester, VT 05254
Tél. : 877-854-7625
equinoxresort.com

Basin Harbor Club Golf Course

Ce centre de villégiature familial situé près du lac Champlain comprend un terrain de golf 18 trous de 6 035 m (6 600 vg) (normale : 72) conçu par l'architecte spécialisé de réputation internationale Geoffrey Cornish. Le terrain se trouve près du lac, compte de nombreux arbres matures et a été le premier au Vermont à être approuvé par l'Audubon Cooperative Sanctuary. Ce programme spécial permet de préserver les ressources naturelles, de mettre en valeur l'habitat des nombreux oiseaux qui nichent dans le secteur et de les protéger pour les prochaines générations. Les golfeurs peuvent se rendre à Basin Harbor en voiture, en bateau ou même en avion, puisque le petit aéroport de Basin Harbor se trouve tout près. Bob Prange, professionnel agréé par la PGA, est en charge des leçons de golf. Il y a une école sur place où des cliniques de golf sont présentées quotidiennement. Des pratiques supervisées sont proposées. Vous pouvez déjeuner au Fairway Cafe ou vous rafraîchir au Red Mill Restaurant, réputé pour servir les meilleurs burgers des environs !

Payant ; ouvert de mai à octobre (selon la météo) ; les chiens sont permis seulement à certains endroits du centre de villégiature.

4800 Basin Harbor Road
Vergennes, VT 05491
Tél. : 802-475-2311 ou 800-622-4000
basinharbor.com

Hale's Location Golf Course

Ce splendide terrain de neuf trous est considéré comme l'un des plus beaux de la vallée du mont Washington. Il a été conçu par Albert Zikorus et se trouve directement au pied des célèbres falaises d'escalade de Cathedral Ledge (voir p. 91). Le parcours de 2 766 m (3 025 vg) (Blue tee – normale : 36) aménagé sur la propriété du White Mountain Hotel (voir p. 71) offre des points de vue spectaculaires sur les sommets des White Mountains et de Moat Mountain Range, dans un environnement très paisible, loin des foules. Il compte des étangs et des obstacles sablonneux, offrant tous les défis recherchés par les golfeurs. On trouve un terrain de pratique sur place et des leçons de golf sont proposées par l'équipe de professionnels supervisée par Wayne Sprouse. Après la partie, vous pouvez vous détendre dans la piscine et le jacuzzi extérieur.

Payant ; ouvert de la fin mai à la mi-octobre ; location d'équipement ; Pro Shop et restaurant sur place ; chiens permis dans certains endroits de l'hôtel.

2560 West Side Road
North Conway, NH 03860
Tél. : 603-356-7100 ou 800-533-6301
whitemountainhotel.com

Le terrain de golf de Hale's Location se trouve au pied des falaises de Cathedral Ledge.

Après votre journée de golf, vous pourrez aller vous détendre au spa de l'hôtel (voir p. 217).

Le terrain de golf de Malone est très paisible et minutieusement entretenu.

Omni Mount Washington

Le spectaculaire centre de villégiature Omni Mount Washington (voir p. 263) de Bretton Woods compte deux terrains de golf : un 9 trous et un 18 trous. Créé en 1895, Mount Pleasant Course, le 9 trous de 2 940 m (3 215 vg) (normale : 35) a accueilli des générations de golfeurs. Les légendes du golf, comme le professionnel américain Gilbert Nicholls, les champions britanniques Harry Vardon et J.W. Taylor et le champion de l'U.S. Open Willie Anderson, y ont tous joué. En 1989, le terrain bordant la rivière Ammonoosuc a été restauré et amélioré en tenant compte des suggestions des golfeurs réputés Gene Sarazen et Ken Venturi. Le Mount Washington Course, un 18 trous offrant une vue extraordinaire sur les sommets de la Presidential Mountain Range, a été conçu en 1915 par Donald Ross et restauré en 2008. Il s'agit d'un parcours de 6 404 m (7 004 vg) (normale : 72) qui a accueilli quatre New Hampshire Open et le New England Open. Il a été voté meilleur terrain de golf du New Hampshire de 2009 à 2015 par *Golfweek Magazine*. Les 5e et 11e trous sont réputés pour leurs vues panoramiques sur l'Omni Mount Washington Hotel et les montagnes.

Payant ; ouvert de juillet à la fin octobre ; location d'équipement ; cours de golf.

310 Mount Washington Hotel Road
Bretton Woods, NH 03575
Tél. : 603-278-1000 ou 800-843-6664
omnihotels.com

Malone Golf Club

Ce superbe terrain dirigé par l'actuel président de la PGA, Derek A. Sprague, se trouve à quelques minutes de la frontière canadienne (Huntington, Qc). Le club compte deux terrains de 18 trous et s'est vu attribuer la cote de quatre étoiles et demie par le prestigieux *Golf Digest*. Le parcours panoramique se trouve dans une région rurale très paisible où les points de vue magnifiques se multiplient. L'East Course (normale : 72), considéré comme l'un des plus beaux « Pure Classic Nine » au monde, a été conçu par Donald Ross et Willard G. Wilkinson dans les années 1930. Le West Course, un parcours de 6 028 m (6 592 vg) (parcours Blue – normale : 71) conçu par Robert Trent Jones, offre quantité d'obstacles (fosses de sable, plans d'eau). Derek A. Sprague, un « pro » dynamique et accueillant, compte beaucoup de golfeurs canadiens dans sa clientèle régulière. Le restaurant du club, The Grill Room, sert des plats variés et savoureux, d'avril à la mi-décembre.

Payant ; ouvert de mai à octobre ; prix spéciaux pour les jeunes et les étudiants ; Pro Shop sur place et location d'équipement.

79 Golf Course Road
Malone, NY 12953
Tél. : 518-483-2926 ou 877-483-3633
malonegolfclub.com

La station de ski Holiday Valley compte un terrain de golf de 18 trous (normale : 70).

Holiday Valley

Ce magnifique terrain verdoyant et minutieusement entretenu se trouve dans le centre de villégiature de Holiday Valley, à une heure de Buffalo et à trois heures de Toronto. Le Double Black Diamond est un 18 trous (normale : 70) de 5 944 m (6 500 vg) où les golfeurs peuvent s'attendre à de nombreux défis. Les neuf premiers trous du parcours sont près du lodge, sur un terrain plat, et comportent des étangs et des obstacles sablonneux. Les neuf trous suivants sont aménagés au pied des pentes de ski et offrent des points de vue panoramiques sur les environs. C'est un très beau coin de pays ! Le *resort* accueillant, très apprécié de la clientèle canadienne, comprend des restaurants (John Harvard's Brew House, McCarty Cafe) et un spa. On peut louer des chambres très confortables à The Inn at Holiday Valley, sur place. Sky High Adventure Aerial Park, un superbe parc d'aventure aérien, vient d'y être aménagé (voir p. 93). Vous êtes tout près de la belle petite ville d'Ellicottville : profitez-en pour découvrir ses bars, ses restaurants (voir Cadillac Jack's, p. 130) et ses boutiques sympathiques !

Payant ; *resort* ouvert à l'année ; golf de la mi-avril à la fin octobre ; location d'équipement ; cours de golf offerts.

Holiday Valley
6557 Holiday Valley Road
Ellicottville, NY 14731-0370
Tél. : 716-699-2345
holidayvalley.com

Peek'n'Peak Resort & Spa

Ce très beau centre de villégiature construit dans une région pittoresque de Western New York compte deux terrains de golf 18 trous qui ont déjà accueilli des tournois de la PGA. Le Lower Course, situé au pied des pentes de la station de ski Peek'N'Peak, est un terrain de 5 724 m (6 260 vg) (Gold tee – normale : 72) agrémenté de plans d'eau et réputé pour son parcours agréable. L'Upper Course, d'une longueur de 6 457 m (7 061 vg) (Gold tee – normale : 72), est bordé d'arbres matures et offre des points de vue spectaculaires sur les alentours puisqu'il est en altitude. Il comprend de nombreuses fosses de sable qui offrent plus de défis aux golfeurs. Le directeur du golf, Dwayne Randall, est un professionnel agréé de la PGA. Il invite les golfeurs à s'inscrire aux activités de la Peak Academy of Golf, où ses instructeurs utilisent des vidéos pour offrir des leçons personnalisées. L'hôtel de ce complexe (comprenant 108 chambres) vient d'être rénové. Pendant l'hiver, Peek'n'Peak se transforme en station de ski dont les pistes sont éclairées en soirée.

Payant ; *resort* ouvert à l'année ; golf de la fin mai à la mi-septembre ; restaurant, hébergement et spa sur place.

1405 Olde Road
Clymer, NY 14724
Tél. : 716-355-4141
pknpk.com

Crowne Plaza Resort & Golf Club

Ce terrain historique établi près de Lake Placid est le seul 45 trous des Adirondacks. Il offre des points de vue spectaculaires sur les High Peaks. Le Links Course, un parcours de 6 448 m (7 052 vg) (normale : 71) a été conçu en 1909 par l'architecte écossais Seymour Dunn, dans le style traditionnel. Il a accueilli de nombreuses personnalités, dont l'ancien président américain Bill Clinton. Le Mountain Course a été conçu l'année suivante et redessiné en 1930 par Alister MacKenzie, qui a aussi conçu deux terrains utilisés pour les tournois Master's, Augusta National (GA) et Cypress Point (CA). Ce parcours mesure 5 945 m (6 501 vg) (normale : 70) et convient à tous les niveaux de joueurs. Un autre parcours appelé Pristine Nine mesure 1 389 m (1 519 vg) (normale : 29). Il est très apprécié des débutants et des familles, et se complète en une heure et demie. Pendant la saison hivernale, le complexe entretient des pistes de ski de fond (20 km/12,4 mi) et des sentiers de raquette.

Payant ; ouvert de mai à septembre ; location d'équipement.

101 Olympic Drive
Lake Placid, NY 12946
Tél. : 518-523-2556 ou 877-570-5891
lakeplacidcp.com

Leatherstocking Golf Course – The Otesaga Resort Hotel

Ce terrain de golf exigeant, conçu en 1909 par Devereux Emmet, offre une expérience mémorable au cœur d'un paysage splendide. Le terrain de 18 trous (normale : 72) de 5 853 m (6 401 vg) se trouve sur la propriété du prestigieux Otesaga Resort Hotel, construit sur la rive du lac Otsego en 1909, par la famille Clark. Le terrain de golf ondule doucement en bordure du lac, et ses deux derniers trous sont spectaculaires. Pour atteindre le trou #17 (normale : 3) on doit réussir un coup de 178 m (195 vg) au-dessus de l'eau.

Payant ; ouvert de mai à octobre ; location d'équipement ; Pro Shop et restaurant sur place.

The Otesaga Resort Hotel
60 Lake Street
Cooperstown, NY 13326
Tél. : 607-544-2547 ou 800-348-6222
otesaga.com/golf

Chaque année, le Leatherstocking Golf Course de Cooperstown accueille le tournoi Otesaga Senior Open.

À gauche : Le terrain de golf de Peek'n'Peak Resort se trouve dans une très belle région de Western New York.

COUPS DE CŒUR

Les cinq meilleurs musées consacrés aux sports

Si vous êtes un fan de baseball, de boxe, de pêche à la mouche et de ski, je vous recommande vivement d'aller jeter un coup d'œil à ces musées. Vous serez peut-être bien plus captivé que vous auriez pu l'imaginer !

The American Museum of Fly-Fishing

Ce musée de Manchester fondé en 1968 abrite la plus importante collection au monde d'objets reliés à la pêche à la mouche. On y trouve des cannes à pêche anciennes, des moulinets, des leurres, des manuscrits, des photographies d'époque et toutes sortes d'objets des États-Unis et d'ailleurs, remontant aussi loin qu'au XVIe siècle. Le musée compte une imposante collection de mouches artificielles pour la pêche (plus de 22 000), fabriquées à la main par des pêcheurs de renom. On y trouve même les plus anciennes mouches artificielles jamais répertoriées : ces objets délicats ont été fabriqués en 1789 en Écosse et en Angleterre. Le musée expose des œuvres d'art animalier et publie un périodique appelé *The American Fly Fisher*.

4070 Main Street
Manchester Center, VT 05254
Tél. : 802-362-3300
amff.com

New England Ski Museum

Ce petit musée situé à Cannon Mountain, au cœur de Franconia Notch State Park, rend hommage à la tradition du ski en Nouvelle-Angleterre. On y trouve une exposition permanente relatant 8 000 ans d'histoire du ski, de ses origines préhistoriques jusqu'à l'arrivée des skis paraboliques, dans les années 1990. Le musée décrit aussi la carrière d'une star de la région, Bode Miller, cinq fois médaillé olympique. L'entrée est gratuite !

135 Tramway Drive
Franconia, NH 03580
Tél. : 603-823-7177
newenglandskimuseum.org

National Baseball Hall of Fame and Museum

Bienvenue à Cooperstown, site d'un des musées sportifs les plus connus au monde et d'une des destinations les plus courues des États-Unis ! Ce musée fondé en 1939 célèbre tout ce qui touche à ce sport adoré du public. Aménagé sur trois étages, il présente des objets ayant appartenu aux hommes qui ont fait la légende, comme Babe Ruth, et raconte l'histoire et les grands moments du baseball. C'est à Cooperstown que sont intronisés chaque année les joueurs qui entrent au Temple de la renommée, le dernier dimanche de juillet. Si vous avez des recherches à faire sur le baseball, allez faire un petit tour à la bibliothèque du musée : elle contient des fiches sur chacun des joueurs ayant appartenu à une ligue majeure de baseball, 250 000 photographies et 14 000 heures de documents audiovisuels. Réservation obligatoire pour les groupes.

25 Main Street
Cooperstown, NY 13326
Tél. : 607-547-7200 ou 888-425-5633
baseballhall.org

International Boxing Hall of Fame

Dans les années 1980, un groupe de résidents de Canastota, une petite ville située à une vingtaine de minutes de Syracuse (NY) a décidé d'honorer deux de ses champions de boxe, Carmen Basilio et son neveu Billy Backus. Le petit musée a grandi avec les années, au point de devenir une véritable référence dans l'industrie de la boxe. Chaque année au mois de juin, de nouvelles personnalités sont introduites au Temple de la renommée, au cours d'une cérémonie attirant même les stars de Hollywood ! Dans le musée, on peut voir des moulages des poings de Jack Dempsey et de Primo Carnera.

360 North Peterboro Street
Canastota, NY 13032
Tél. : 315-697-7095
ibhof.com

Les joueurs légendaires sont en vedette au National Baseball Hall of Fame and Museum.

Lake Placid Winter Olympic Museum

Ce musée célèbre Lake Placid, hôte des premiers Jeux olympiques d'hiver présentés aux États-Unis, en 1932 et des Jeux olympiques de 1980. Il présente plusieurs kiosques relatant les grands moments de ces jeux olympiques et des portraits d'athlètes célèbres, dont la patineuse Sonja Henie. Vous pouvez revivre un grand moment sportif du XXe siècle avec « Miracle on Ice », une exposition racontant la fameuse partie de hockey opposant l'équipe américaine et l'équipe soviétique en 1980. Le musée expose aussi des souvenirs et de l'équipement utilisé par les patineurs, les joueurs de hockey et les athlètes de bobsleigh pendant les Jeux olympiques d'hiver de 1932.

2634 Main Street
Lake Placid, NY 12946
Tél. : 518-302-5326
lpom.org

Le ring du Madison Square Garden.

OÙ MANGER ET DORMIR
POUR LES SPORTIFS

 MANGER

Charlie B's

Impossible de résister à l'ambiance détendue et sympathique de Charlie B's, le restaurant du Stoweflake Mountain Resort (voir p. 216). Comme il fait partie du Vermont Fresh Network (voir p. 142), son équipe cuisine beaucoup de produits locaux de grande qualité. Au menu, des steaks, des burgers, des raviolis aux champignons sauvages, du saumon au miel du Vermont, des plats végé et une sélection de 50 vins servis au verre.

1746 Mountain Road
Stowe, VT 05672
Tél. : 802-760-1096 ou 800-253-2232
stoweflake.com

Chez Henri

Ce bistro est dirigé depuis 1964, de main de maître par Henri Borel, auquel s'est joint le chef Bernard Perillat. J'ai été séduite par son atmosphère romantique, ses miroirs des années 1850, ses anciennes murales, ses banquettes de « speakeasy » et son comptoir de marbre italien. Au menu, c'est la fête : médaillon de veau à la Normande, carré d'agneau aux herbes, steak tartare et bouillabaisse !

80 Sugarbush Village Drive
Warren, VT 05660
Tél. : 802-583-2600
chezhenrisugarbush.com

The Red Parka Steakhouse & Pub

Les familles et les sportifs se donnent rendez-vous dans ce restaurant très animé de Glen. On y sert de généreuses assiettes d'une cuisine réconfortante : BBQ Ribs, North Country Pot Roast, poulet parmesan, saumon au pesto, Surf & Turf. Il y a un bar à salade bien garni et un menu pour les petits.

3 Station Street
Glen, NH 03838
Tél. : 603-383-4344
redparkapub.com

Livingood's Restaurant & Brewery

Quand vous roulerez sur l'I-87 entre Plattsburgh et Lake George, mettez le clignotant à la sortie 35 pour vous diriger dans ce resto tout simple, doublé d'une épatante microbrasserie. On y sert des pâtes, des steaks, de la pizza et sept différents burgers à tomber par terre, accompagnés des plus croustillantes rondelles d'oignon à la bière que vous puissiez imaginer.

697 Bear Swamp Road
Peru, NY 12972
Tél. : 518-643-2020
livingoodsrestaurant.com

Cadillac Jack's

J'ai savouré la cuisine fusion de ce bon petit restaurant tenu par Tom et Tina Zerbian. On y sert des moules à la provençale, des crevettes épicées, des burgers savoureux, des pâtes à l'italienne, un tataki de thon parfait. Il y a des bières de la brasserie Ommegang et une liste de cocktails maison très tentante !

24 Monroe Street
Ellicottville, NY 14731
Tél. : 716-699-5161
evillecadillacjacks.com

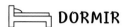

DORMIR

Mad River Barn

En 2013, Andrew et Heather Lynds ont complètement revampé cette petite auberge située à deux kilomètres de la station de ski Mad River Glen. Avec l'aide de Joanne Palmisano, designer spécialisée dans le recyclage, ils ont donné une touche unique à leur établissement de 18 chambres. À l'étage, le pub doublé d'une salle de jeux est très apprécié des familles.

2849 Mill Brook Road
Waitsfield, VT 05673
Tél. : 802-496-3310
madriverbarn.com

Edgemont B & B

Ce B & B situé en milieu agricole est tout équipé pour accueillir les cyclistes qui font le tour du lac Champlain. L'ancienne maison a été rénovée et compte cinq très belles chambres comprenant de grandes salles de bain. La sympathique gouvernante, Shelly Budwick, cuisine des petits-déjeuners savoureux et... très copieux.

284 Edgemont Road
Moriah, NY 12960
Tél. : 518-645-0814 ou 518-503-0688
edgemontbandb.com

Point au Roche Lodge

Karen et Creston Billings accueillent les visiteurs à bras ouverts dans ce lodge chaleureux situé tout près du Point au Roche State Park. L'auberge compte huit chambres tranquilles et une grande salle commune très lumineuse où les clients peuvent socialiser. Presque toutes les chambres ont leur propre balcon mais aucune n'a de télévision, pour conserver le caractère paisible des lieux. Creston cuisine des petits-déjeuners gourmands garnis de fruits de saison. Super adresse lorsque vous devez prendre un vol à l'aéroport de Plattsburgh.

463 Point Au Roche Road
Plattsburgh, NY 12901
Tél. : 518-563-8714
pointaurochelodge.com

Hotel North Woods

Cet hôtel-boutique de 92 chambres récemment rénovées, se trouve directement sur Main Street, au cœur de l'action. Il est à 20 minutes de Whiteface Mountain et à deux coins de rue de l'Olympic Center. L'établissement confortable géré par Garrick Smith vient tout juste de joindre la prestigieuse liste des propriétés de la chaîne Ascend Collection (Choice Hotels). On y trouve deux restaurants.

2520 Main Street
Lake Placid, NY 12946
Tél. : 518-523-1818
hotelnorthwoods.com

Tailwater Lodge

Voici LA bonne adresse pour s'arrêter dans le corridor de l'I-81, entre la frontière canadienne et Syracuse, et LA super adresse pour les amateurs de pêche au saumon. Ce nouveau lodge superéquipé et facile d'accès donne directement sur la rivière Salmon. Son restaurant, The Tailwater Bar & Restaurant, sert une cuisine savoureuse et fraîche. En hiver, le sentier de motoneige New York Trail C5A passe à proximité.

52 Pulaski Street
Altmar, NY 13302
Tél. : 855-895-6343
tailwaterlodge.com

LE CAMPING À SON MEILLEUR

Planter les piquets de tente, stationner son VR, installer son petit campement pour un week-end ou pour quelques jours en profitant de la nature, n'est-ce pas un grand plaisir de la belle saison ? Les soirées d'été riment avec feu de camp crépitant, guimauves grillées, bonne bière locale et bonne compagnie ! Au Vermont, au New Hampshire et dans l'État de New York, les campeurs sont vraiment choyés : il y a des centaines d'emplacements disponibles dans toutes les régions, qu'ils préfèrent l'ambiance nature des terrains publics ou le confort des terrains privés. Camping à proximité des attraits touristiques ou loin de tout, dans les collines ou les montagnes, sur le bord d'un lac, d'une rivière ou même près de la mer... il y en a pour tous les goûts. Réservez tôt pour avoir le maximum de choix.

*Je donne des conseils pour bien planifier vos sorties
en camping à la page 11.*

Grand Isle State Park

Ce terrain de camping public de 91 ha (226 ac) se trouve sur Grand Isle, la plus grande île du lac Champlain, à quelques minutes de la frontière canadienne. Il compte plus de 1 200 m (3 937 pi) de plage, et attire de nombreux visiteurs chaque année : c'est le *State Park* le plus populaire du Vermont et le deuxième plus grand terrain de camping public de l'État ! On y trouve 117 sites aménagés pour les tentes et les VR, 36 appentis (*lean-to*) (abris à trois murs pour se protéger des intempéries) et quatre chalets. Il n'y a pas d'électricité, mais les blocs sanitaires offrent les douches à l'eau chaude ($). Il y a des rampes de mise à l'eau pour les embarcations et il est possible de louer des chaloupes et des kayaks.

Payant ; ouvert de mai à octobre ; activités d'interprétation sur place ; réservation recommandée.

36 East Shore South
Grand Isle, VT 05458
Tél. : 802-372-4300
vtstateparks.com

Tree Corners Family Campground

Ce beau camping privé situé dans une région rurale du nord du Vermont, à quelques minutes de l'Interstate 91, est parfait pour les vacances en famille. Il compte 131 sites, dont 57 offrent les trois services. Les enfants peuvent s'amuser dans deux piscines chauffées, des glissades d'eau et différents jeux. Il y a même des balades à bord d'un camion de pompier le samedi matin (sirène comprise). L'accueil est chaleureux, les sites sont bien aménagés, les blocs sanitaires sont modernes et bien entretenus, et l'ambiance générale est excellente. Le camping n'est pas très loin du lac Willoughby, du parc aquatique Jay Peak Pump House (voir p. 202) et des sentiers de vélo de montagne de Kingdom Trails (voir p. 87).

Payant ; ouvert de mai à octobre ; réservation recommandée ; voir les restrictions pour les chiens.

95 Vermont Route 58 West
Irasburg, VT 05845
Tél. : 802-754-6042
treecorners.com

Lafayette Place Campground

Lafayette Place Campground se trouve au cœur du magnifique Franconia Notch State Park. Il y a des sentiers de randonnée, un lac pour la baignade (lac Echo) et plusieurs attraits dans les alentours, comme Cannon Mountain Aerial Tramway (voir p. 21) et The Flume Gorge (voir p. 61). Le terrain de camping compte une centaine de sites aménagés en milieu boisé. Un autre petit terrain de camping, Cannon Mountain, ne compte que sept sites réservés aux VR entièrement autonomes.

Payant ; ouvert de la mi-mai à Columbus Day (deuxième lundi d'octobre) ; réservation recommandée ; chiens interdits sur le camping.

Route 93, Franconia, NH 03580
Tél. : 877-647-2757 ou 603-823-9513
nhstateparks.org

Le Wakeda Campground offre des grands sites dans une pinède.

Wakeda Campground

Très bien entretenu et très bien situé, à une quinzaine de minutes de Hampton Beach et à une heure de Boston, ce grand terrain construit par Charles et Lucille Savage accueille les visiteurs depuis 1965. Il compte maintenant plus de 400 grands sites nivelés, répartis dans différents secteurs d'une superbe pinède. Les services varient selon l'emplacement. Le terrain de camping est très bien tenu et l'expérience est agréable dès l'enregistrement, grâce à l'amabilité du personnel. Il n'y a pas de piscine sur le terrain.

Payant ; ouvert de mai à octobre ; réservation recommandée ; WI-FI limité.

294 Exeter Road
Hampton Falls, NH 03844
Tél. : 603-772-5274
wakedacampground.com

Danforth Bay Camping Resort

Cet immense terrain de camping se trouve à une vingtaine de minutes au sud de North Conway, dans une charmante région. Il est divisé en deux sections : la section familiale et la section réservée aux campeurs de 50 ans et plus (The Bluffs), offrant en tout 300 très grands sites. Chaque section compte sa propre piscine creusée chauffée. Les sites de la section familiale sont répartis à travers la grande propriété plantée d'arbres matures, au relief accidenté. Quelques sites (très en demande) donnent directement sur la baie.

Payant ; ouvert à l'année ; réservation recommandée ; voir les restrictions pour les chiens ; WI-FI limité.

196 Shawtown Road
Freedom, NH 03836
Tél. : 603-539-2069
danforthbay.com

LE CAMPING À SON MEILLEUR

À Danforth Bay, les sites sont spacieux et bien entretenus.

Meacham Lake Campground

Petit paradis de la pêche, le lac Meacham se trouve dans une région peu développée entre les villes de Paul Smith et Malone, dans les Adirondacks, à proximité de Debar Mountain et de St. Regis Mountain. C'est un très bon camp de base pour les activités nautiques et la randonnée. Le terrain de camping compte une grande plage surveillée, des aires de pique-nique et des jeux pour les enfants. En pleine nature, le terrain de camping représente le seul développement sur tout le pourtour du lac. Il compte 224 sites pour tout genre d'équipement – certains d'entre eux donnent directement sur les rives du lac. Il n'y a pas d'électricité sur les sites du terrain de camping.

Payant ; ouvert de mai à octobre ; réservation recommandée.

119 State Camp Road
Duane, NY 12953
Tél. : 518-483-5116
dec.ny.gov

Allegany State Park

Le plus grand *State Park* de l'État de New York (après l'Adirondack Park) est situé aux limites de la Pennsylvanie, dans un secteur montagneux. Il compte plus de 424 emplacements de camping vastes et bien aménagés (dont 204 ont l'électricité – 15 ampères et plus) et 375 chalets, dont 150 sont offerts à l'année. Les plus récents disposent de l'eau courante et de toilettes, et sont accessibles pour les personnes à mobilité réduite (Fancher Cottages). D'autres ont l'électricité seulement. Les blocs sanitaires sont modernes et l'ambiance est très agréable. L'Allegany State Park est un vrai joyau de Western New York : on y trouve des sentiers de randonnée (ski de fond en hiver, voir p. 112), des pistes cyclables familiales, une plage surveillée pour la baignade, un pont couvert, un amphithéâtre, des activités d'interprétation avec naturalistes, une tour d'observation, les fameux Thunder Rocks (voir p. 90) et un centre d'interprétation. Le paysage est superbe et la faune, abondante.

Payant ; camping ouvert d'avril au début novembre ; réservation recommandée ; chalets en location ; restaurant sur place.

2373 Allegany State Park Road, Route 1
Salamanca, NY 14779
Tél. : 716-354-9121
nysparks.com

Allez jeter un coup d'œil
au Highbanks Campground :
ça vaut la peine !
Tél. : 716-378-3287
camphighbanks.com

Moose Hillock Camping Resort

Ce nouveau terrain de camping géré par la famille Paradis se trouve à 16 km (10 mi) de Lake George. Il compte 290 vastes sites entièrement nivelés, offrant les trois services, dont l'électricité, avec 20, 30 ou 50 ampères. Ces sites assez grands pour accueillir tous les types de VR sont répartis sur une propriété de 73 ha (182 ac), où sont répartis sept blocs sanitaires. Le camping compte une immense piscine chauffée à thématique tropicale, « Aloha Beach », équipée de glissades d'eau, de jeux de lumières DEL et d'un café.

Payant ; ouvert de mai à octobre ; réservation recommandée.

10366 State Route 149
Fort Anne, NY 12827
Tél. : 518-792-4500
newyork.moosehillock.com

Wellesley Island State Park

Le plus grand terrain de camping de toute la région des Mille-Îles compte 412 sites, dont 83 avec l'électricité. Quelques sites isolés sont situés directement sur les rives du fleuve Saint-Laurent, accessibles seulement par bateau ou à pied. Ce terrain de camping est très fréquenté par les pêcheurs, qui peuvent profiter de la marina et de quatre rampes de mise à l'eau. Il y a également un centre d'interprétation de la nature (Minna Anthony Common Nature Center), plusieurs kilomètres de sentiers de randonnée et une serre à papillons.

Payant ; ouvert de mai à octobre ; réservation recommandée.

44927 Cross Island Road, Fineview, NY 13640
Tél. : 315-482-2722 ou
800-456-2267
nysparks.com

LA MODE EST AU GLAMPING !

Vous n'êtes pas dans une tente traditionnelle, ni dans un chalet : la tente prospecteur est posée sur une plate-forme, vous dormez dans un vrai lit, il y a peut-être un bon poêle à bois pour vous garder au chaud et vous mangez comme un roi. Cette nouvelle formule qui fait penser aux unités de prêt-à-camper Huttopia de la SEPAQ, au Québec, s'appelle le « glamping », acronyme pour glamour et camping. J'en ai fait l'expérience chez **Posh Primitive,** une entreprise de Chestertown, dans les Adirondacks (NY) où de superbes petites unités disséminées sur un immense terrain boisé permettent d'apprivoiser la nature... dans un cadre luxueux. Pour tenter une autre expérience de glamping, vous pourrez profiter des unités de **Firelight Camps,** qui se trouvent derrière La Tourelle Resort, à Ithaca, dans les Finger Lakes (NY).

Les tentes prospecteur chez Posh Primitive, à Chestertown.

Payant ; ouvert pendant l'été seulement.

Posh Primitive
435 Stock Farm Road
Chestertown, NY 12817
Tél. : 518-744-6808
poshprimitive.com

Firelight Camps
1150 Danby Road
Ithaca, NY 14850
Tél. : 607-229-1644
firelightcamps.com

Gastronomie

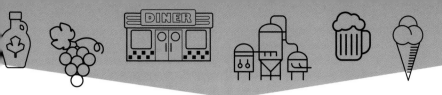

Mission : saveurs !

Il y a toute une révolution chez nos voisins américains au chapitre de la gastronomie. Amorcé il y a une vingtaine d'années, le mouvement *foodie* est très bien installé et les amateurs de bonne cuisine peuvent se créer des circuits gastronomiques très facilement. C'est désormais le mouvement *farm-to-table* (de la ferme à la table), de même que l'achat local, qui volent la vedette. L'établissement de partenariats entre les producteurs et les chefs par des associations comme le Vermont Fresh Network (voir p. 142), fait en sorte que de plus en plus de restaurants – du simple *diner* aux tables les plus sophistiquées – mettent les produits locaux à l'honneur. Les noms des producteurs apparaissent dans la description des plats qui sont au menu et les chefs se font un point d'honneur de cuisiner les légumes, les fruits, les viandes et les fromages de leur région. Un exemple ? NECI on Main, à Montpelier, est un resto-école du New England Culinary Institute : les élèves cuisinent les légumes qui poussent dans le jardin de l'institut (et les clients se régalent !). Les produits alcoolisés ne sont pas en reste. Les bières de microbrasseries prennent le dessus sur les marques plus commerciales, et il n'est pas rare de voir une douzaine de bières en fût sur le menu. Les excellents vins de la région des Finger Lakes apparaissent sur les cartes des meilleurs restos, aux côtés des produits de la Californie, de l'Oregon et de la Virginie. En ce moment, il y a encore du nouveau : ce sont les cidres forts (*hard ciders*) et les alcools produits par les petites distilleries qui attirent l'attention. Bon appétit !

La gastronomie est à l'honneur à Ellicottville.

La cuisine de Cadillac Jack's à Ellicottville et de l'Origins Cafe de Cooperstown est fraîche et savoureuse.

COUPS DE CŒUR

Les cinq villes favorites des *foodies*

Avec des restaurants *farm-to-table,* des *diners* authentiques, des chefs talentueux, des produits frais et savoureux récoltés à quelques kilomètres, et quantité d'excellents fromages, il n'est pas étonnant que plusieurs villes du Vermont, du New Hampshire et de l'État de New York soient des petits paradis pour les *foodies.* Ajoutez à cela des bières parmi les meilleures au monde, des fruits et des légumes frais, des poissons et des fruits de mer tout juste pêchés, et vous avez la garantie de bien manger pendant vos vacances ! Il est très difficile d'arrêter mes choix, car il y a bien plus de cinq villes où faire de superbes découvertes gastronomiques... Mais celles-ci ont beaucoup à offrir !

Burlington

Avec son marché public, ses restaurants innovateurs, ses petits cafés sympathiques et ses microbrasseries épatantes, Burlington est toute une destination pour les amateurs de gastronomie. C'est une ville verte, une ville universitaire, une ville indépendante, sans complexe, où les modes de vie sains et le développement durable ont la faveur populaire. Une petite promenade au centre-ville donne l'eau à la bouche : vous passerez devant les Hen of the Wood, American Flatbread, The Farmhouse Tap & Grill, Zabby and Elf's Stone Soup et Penny Cluse Cafe. Envie d'une bonne bière ? Allez voir ce qui est fraîchement brassé chez Queen City Brewery, Switchback Brewing Company et Zero Gravity Brewery. Un cidre ? Entrez chez Citizen Cider.

vermontvacation.com

Stowe

Stowe est aussi une ville où l'offre de restauration est fascinante. On y trouve plus de 40 restaurants et cafés, des microbrasseries, des cidreries et des distilleries. Vous pourrez prendre un café au Black Cap Coffee, un déjeuner chez McCarthy's ou au Green Goddess Cafe, manger une pizza chez Piecasso ou The Bench, une salade chez Crop Bistro ou un repas réconfortant chez Charlie B's. La bière locale a la faveur populaire : Idletyme Brewing Company et Von Trapp Brewing vous le prouveront. À quelques minutes de Stowe, il y a également le magasin de Cabot Cheese (dégustations sur place !) et Cold Hollow Cider Mill.

gostowe.com

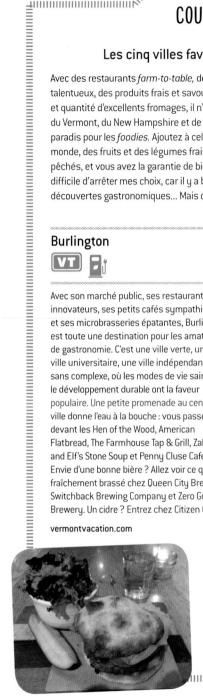

Ithaca

Ithaca est une ville universitaire (Cornell University), une ville verte, une ville à l'esprit novateur où les initiatives sont nombreuses. C'est aussi une ville qui se situe dans la région vinicole la plus en vue de tout l'État de New York ! Il y a quantité de restaurants au centre-ville et dans les alentours. Prévoyez un arrêt obligatoire chez Ports of New York (voir p. 146) pour saluer le Français Frédéric Bouché et déguster ses élixirs alcoolisés. À quelques kilomètres du centre-ville, près de la route 89, se trouve la Finger Lakes Cider House (voir p. 151). C'est un *must* pour les amateurs de *hard cider* et l'ambiance est géniale. Ne manquez surtout par de faire une visite au supermarché Wegman's : c'est un vrai phénomène.

visitithaca.com

Portsmouth

Portsmouth se trouve à quelques minutes des belles plages de Rye, Hampton Beach et Seabrook (voir p. 30) et des petits ports de pêche, ce qui assure la fraîcheur des poissons et fruits de mer qui sont servis dans ses restaurants ! Son centre-ville est vraiment agréable mais il est préférable de l'explorer à pied, car les espaces de stationnement sont limités. On y découvre plusieurs restaurants (Bridge Street Bistrot & Wine Bar, Old Ferry Landing, Dolphin Striker, Moxy Restaurant, Franklin Oyster House, Jumpin' Jay's Fish Cafe), des microbrasseries, des cafés (La Maison Navarre, The Works Bakery Cafe), des bars et beaucoup de petites boutiques intéressantes.

goportsmouthnh.com

Saratoga Springs

Cette ville située entre Lake George et Hudson Valley, près de l'I-87, est reconnue pour ses courses sous harnais, ses beaux terrains de golf, ses musées et ses sources minérales... mais aussi pour ses tables excellentes et ses belles petites boutiques. Le Beekman Street Arts District propose un mélange éclectique de boutiques, de restaurants et de galeries d'art. Il y a une centaine de restaurants à Saratoga Springs (c'est l'une des villes américaines où il y a le plus de restaurants par habitant). On y trouve des petits cafés, des restaurants de cuisine italienne, mexicaine et indienne, des steakhouses et des bistros français, de même que des microbrasseries.

discoversaratoga.org

Le Vermont Fresh Network

Toujours à l'avant-garde dans les pratiques de développement durable et d'agriculture responsable, le Vermont compte son propre réseau de partenariat entre les agriculteurs, les chefs et les consommateurs. Cette association appelée Vermont Fresh Network (VFN) a pour mission de promouvoir l'agriculture, de mettre en valeur la production locale et d'augmenter la consommation de produits régionaux. Ce formidable réseau permet aux consommateurs (voyageurs y compris !) de savourer des produits super frais, goûteux, savoureux et sains, préparés par des chefs passionnés, dans tout le Vermont. Par exemple, 3 Squares Café, à Vergennes, compte 27 partenaires dans le VFN, des poulets de Misty Knoll Farm aux fromages de Grafton Village, en passant par les fruits de Champlain Orchards. Le Readmore B & B, de Bellows Falls, dans le sud du Vermont, compte 30 partenaires et le magasin d'aliments naturels Healthy Living Market & Cafe, de South Burlington, en compte 120 ! Cette association souhaite ainsi préserver l'identité rurale et le mode de vie très « nature » du Vermont, des valeurs très fortes dans cet État. Le site Web du VFN permet de trouver rapidement les entreprises qui font partie du réseau. C'est également une excellente source pour trouver des bons restaurants, des entreprises agricoles et des établissements hôteliers de qualité.

Tél. : 802-434-2000
vermontfresh.net

Le Vermont compte son propre réseau de partenariat entre les producteurs, les restaurateurs et les consommateurs.

SUR LA ROUTE DES
vignobles

Il y a plus de 1 600 vignobles et 400 entreprises vinicoles dans l'État de New York. Ils sont établis principalement dans la région des Finger Lakes, du Niagara, sur la rive du lac Érié, dans la vallée de l'Hudson et dans la région de Long Island (qui ne fait pas partie de cet ouvrage). Quelques nouvelles entreprises tirent également profit du climat du lac Champlain et des Mille-Îles pour faire pousser du raisin. Les cépages les plus courants dans cet État sont le chardonnay, le riesling, le vidal blanc, le cabernet franc, le cabernet sauvignon, le pinot noir et le merlot. Pour les déguster, vous avez le choix : il y a plus de 140 vignobles et salles de dégustation dans la seule région des Finger Lakes (voir la croisière sur le lac Cayuga en p. 54) et plus de 50 endroits à visiter dans la vallée de l'Hudson ! Vous croiserez quelques vignobles sur la route 9 entre la frontière canadienne et les montagnes des Adirondacks : arrêtez pour y goûter un verre de vin, vous serez agréablement surpris ! À Plattsburgh, The Champlain Wine Company propose les vins de la région du lac Champlain en dégustation. Si vous faites une visite dans Western New York, je vous recommande un arrêt au Lake Erie Grape Discovery Center, à Westfield. C'est le royaume du raisin concord (peu utilisé en vinification), et on y trouve un bar à vin où déguster les spécialités locales. Même si le Vermont et le New Hampshire sont des régions plutôt montagneuses, certains vignobles s'y sont implantés et ils valent le détour. Sur place, les salles de dégustation sont très bien équipées et les terrasses offrent souvent de magnifiques panoramas.

Le vignoble Thirsty Owl se trouve sur la rive du lac Cayuga.
À droite : Le raisin cabernet franc de Lamoreaux Landing pousse au bord du lac Seneca.

Boyden Valley

Ce beau vignoble établi dans la vallée de la rivière Lamoille, près de Smuggler's Notch, compte 8 000 vignes et une forêt d'érables de 40 ha (100 ac) sur la terre familiale de David et Linda Boyden. L'ancienne grange construite en 1875 a été convertie en magnifique salle de dégustation où les rouges et les blancs élégants sont proposés au public. Les vins de Boyden Valley sont fermentés en cuves inox, puis vieillis dans des fûts de chêne français. Les mêmes passionnés du vin produisent aussi de délicieuses crèmes alcoolisées à base de pommes et de sirop d'érable du Vermont, dans la distillerie qui a ouvert ses portes en 2010.

Payant ; ouvert à l'année sauf au jour de l'An.

64 Vermont Route 104, Cambridge, VT 05444
Tél. : 802-241-3674
boydenvalley.com

Fresh Tracks Farm Vineyard and Winery

Ce vignoble fort intéressant se trouve dans la magnifique vallée de la rivière Dog, à quelques minutes de Montpelier. Des vins y sont élaborés avec des raisins qui ont mûri au Vermont. Suite à de nombreux essais avec une quinzaine de cépages, Christina Castegren, la propriétaire et vinificatrice, s'est arrêtée sur ceux qui donnaient le meilleur résultat. À partir de ste-croix, marquette, frontenac, frontenac gris, la crescent et adalmiina, elle élabore des blancs, des rouges et des rosés très agréables, faits d'un cépage unique ou en assemblage.

Payant, ouvert à l'année, du vendredi au dimanche.

4373 Vermont Route 12, Berlin, VT 05602
Tél. : 802-223-1151
freshtracksfarm.com

Shelburne Vineyard

Ce vignoble élabore des vins à base de cépages qui résistent aux hivers froids et aux étés chauds et humides des rives du lac Champlain. Des rangées de marquette, de ste-croix, de vidal blanc, de riesling, d'arctic riesling et de petite pearl recouvrent le vignoble. Le domaine produit sept vins blancs (dont un mousseux), un rosé, quatre vins rouges et un vin de glace. Leur Marquette Reserve, vieilli en fût de chêne pendant 15 mois, a remporté le prix de la Cold Climate Wine Competition durant quatre années consécutives.

Payant, ouvert à l'année, fermé à la Thanksgiving américaine (dernier jeudi de novembre), à Noël et au jour de l'An.

6308 Shelburne Road, Shelburne, VT 05482
Tél. : 802-985-8222
shelburnevineyard.com

Lamoreaux Landing Wine Cellars

Dans leur vignoble de 40 ha (100 ac), Mark Wagner et Josh Wig élaborent des vins maintes fois primés. Les cépages qu'ils cultivent s'épanouissent sur leurs parcelles ensoleillées : riesling, chardonnay, cabernet franc, gewurztraminer, muscat ottonel, grüner veltliner, cabernet-sauvignon, pinot noir et merlot. Leur cabernet franc 2012 a mérité 90 points au tableau du magazine *Wine Enthusiast,* et leur cuvée 2013 Unoaked Chardonnay figure dans son Top 100 des meilleurs achats.

Payant, ouvert à l'année, fermé à la Thanksgiving américaine (dernier jeudi de novembre), à Noël, au jour de l'An et à Pâques, voir le site Web pour plus de détails.

9224 New York Route 414, Lodi, NY 14860
Tél. : 607-582-6011
lamoreauxwine.com

Johnson Estate Winery

Le raisin pousse depuis plus d'un siècle sur la terre familiale des Johnson, au cœur du microclimat de la *Grape Belt*, en bordure du lac Érié. Leur vignoble – le plus vieux de tout l'État de New York – a ouvert ses portes en 1961. Tous les raisins utilisés pour élaborer les vins élégants de cette maison mûrissent à moins de 915 m (3 000 pi) de la vinerie (*winery*). Frederick Johnson Jr., sa conjointe Jennifer et les spécialistes de leur équipe vinifient des cépages européens et des cépages américains primés : dry riesling, seyval blanc, traminette, cabernet-sauvignon, chambourcin, niagara, pink catawba. La salle de dégustation entièrement rénovée est très conviviale et l'équipe y présente de nombreux événements *foodies*. Essayez leur Vidal Ice Wine et leur Chambourcin Ice Wine : ils sont remarquables !

Payant ; ouvert à l'année, fermé à la Thanksgiving américaine (dernier jeudi de novembre), à Noël, au jour de l'An et à Pâques, voir le site Web pour plus de détails.

8419 West Main Street
Westfield, NY 14787
Tél. : 716-326-2191 ou 800-374-6569
johnsonwinery.com

Vesco Ridge Vineyards

Situé tout près des rives du lac Champlain, entre la frontière canadienne et la ville de Plattsburgh, ce vignoble super sympa a été fondé par un couple passionné de vins, Dan et Nancy Vesco. Ce qui n'était au départ qu'un passe-temps s'est transformé, en 2010, en véritable entreprise viticole. Dans la salle de dégustation, il y a des bons vins, des visiteurs enthousiastes et de la bonne musique ! Avec les raisins récoltés sur la propriété et dans la vallée du lac Champlain, Dan et Nancy fabriquent cinq vins blancs, cinq vins rouges et deux vins de dessert. À découvrir : le Ridge White, un riesling aux arômes floraux qui se boit tout seul, et le pinot grigio, parfait pour une fin de journée d'été sur la terrasse. Ce vignoble fait partie de l'Adirondack Coast Wine Trail.

Payant ; ouvert du mercredi au dimanche de mai à décembre, voir le site Web pour plus de détails ; visites sur rendez-vous de janvier à avril.

167 Stratton Hill Road
West Chazy, NY 12992
Tél. : 518-846-8544
vescoridge.com

Le vignoble Lamoreaux Landing est un fleuron des Finger Lakes.
À droite : La vinification se fait sur place à la Johnson Estate Winery.

Sheldrake Point Winery

Voici un vignoble qu'on peut rejoindre en voiture (à partir de la route 153) ou par bateau puisqu'il possède son propre quai sur le lac Cayuga, un magnifique plan d'eau des Finger Lakes (voir la section sur les croisières, p. 49). Les vins blancs, rouges et rosés élaborés sur place sont présentés dans une salle de dégustation conviviale et lumineuse. Le Meritage Reserve 2012, un assemblage de merlot, cabernet franc et cabernet sauvignon aux notes de confiture, de chocolat et de prune, a mérité 87 points au tableau du magazine spécialisé *Wine Enthusiast*. Le 2013 Reserve Dry Riesling a également été très remarqué. Le vignoble propose aussi des vins de glace fort intéressants, dont le Wild Ferment Riesling Ice Wine, un des plus cotés de tous les Finger Lakes.

Payant ; ouvert à l'année ; fermé à la Thanksgiving américaine (dernier jeudi de novembre), à Noël, au jour de l'An et à Pâques, voir le site Web pour plus de détails.

7448 County Road 153, Ovid, NY 14521
Tél. : 607-532-9401
sheldrakepoint.com

Anyela's Vineyard

Les premières vignes de ce vignoble, situé en bordure du lac Skaneateles, ont été plantées en 2001 par la famille Nocek. Les vignerons, originaires d'Europe de l'Est, ont dû adapter leur expérience de la viticulture aux conditions météorologiques des Finger Lakes. Pour protéger les vignes du froid, ils les détachent des treillis chaque automne, les recouvrent au terreau, puis les remontent au printemps. Ils élaborent des vins blancs, rouges et rosés très appréciés de leur clientèle à partir de cayuga white, de cabernet franc, de merlot, de chardonnay, de dry riesling et de pinot gris. Ils les font découvrir dans de superbes salles de dégustation avec vue sur le lac et menu léger. Des événements spéciaux sont régulièrement présentés : c'est vraiment la fête au vignoble !

Payant ; ouvert à l'année, voir le site Web pour plus de détails.

2433 W Lake Road
Skaneateles, NY 13152
Tél. : 315-685-3797
anyelasvineyards.com

CHEZ PORTS OF NEW YORK ♡

Comme j'avais entendu parler de Ports of New York, une urban winery d'Ithaca, je suis allée rencontrer son propriétaire, le Français Frédéric Bouché. Il y produit deux vins fortifiés extraordinaires appelés Meleau, un rouge et un blanc fait à partir de raisins récoltés sur la rive est du lac Seneca. Il fait toutes les fermentations, les assemblages et la filtration sur place. Ses vins sont élaborés de façon tout à fait traditionnelle, et sont vieillis un minimum de quatre ans en barrique avant d'être mis en bouteille. Il y a des photos d'époque et des objets anciens dans une partie de sa winery : Frédéric m'explique que son arrière-grand-père a quitté le vignoble familial de Buzet, dans le sud de la France, pour ouvrir un négoce de vin en Normandie, en 1919. Quand Frédéric s'est installé dans la région, il a appris à connaître les vins des Finger Lakes et a songé à ouvrir lui aussi une urban winery.

815 Taber Street, Ithaca, NY 14850
Tél. : 607-220-6317
portsofnewyork.com

Distilleries
NOUVEAU GENRE

Après les vignobles et les microbrasseries, une nouvelle industrie est en train de faire son apparition chez nos voisins américains : celle des distilleries artisanales. Elles sont légales, utilisent les ingrédients de la plus grande qualité et sont supervisées par des vrais alchimistes du goût. Les distilleurs établissent des partenariats avec les producteurs locaux et s'approvisionnent en maïs, en pommes, en érable. Ils fabriquent ensuite de la vodka, du gin, du bourbon, du brandy, du rhum et d'autres produits surprenants, comme le Sapling à base d'érable de Saxtons River Distillery. Dans plusieurs bars et restaurants, la liste de cocktails est créée à base d'ingrédients locaux. Juniper, le bar de l'Hotel Vermont de Burlington, a créé le Lavender Bee's Knees avec la vodka à la lavande de SILO Distillery. Le restaurant Hearth & Candle de Smuggler's Notch a concocté le Smugglers Buttered Rum pour réchauffer les soirées d'hiver : rhum Smuggs', beurre Cabot, sirop d'érable du Vermont et sucre d'érable. C'est vraiment un nouvel univers à explorer. Toutes ces petites distilleries ont des salles de dégustation — une belle sortie à prévoir en bonne compagnie !

Les ingrédients locaux sont utilisés à la distillerie SILO de Windsor, au Vermont.

Vermont Spirits Distilling Company

Cette entreprise fondée par Harry Gorman et Jos Buswell fabrique une douzaine d'alcools à partir d'ingrédients locaux comme l'érable, les pommes et le maïs. Leur premier produit, Vermont Gold, est une vodka distillée à partir d'eau d'érable. La White Vodka est distillée à base de petit-lait (*whey*), le No 14 Bourbon marie un bourbon de cinq ans d'âge et le sirop d'érable. Le Black Snake Whiskey est fabriqué avec du maïs qui pousse dans les champs des agriculteurs locaux. Les baies de genièvre cueillies à la main dans le nord du Vermont entrent dans la recette du Coppers Gin. On peut déguster ces spiritueux dans une belle salle située tout près de la gorge de Quechee (voir p. 19).

Payant ; ouvert à l'année.

5573 Woodstock Road (State Route 4)
Quechee, VT 05001
Tél. : 802-281-6398 ou 866-998-8352
vermontspirits.com

Mad River Distillers

John Egan (le distilleur, pas le skieur !), Maura Connolly et Brett Little ont fondé cette petite distillerie de la Mad River Valley en 2011, sur une ferme de 150 ans des Green Mountains. Ils ont lancé en 2013 leur premier produit, le Mad River Rum, un rhum qui a vieilli dans des fûts où l'on entreposait du sirop d'érable. Tous les ingrédients qui entrent dans les recettes de leurs produits ne contiennent pas d'OGM et proviennent du Vermont autant que possible. Même le sucre utilisé pour fabriquer leur rhum est certifié équitable. L'eau des cuves de fermentation provient d'une source de montagne située sur leurs terres. Ils distillent aujourd'hui un bourbon, un rye, un whiskey à base de maïs et un brandy de pommes qui font beaucoup parler d'eux !

Visite guidée payante et sur rendez-vous seulement ; salle de dégustation ouverte le samedi et le dimanche de 11 h à 16 h.

8 Vermont Route 17
Waitsfield, VT 05673
Tél. : 802-496-6973
madriverdistillers.com

Smugglers Notch Distillery

Cette distillerie située près de la frontière canadienne est née à Smugglers Notch, un col de montagne utilisé pour le trafic de biens dans les années 1800 et le trafic d'alcool pendant la Prohibition. Il n'y a plus rien d'illégal de nos jours et, depuis 2010, père et fils produisent des alcools de grande qualité dans leurs bâtiments de Jeffersonville. Ils utilisent de l'eau de source provenant des montagnes voisines, et des ingrédients de grande qualité pour distiller, faire vieillir et mélanger une vodka, un rhum ambré vieilli dans des fûts de bourbon, un bourbon whiskey, un rye whiskey et deux gins, Blend 802 et Hopped Gin qui est légèrement houblonné.

Salle de dégustation ouverte tous les jours de 11 h 30 à 17 h.

276 South Vermont 108
Jeffersonville, VT 05464
Tél. : 802-309-3077 ou 860-670-1838
smugglersnotchdistillery.com

Saxtons River Distillery

Christian Stromberg fabrique depuis 2006 des spiritueux très originaux dans sa distillerie de Brattleboro, dans le sud du Vermont. Sa famille est d'origine Lituanienne et des recettes spéciales d'alcools ont été transmises de génération en génération. En visitant les cabanes à sucre de ses amis, il a eu l'idée de marier ces recettes anciennes au sirop d'érable. Ainsi sont nés les alcools de la gamme Sapling : une liqueur à l'érable, un bourbon à l'érable, un rye à l'érable et une liqueur de café appelée Perc. On peut découvrir chacun de ces alcools vraiment spéciaux dans une belle salle de dégustation située à côté des locaux de la souffleuse de verre Randi Solin (voir p. 211).

Ouvert tous les jours.

485 West River Road
Brattleboro, VT 05301
Tél. 802-246-1128
saplingliqueur.com

SILO Distillery

Depuis 2013, cette distillerie établie dans le cœur du Vermont produit des alcools sophistiqués, à partir d'ingrédients locaux de grande qualité. La vodka SILO, par exemple, est élaborée avec du maïs qui pousse sur une ferme de North Clarendon. Elle a remporté la médaille d'or lors du congrès 2015 du Wine and Spirits Wholesalers of America. Le gin aux notes de pin et d'agrumes est distillé avec du maïs, des baies de genièvre et des pommes de Wellwood Orchard. Ils fabriquent aussi une étonnante vodka de lavande, une vodka aux baies de sureau, un moonshine, un bourbon et un whiskey. Leur Reserve Gin a vieilli dans des fûts de bourbon. Toutes ces créations ont immédiatement connu du succès et se retrouvent dans les bars et les restaurants à la grandeur du Vermont.

Boutique ouverte tous les jours de 12 h à 17 h.

3 Artisans Way
Windsor, VT 05089
Tél. : 802-674-4220
silodistillery.com

Les alcools sophistiqués de la distillerie SILO ont conquis les connaisseurs.

Une nouvelle distillerie vient d'ouvrir ses portes dans le petit village de Tamworth, NH.

Tamworth Distilling

Cette nouvelle distillerie établie dans le beau village de Tamworth, au sud des White Mountains, propose des alcools inspirés du terroir et des traditions locales. Ils sont distillés à partir d'ingrédients inusités et d'eau tirée des réserves aquifères de la région d'Ossipee, loin des industries polluantes. L'Apiary Gin est distillé avec du miel ; les pommes McIntosh et cortland entrent dans la recette de l'eau-de-vie ; la série Art in the Age propose une vodka de patates douces, une autre à la racine de chicorée et une troisième à la betterave. La distillerie élabore aussi le White Whiskey, un alcool neutre appelé The Good Reverend's Universal Spirit, la White Mountain Vodka et la Barley Vodka. Les grains qui ont servi à préparer les différents mélanges sont récupérés et réutilisés par la Sunnyfield Brick Oven Bakery pour fabriquer le Distiller's Bread, vendu à la distillerie.

Ouvert du mercredi au samedi, voir le site Web pour plus de détails.

15 Cleveland Hill Road
Tamworth, NH 03886
Tél. : 603-323-7196
tamworthdistilling.com

Springbrook Hollow Farm Distillery

Cette nouvelle distillerie est établie dans le contrefort des Adirondacks, à quelques kilomètres de Lake George. L'eau de Springbrook Hollow était autrefois une source d'approvisionnement et les anciennes canalisations de bois sont présentées dans la salle de dégustation. Tous les produits sont fabriqués à l'ancienne, dans un alambic de cuivre, à partir de cette eau de source de première qualité. L'alcool est distillé en petites quantités avec des grains provenant de l'État de New York et de fruits locaux. Le processus en entier se fait dans leur étable rénovée : mouture des grains, distillation, vieillissement, embouteillage, emballage. Ils produisent la Two Sisters Vodka, le Sly Fox Gin, le Howl at the Moonshine, le Howl at the Apple Moonshine et le Howl at the Maple Moonshine. On peut aussi déguster leur limoncello et leur orangecello.

Visites gratuites ; salle de dégustation ouverte le samedi et le dimanche de 12 h à 17 h.

133 Clements Road
Queensbury, NY 12804
Tél. : 518-338-3130
springbrookhollow.com

Clayton Distillery

Cette petite distillerie artisanale se trouve dans la belle région des Mille-Îles, à quelques kilomètres de l'Antique Boat Museum (voir p. 239). Il s'agit de la première microdistillerie de la région. Elle produit des alcools étonnants élaborés avec des produits locaux : maïs, pêches, cerises. Le maïs pousse sur une terre ancestrale de Cape Vincent chez les agriculteurs de la région. On peut déguster trois moonshines différents, un gin, une vodka, un bourbon, un whisky à l'érable, mais aussi une liqueur à la fraise et à la rhubarbe, une liqueur à la fraise et à l'érable, de même qu'une liqueur de framboise.

Payant ; ouvert tous les jours pendant l'été, fermé le lundi et le mardi pendant l'hiver, voir le site Web pour plus de détails.

40164 NY Route 12, Clayton, NY 13624
Tél. : 315-285-5004
claytondistillery.com

Jus et cidre de pomme

Il y a des dizaines de vergers au Vermont, au New Hampshire et dans l'État de New York. On peut y cueillir nos propres pommes en saison (du mois d'août au mois d'octobre) et quelques établissements comptent également des presses à jus. Ces énormes (et bruyantes !) machines servent à écraser les pommes pour fabriquer du jus frais, appelé *apple cider*. Tout naturellement, puisqu'il y a des pommes de qualité en quantité, de plus en plus de cidreries artisanales ouvrent leurs portes. Elles fabriquent des cidres alcoolisés (*hard ciders*) très intéressants, et de plus en plus en demande. Ces produits possèdent des taux d'acidité et d'alcool variés, et sont très différents les uns des autres puisqu'ils sont élaborés à partir de multiples variétés de pommes.

Cold Hollow Cider Mill
3600 Waterbury Stowe Road
Waterbury Center, VT 05677
Tél. : 802-327-7537
coldhollow.com

Farnum Hill Ciders
98 Poverty Lane
Lebanon, NH 03766
Tél. : 603-448-1511
povertylaneorchards.com

Finger Lakes Cider House
4017 Hickok Road
Interlaken, NY 14847
Tél. : 607-351-3313
fingerlakesciderhouse.com

Fly Creek Cider Mill & Orchard
288 Goose Street
Fly Creek, NY 13337
Tél. : 607-547-9692
flycreekcidermill.com

Beak and Skiff
2708 Lords Hill Road
LaFayette, NY 13084
Tél. : 315-696-6085
beakandskiff.com

Harvest Moon Cidery at Critz Farm
3232 Rippleton Road (State Route 13)
Cazenovia, NY 13035
Tél. : 315-662-3355 ou 800-442-3225
harvestmooncidery.com

Malt et houblon
EN FÊTE !

Il y a une véritable explosion de producteurs de bière artisanale chez nos voisins américains. Un peu partout, de Central New York aux Green Mountains du Vermont, en passant par les White Mountains, la région côtière du New Hampshire, la vallée du lac Champlain et Western New York, des passionnés brassent de l'avoine, du houblon, du malt et du seigle. Ils créent tous les types de bière, de la blanche à la noire, en passant par la très populaire IPA.

Le Vermont est considéré comme l'État américain comptant le plus grand nombre de microbrasseries et de pubs-brasseries per capita. La Heady Topper, une American Double IPA brassée par The Alchemist, à Waterbury, figure dans le palmarès des meilleures bières au monde dans le magazine spécialisé *Beer Advocate*. Elle est tellement populaire qu'il y a des files d'attente lors des journées de livraison et une limite du nombre de canettes qu'on peut acheter !

Le New Hampshire compte aussi plusieurs microbrasseries et *brewpubs,* où savourer la bière brassée sur place. À North Conway, la Moat Mountain Smokehouse & Brewing est très populaire.

Dans l'État de New York, les bières artisanales sont tellement en demande qu'on a même recommencé à cultiver le houblon : on le reconnaît aux parcelles plantées de grands piquets sur les terres agricoles de Central New York. Au Farmers' Museum de Cooperstown, à la fin de l'été, on fait la récolte à la main en cueillant chacune des inflorescences, comme dans le temps.

N'oubliez pas votre *growler* : ce récipient de verre teinté permet le remplissage et la conservation de votre bière préférée. C'est un achat très populaire, vous en verrez partout !

Les bières de microbrasserie sont à l'honneur dans les restaurants du Vermont, comme Positive Pie, à Montpelier.

On peut visiter les installations de la Magic Hat Brewing Company à South Burlington.

Magic Hat Brewing Company

Incontournable de South Burlington, cette microbrasserie produit aujourd'hui plus de 175 000 barils de bière par année. Les visiteurs peuvent faire une visite guidée des installations puis se diriger vers l'Artifactory, où huit à dix variétés de bières pression sont proposées. La visite vous donnera l'occasion d'essayer la Dream Machine (India Pale Lager), la Number 9 (Not Quite Pale Ale), la Electric Peel (Grapefruit IPA) et la Circus Boy (Hefeweizen), en plus des variétés de saison. La Single Chair (Golden Ale) est brassée en l'honneur de la station de ski Mad River Glen (voir p. 116). Depuis 2012, le Magic Hat ArtSpace présente également les œuvres des artistes locaux dans l'établissement (rotation aux deux mois).

Visite guidée gratuite ; ouvert à l'année, fermé à la Thanksgiving américaine (dernier jeudi de novembre), à Noël et au jour de l'An.

5 Bartlett Bay Road
South Burlington, VT 05403
Tél. : 802-658-2739
magichat.net

Hill Farmstead Brewery

Cette microbrasserie établie sur les terres ancestrales de la famille de Shaun E. Hill, le brasseur, rafle les honneurs année après année pour sa production remarquable. En 2015, elle a été nommée Meilleure brasserie au monde, Meilleure brasserie des États-Unis et Meilleure brasserie du Vermont, par RateBeer. Les bières de spécialité, présentées par collections, font courir les connaisseurs. L'Ancestral Serie présente une Imperial Pale Ale qui porte le nom de l'arrière-grand-père de Shaun, Abner. La Anna est une bière de miel, et la Clara est vieillie dans des fûts ayant été utilisés pour fabriquer le gin de Caledonia Spirits. Dans la Philosophical Serie, on trouve une bière appelée Beyond Good and Evil, une Imperial Sweet Stout vieillie 18 mois dans des fûts ayant servi à faire du bourbon. Tentant, n'est-ce pas ?

La boutique est ouverte du mercredi au samedi, de 12 h à 17 h.

403 Hill Road
Greensboro Bend, VT 05842
Tél. : 802-533-7450
hillfarmstead.com

Long Trail Brewing Company

Cette microbrasserie est l'une des pionnières du Vermont : elle a ouvert ses portes en 1989. Elle est établie au cœur des Green Mountains, tout près de la route scénique 100A (voir p. 28) et du sentier de randonnée mythique Long Trail (voir p. 78). On peut visiter soi-même les installations, déguster plus d'une douzaine de bières pression sur place et manger une bouchée dans le pub ou sur la terrasse. Dans les locaux, on peut aussi aller à la découverte de productions limitées de la série Farmhouse Ale. Cinq bières sont offertes à l'année : la Long Trail Ale (ambrée, 5 % d'alcool), la India Pale Ale (6 % d'alcool), la Double Bag (ambrée foncée, 7,2 % d'alcool), la Limbo IPA (orange ambrée, 7,6 % d'alcool) et la Unearthed (noire, 7,9 % d'alcool).

Visite gratuite ; ouvert à l'année, de 10 h à 19 h ; restaurant sur place.

5520 US Route 4
Bridgewater Corners, VT 05035
Tél. : 802-672-5011
longtrail.com

Smuttynose Brewing Company

Cette microbrasserie fondée il y a une vingtaine d'années tire son nom d'un des îlots de l'archipel d'Isles of Shoals (voir p. 50). Elle figure au Top 100 des meilleures microbrasseries de RateBeer depuis 10 ans, et la Smuttynose Imperial Stout a été nommée Meilleure bière du New Hampshire. Leurs bières savoureuses, brassées dans leurs nouveaux locaux de Hampton, portent des noms sympathiques : Really Old Brown Dog (Stock Ale, 11,1 % d'alcool), Baltic Porter (noire, 9 % d'alcool) ou Finestkind IPA (American Ale, 6,9 % d'alcool). Le restaurant Hayseed, partenaire de la microbrasserie, se trouve dans un bâtiment voisin. Le chef Kevin Hahn y propose des mets qui se marient parfaitement avec les bières Smuttynose.

Visite gratuite ; dégustations payantes quotidiennes ; visite guidée de la brasserie le vendredi, le samedi et le dimanche.

105 Towle Farm Road
Hampton, NH 03842
Tél. : 603-436-4026
smuttynose.com

Empire Brewing Company

Ce restaurant-microbrasserie très connu du centre-ville de Syracuse a le vent dans les voiles. Il ouvrira cette année un tout nouveau complexe, l'**Empire Farmstead Brewery,** près du beau village de Cazenovia, où seront brassées les bières de la maison. On y trouvera aussi des terres agricoles où seront cultivés le houblon, la lavande, les fines herbes, les fruits et les légumes qui seront utilisés dans les recettes de bière et se retrouveront dans les assiettes du restaurant. Une grande salle de dégustation fait aussi partie des plans, de manière à contenter les amateurs de bière. Le restaurant emblématique d'Armory Square, à Syracuse, servira toujours leurs créations, dont plusieurs ont été médaillées : la Black Magic Stout, la Cream Ale, la Downtown Brown, la Hefe-Weizen, la Skinny Atlas Kolsch et la White Aphro.

Payant ; restaurant ouvert à l'année.

120 Walton Street, Syracuse, NY 13202
Tél. : 315-475-2337
empirebrew.com

Empire Farmstead Brewery
33 Rippleton Road, Cazenovia, NY 13035

Four Mile Brewing

Gregg Piechota, Jaye Beattie et Nicholas Bohdanowycz ont récupéré les bâtiments de l'ancienne brasserie Olean Brewing Company, de la petite ville d'Olean, et y ont installé leur équipement. Four Mile Brewing brasse des bières remarquables, à la personnalité bien définie : Allegheny IPA, Green Street IPA, Double Danker, Black IPA, Unfurl Porter et Mango Wheat. Ils ont même une Chocolate Peanut Butter Stout et une Fig Stout, pour les aventuriers du goût ! La Pre-Prohibition Ale reproduit la recette des bières qui auraient été brassées au même endroit au début du XXᵉ siècle avec une Cream Ale légère (4,6 % d'alcool) et peu houblonnée. La Reap II est une bière *farm-to-pint* : elle est entièrement brassée avec des ingrédients provenant de l'État de New York. La salle de dégustation compte un super bistro où savourer des *munchies* (collations), des *sammiches* (sandwichs) et des salades.

Payant ; ouvert à l'année ; fermé le lundi.

202 East Greene Street
Olean, NY 14760
Tél. : 716-373-2337
fourmilebrewing.com

La Four Mile Brewing vient tout juste d'ouvrir à Olean, NY.

La visite guidée de Saranac Brewery se termine par une dégustation.

Saranac Brewery

La visite guidée de cette microbrasserie fondée en 1888 est un *must* pour les amateurs de bière. C'est un petit concentré d'histoire locale, d'anecdotes liées à la Prohibition et d'informations très pertinentes sur la fabrication d'une des bières les plus populaires de l'État de New York. La visite va dans tous les coins des bâtiments d'origine : vous allez passer près des immenses réserves de céréales, voir les belles cuves de brassage en cuivre, jeter un coup d'œil à la zone d'embouteillage et même visiter une pièce secrète qui a servi de bar clandestin pendant la Prohibition ! La visite se termine par la dégustation des bières de la maison : les Legacy IPA, Pale Ale, Adirondack Lager, Black Forest et Imperial IPA... de même que leurs bières de saison.

Payant (gratuit pour les enfants de moins de 12 ans) ; visites guidées du lundi au samedi en juin, juillet et août, et le vendredi et le samedi de septembre à mai ; fermé le dimanche et les jours fériés, voir le site Web pour plus de détails.

830 Varick Street
Utica, NY 13502
Tél. : 800-765-6288
saranac.com

Brewery Ommegang

Cette microbrasserie extrêmement populaire est un incontournable de la Brew Trail de Central New York. Les experts y brassent des bières de style belge qui font courir les foules. Ommegang et HBO ont même signé un partenariat pour développer des bières imaginées d'après la télésérie à succès *Game of Thrones*. On peut donc savourer les Iron Throne (*Blonde Ale*), Take the Black Stout (*Black Stout*), Fire and Blood (*Red Ale*), Valor Morghulis (*Dubbel Ale*), Three-Eyed Raven (*Dark Saison Ale*) et Seven Kingdoms (*Wheat Ale*) pour être complètement dans l'ambiance. Cela dit, Ommegang brasse également plusieurs autres créations phénoménales, comme les Abbey Ale, Gnomegang, Three Philosophers, Rare Vos et Hop House. La brasserie, établie dans une région rurale, accueille de nombreux concerts et événements spéciaux (Belgium comes to Cooperstown Festival). On peut visiter les installations.

Visites gratuites (5 ans et plus) ; dégustations payantes ; fermé les jours fériés et pendant le BCTC Festival, voir le site Web pour plus de détails.

656 County Highway 33
Cooperstown, NY 13326
Tél. : 607-544-1800
ommegang.com

De la ferme à la table !

Puisque le Vermont, le New Hampshire et l'État de New York comptent plusieurs régions rurales, la production agricole y est variée et très intéressante. On peut facilement trouver des petits kiosques de fruits et légumes le long des routes secondaires, et en pays amish, on peut aussi s'approvisionner en œufs frais, en marinades, en pain maison, en tartes et en gâteaux. Les petites villes ont toutes leur marché fermier, et il est extrêmement populaire. C'est l'occasion de rencontrer les producteurs, de jaser avec eux et de découvrir leurs produits. Il y a également des pièces d'artisanat, des vêtements, des savons, des cabanes d'oiseaux ou des céramiques. Au Vermont, les marchés fermiers (*farmer's markets*) les plus importants se situent à Burlington, Montpelier, Rutland, Waitsfield, St. Albans et Brattleboro. Au New Hampshire, il y en a à Manchester, Keene, Meredith, Dover, Durham et Exeter. Dans l'État de New York, le marché fermier d'Ithaca, dans les Finger Lakes, est un vrai *happening* ! Voici également trois très bonnes places où trouver des produits régionaux pendant toute l'année.

Dutton Berry Farm
407 Vermont Route 30
Newfane, VT 05345
Tél. : 802-365-4168
duttonberryfarm.com

Ontario Orchards
7735 Route 104
Oswego, NY 13126
Tél. : 315-343-6328
ontarioorchards.com

Rulfs Orchard
531 Bear Swamp Road
Peru, NY 12972
Tél. : 518-643-8636
rulfsorchard.com

Fromages du terroir

Le Vermont est un vrai paradis pour les amateurs de fromages fins. Il compte une quarantaine de petits producteurs qui fabriquent plus de 150 fromages différents en utilisant le lait de vache, de brebis et de chèvre. Ces passionnés sont éparpillés à travers le Green Mountain State, mais certains points de vente comme le Cabot Cheese Annex Store, à Waterbury, ou le Grafton Village Cheese Store, à Brattleboro, permettent de s'approvisionner (et de goûter!). Vous allez faire de superbes découvertes: il y a des fromages doux, des fromages forts, du cheddar et du fromage bleu, des fromages à pâte dure et à pâte molle, et même du cheddar aux truffes. Tenez-vous bien: Mt Mansfield Creamery vient de mettre en marché Inspiration, un fromage à la croûte lavée dans la fameuse bière Heady Topper, brassée par The Alchemist. Une vraie fête! Il y a de plus en plus de petits producteurs dans le New Hampshire et dans l'État de New York. Une toute petite ferme des Adirondacks exploitée par Lorraine Lambiase et Sheila Flanagan, Nettle Meadow, produit des fromages de chèvre maintes fois primés et vendus dans les meilleures épiceries fines des États-Unis.

Cabot Cheese Coop Annex Store
2657 Waterbury Stowe Road
Waterbury Center, VT 05677
Tél.: 802-244-6334
cabotcheese.coop

Grafton Village Cheese
400 Linden Street
Brattleboro, VT 05301
Tél.: 800-472-3866
graftonvillagecheese.com

Plymouth Artisan Cheese
106 Messer Hill Road
Plymouth, VT 05056
Tél.: 802-672-3650
plymouthartisancheese.com

Boggy Meadow Farm
13 Boggy Meadow Lane
Walpole, NH 03608
Tél.: 603-756-3300
boggymeadowfarm.com

Nettle Meadow Farm & Artisan Cheese
484 South Johnsburg Road
Warrensburg, NY 12885
Tél.: 518-623-3372
nettlemeadow.com

Les fromages de Plymouth Artisan Cheese sont fabriqués dans le village historique de Plymouth.

Joe Green, l'expert en fromages de Grafton Village Cheese à Brattleboro, pourra vous conseiller.

IRRÉSISTIBLES
diners

Qu'est-ce qui rend les *diners* américains irrésistibles ? Est-ce le décor rétro, le chrome, les néons, la cuisine maison, l'ambiance familiale ou la promesse d'un repas soutenant qui ne coûtera pas trop cher ? Peu importe la raison, ces petits restaurants sont des classiques de tout bon *road trip* aux États-Unis. Certains d'entre eux sont établis dans d'authentiques Worcester Lunch Cars, des wagons-restaurants fabriqués dans la première moitié du XXᵉ siècle. Préparez-vous à voir défiler des assiettes généreuses de pain de viande maison, de dinde rôtie, des omelettes énormes, des burgers et des frites maison. L'accueil est amical et vous allez savourer votre repas au son de la musique des années 1950 !

À Syracuse, il est impossible de rater The Gem Diner : il y a une voiture de collection devant !

Sonny's Blue Benn Diner

De copieux petits-déjeuners sont servis à toute heure du jour dans ce petit restaurant installé dans un authentique *dining car*. Le menu déborde de plats alléchants et des suggestions du jour (même végés !) sont aussi inscrites sur le mur. Ne manquez pas les crêpes aux bleuets servies avec du vrai sirop d'érable du Vermont, elles sont savoureuses.

Ouvert toute la semaine ; les horaires varient ; pas de cartes de crédit.

314 North Street
Bennington, VT 05201
Tél. : 802-442-5140

The Red Arrow Diner

Ce restaurant classique de Manchester a été fondé par David Lamontagne en 1922. Il est extrêmement populaire et bien des candidats aux élections présidentielles y ont fait un arrêt. Le menu offre les classiques des *diners*, mais aussi le Famous American Chop Suey et le pâté à la viande de Mémère. Il y a des fèves au lard maison et de la poutine, à laquelle on peut ajouter des œufs frits, de la saucisse, du steak et du jambon ! Jeff, le pâtissier, cuisine 18 variétés de tartes !

Ouvert à l'année, 24 h/24.

61 Lowell Street
Manchester, NH 03101
Tél. : 603-626-1118
redarrowdiner.com

Chelsea Royal Diner

Ce *diner* de West Brattleboro fait partie du Vermont Fresh Network (voir p. 142). Ses généreuses assiettes servent des produits locaux : le bœuf est élevé dans les pâturages de la région, les œufs viennent de leur poulailler, les légumes sont fraîchement cueillis dans leur jardin et chez leurs voisins agriculteurs. Même la crème glacée (plus de 40 saveurs) est faite maison !

Ouvert tous les jours de 5 h 30 à 21 h ; pas de réservation.

487 Marlboro Road
West Brattleboro, VT 05301
Tél. : 802-254-8399
chelsearoyaldiner.com

Tilt'n Diner

Ce restaurant à la façade rose est tellement populaire qu'il figure parmi les haltes obligatoires des politiciens pendant la campagne présidentielle ! On y sert la cuisine américaine classique des *diners* (dont les irrésistibles cornichons frits, le pâté à la viande, le steak frit, le macaroni au fromage maison), des menus pour enfants et des tartes maison.

Ouvert de 6 h à 21 h du dimanche au jeudi, et jusqu'à 22 h le vendredi et le samedi.

61 Laconia Road
Tilton, NH 03276
Tél. : 603-286-2204
thecman.com

Les plats réconfortants du Route 104 Diner attirent les habitués autant que les voyageurs.

Route 104 Diner

Ce *diner* au style des années 1950 se trouve entre l'I-93 et la ville de Meredith, établie au bord du lac Winnipesaukee. C'est une très bonne halte pour savourer des plats réconfortants comme un sandwich au porc effiloché ou un macaroni au fromage. Leurs petits-déjeuners sont copieux !

Ouvert de 7 h à 20 h du lundi au jeudi, et jusqu'à 21 h le vendredi et le samedi.

752 NH Route 104
New Hampton, NH 03256
Tél. : 603-744-0120
thecman.com

The Gem Diner

Ce restaurant convie les gourmands à sa table depuis les années 1950. Il était établi à l'origine dans un *dining car* en inox, mais a été agrandi pour accueillir plus de clients. Les assiettes sont généreuses et savoureuses : le menu du petit-déjeuner compte de tout, même des crêpes aux patates et le traditionnel Biscuits & Gravy (un genre de scone garni de sauce brune). Il y a 14 choix de burgers, y compris un burger hawaïen au porc et à l'ananas. Vous retrouverez The Gem facilement : il y a une voiture de collection stationnée devant sa façade chromée !

Ouvert du mardi au samedi de 6 h à 22 h, fermé le lundi.

832 Spencer Street
Syracuse, NY 13204
Tél. : 315-314-7380
thegemdiner.com

La vinaigrette Mille-Îles

La vinaigrette Mille-Îles tire vraiment son origine de cette belle région de l'État de New York. Plusieurs versions existent pour expliquer sa conception, la plus courante étant qu'elle a été créée par le chef du yacht de George Boldt, propriétaire du Boldt Castle (voir p. 261) et du luxueux hôtel Waldorf-Astoria à New York. Une autre version veut qu'elle ait été imaginée par Sophia Lalonde, la conjointe d'un guide de pêche de Clayton. Sophia et son mari avaient l'habitude de préparer des *shore dinners,* des repas copieux servis aux clients à la fin d'une journée de pêche. Ils accueillirent un jour l'actrice de films muets May Irwin, qui aima tellement leur vinaigrette qu'elle en demanda la recette. Elle la partagea avec son ami George Boldt... qui la popularisa. Quoi qu'il en soit, cette vinaigrette à base de mayonnaise, de ketchup et de cornichons hachés menus est bien installée dans nos habitudes culinaires !

Parkside Diner

Ce petit restaurant sympathique et très populaire a ouvert ses portes en 1990. Il est tenu par la famille Papas et compte un minigolf historique dans son jardin. On y sert de très bons déjeuners, tout un assortiment de burgers et de sandwichs, du pain de viande maison et des côtelettes de porc.

Ouvert tous les jours de 6 h à 20 h en hiver, et de 6 h à 21 h en été.

4353 Culver Road
SeaBreeze, NY 14622
Tél. : 585-323-2710
parksidediner.com

Roscoe Diner

Voici l'un des *diners* les plus connus des Catskills ! Il se trouve sur la route 17, entre la ville de New York et Ithaca, un trajet très fréquenté par les voyageurs. À ce qu'on dit, il n'a pas beaucoup changé depuis les années 1960 : les clients apprécient son ambiance, sa déco vintage et ses plats de *comfort food*. Au menu : des burgers, des sandwichs, des plats allégés, de la dinde rôtie, des pâtes et des plats pour enfants.

Ouvert tous les jours de 6 h à 23 h toute la semaine.

1908 Old Route 17, Roscoe, NY 12776
Tél. : 607-498-4405
theroscoediner.com

Pour les becs sucrés !

Le Vermont est le plus important producteur de sirop d'érable des États-Unis : ses 1 500 producteurs fabriquent chaque année plus de 1,3 million de gallons de sirop d'érable ! Au New Hampshire, une soixantaine de producteurs ouvrent leurs portes aux visiteurs au printemps, pendant la récolte. Vous pouvez faire la dégustation de tire sur la neige et certains établissements offrent des promenades en carriole et des menus traditionnels de cabane à sucre. Il y a également plusieurs cabanes à sucre (*sugar houses*) dans l'État de New York, en particulier dans les Adirondacks et dans Western New York. Sprague's Maple Farms, un restaurant ouvert à l'année dans une érablière de Portville (NY), se spécialise dans les plats à saveur d'érable. Il est extrêmement populaire et compte une boutique spécialisée. Les visiteurs peuvent voir les immenses bouilloires servant à fabriquer le sirop à travers de grandes baies vitrées.

New England Maple Museum
4578 US Route 7
Pittsford, VT 05765
Tél. : 802-483-9414 ou 800-639-4280
maplemuseum.com

Sprague's Maple Farms
1048 NY Route 305
Portville, NY 14770
Tél. : 716-933-6637
spraguesmaplefarms.com

Bechard's Sugar House
61 Sanger Lane
West Chazy, NY 12992
Tél. : 518-848-7498
bechardsugarhouse.com

vermontmaple.org
nhmapleproducers.com
nysmaple.com

COUPS DE CŒUR

Les cinq meilleurs endroits pour manger de la crème glacée

Quoi de mieux qu'une bonne crème glacée pour savourer la fin d'une belle journée d'été ? Le Vermont est un petit paradis pour les amateurs de crème glacée et de « creemee » (crème glacée molle) : après tout, c'est la patrie de Ben & Jerry's ! Il y a également des petits kiosques un peu partout où les produits locaux, comme le vrai sirop d'érable et les fruits frais, sont à l'honneur. Les villes et villages du New Hampshire et de New York ont aussi leurs haltes à crème glacée (portant aussi le nom *frozen custard*). Partez à la découverte des saveurs maison !

Ben & Jerry's

Au Vermont, ne manquez pas la visite guidée de l'usine de crème glacée Ben & Jerry's à Waterbury ! Vous allez entrer dans les coulisses de cette entreprise à succès où 700 gallons de savoureux mélanges peuvent être congelés chaque heure ! Dégustation sur place des saveurs les plus populaires comme Cherry Garcia et Chocolate Chip Cookie Dough.

Payant ; ouvert à l'année (fermé les jours fériés), voir le site Web pour plus de détails.

> 1281 Waterbury-Stowe Road (Route 100)
> Waterbury, VT 05676
> Tél. : 866-258-6877 ou 802-253-2317
> benjerry.com

Mountain Creamery

Boris et Sheila Pilsmaker ont ouvert la Mountain Creamery en 1987, dans l'irrésistible village de Woodstock. Comme ils sont aussi propriétaires de Hinterland Farm, à Killington, les ingrédients les plus frais sont utilisés pour fabriquer la crème glacée maison. En vedette : les saveurs de vanille, fraise, chocolat, mûres, érable (du Vermont), banane, pistaches… Mmmmm !

Payant ; ouvert à l'année ; fermé à la Thanksgiving américaine (dernier jeudi de novembre) et à Noël.

> 33 Central Stret
> Woodstock, VT 05091
> Tél. : 802-457-1715
> mountaincreameryvt.com

Bishop's Homemade Ice Cream

Depuis plus de 35 ans, cette crémerie fabrique de délicieuses crèmes glacées et des desserts glacés qui attirent les clients saison après saison. Les saveurs varient quotidiennement : oréo à la menthe, cappucino, pommes épicées, bleuets, noix de coco, gingembre, thé vert, etc.

Payant ; ouvert d'avril à octobre.

> 183 Cottage Street, Littleton, NH 03561
> Tél. : 603-444-6039
> bishopshomemadeicecream.com

Abbott's Frozen Custard

La recette secrète de cette entreprise de Rochester date de 1902, lorsque Arthur Abbott arpentait la côte Est pour vendre son dessert glacé maison, la *frozen custard*. Aujourd'hui, il existe plusieurs kiosques Abbott's, où une quarantaine de saveurs maison sont proposées, en rotation : tarte au bleuet, chocolat, amande, citrouille, fraise, pistaches, mangue... Vous pouvez savourer un cornet (*cone*) ou construire votre propre sundae en choisissant les garnitures de votre choix !

Payant ; ouvert à l'année.

624 Pittsford Victor Road (Bushnell's Basin)
Pittsford, NY 14534
Tél. : 585-385-1366
abbottscustard.com

Cayuga Lake Creamery

Cette petite crémerie des Finger Lakes fabrique de la crème glacée à l'année. Elle s'approvisionne localement pour créer des saveurs peu communes comme la crème glacée au cantaloup, au gingembre, au raisin concord ou à la bière brune d'Ithaca Brewery. Il y a d'autres trouvailles au menu : Maple Bacon, Banoreo et Jalapeno Popper. Comme vous êtes aussi dans une région vinicole, vous y trouverez des sorbets au riesling et au merlot !

Payant, ouvert à l'année (en hiver, il vaut mieux téléphoner avant de vous déplacer).

8421 NY Route 89
Interlaken, NY 14847
Tél. : 607-532-9492
cayugalakecreamery.com

Divines chocolateries

Laissez-vous tenter : entrez dans une chocolaterie artisanale lorsque vous en croiserez une pendant vos prochaines escapades. Laissez-vous enivrer par le parfum irrésistible du chocolat, de la vanille, du caramel, des épices et des noisettes. Choisissez des pralines, des truffes, des boules au rhum, du chocolat parfumé au piment, à la rose, à la fleur de sel...

Bijou Fine Chocolate
6221 Shelburne Road
Shelburne, VT 05482
Tél. : 802-540-5343
bijoufinechocolate.com

Laughing Moon Chocolates
78 South Main Street
Stowe, VT 05672
Tél. : 802-253-9591
laughingmoonchocolates.com

Byrne & Carlson Chocolatier
121 State Street
Portsmouth, NH 03801
Tél. : 888-559-9778
byrneandcarlson.com

Dancing Lion Chocolate
917 Elm Street
Manchester, NH
Tél. : 603-424-0713
dancinglion.us

Krause's Chocolates
6423 Montgomery Street
Rhinebeck, NY 12572
Tél. : 845-876-3909
krauseschocolates.com

Watson's Chocolates
27 Washington Street
Ellicottville, NY 14731
Tél. : 716-699-2805
watsonschocolates.com

OÙ MANGER ET DORMIR
GOURMET ET GOURMAND !

 ## MANGER

NECI on Main

Le resto-école du New England Culinary Institute sert des repas frais et savoureux cuisinés en grande partie à partir des produits régionaux.

118 Main Street, Montpelier, VT 05602
Tél. : 802-223-3188
neci.edu

The Spot

Ce restaurant irrésistible établi dans une ancienne station-service des années 1950 sert une cuisine fusion dans une atmosphère polynésienne et « surf ».

210 Shelburne Road, Burlington, VT 05401
Tél. : 802-540-1778
thespotvt.com

The Perfect Wife

Amy Blaise Chamberlain, chef et propriétaire, a mérité le titre envié de Chef de l'Année ! Elle cuisine les produits locaux et leur donne une petite *twist* fort originale. Un régal.

2594 Depot Street, Manchester, VT 05255
Tél. : 802-362-2817
perfectwife.com

Positive Pie

Ce resto, qui compte des succursales à Montpelier, Barre, Plainfield et Hardwick, sert les meilleures pizzas de tout le Vermont. Superbe choix de bières de microbrasserie.

22 State Street, Montpelier, VT 05602
Tél. : 802-229-0453
positivepie.com

Falls General Store

Norma et Vince Rooney mettent en vedette tout ce qui est « Made in Vermont » dans ce restaurant doublé d'une épicerie fine. Régalez-vous avec les cannoli et le horchata latte, leur recette secrète.

7 Cox Brook Road
Northfield, VT 05663
Tél. : 802-448-4551
fallsgeneralstore.com

The Chef's Bistro

Ce petit bistro de la rue principale sert une cuisine absolument savoureuse, tout en fraîcheur, créée avec des ingrédients locaux. Laissez-vous tenter par leurs salades, elles sont délicieuses.

2724 White Mountain Highway
North Conway, NH 03860
Tél. : 603-356-4747
chefsbistronh.com

Petey's Summertime Seafood and Bar

Cette adresse incontournable de la côte Est figure au palmarès de nombreux magazines pour ses fruits de mer, son homard et sa chaudrée de palourdes ! Le restaurant a sa propre flottille de pêche : vous pouvez vous approvisionner en homard frais sur place.

1323 Ocean Boulevard
Rye, NH 03870
Tél. : 603-433-1937
peteys.com

Libby's Bistro & Saalt Pub

Ce petit bistro sympathique se trouve dans le nord des White Mountains, dans le beau village de Gorham. Il a été fondé en 1997 par la chef Liz Jackson et son mari Steve. Ils cuisinent des plats éclectiques et mettent en vedette les saveurs locales.

111 Main Street, Gorham, NH 03581
Tél. : 603-466-5330
libbysbistro.org

Artisans at the Lake Placid Lodge

Voici une des meilleures tables des Adirondacks. Le chef Mark Hannon réalise des chefs-d'œuvre en cuisine avec des produits d'une grande fraîcheur. Le restaurant compte une cave à vin remplie de grands crus. Remarquable en tout point.

144 Lodge Way, Lake Placid, NY 12946
Tél. : 518-523-2700 ou 877-523-2700
lakeplacidlodge.com

Adirondack Pub & Brewery

Voici une très bonne adresse à Lake George pour déguster des plats conviviaux dans une atmosphère festive. Burgers savoureux. La bière est brassée sur place.

33 Canada Street, Lake George, NY 12845
Tél. : 518-668-0002
adkpub.com

Main Street Ice Cream Parlor

Faites le détour à Chestertown pour savourer un burger maison ou une superbe salade dans ce restaurant décoré comme un ancien *Ice Cream Parlor*.

6339 Main Street, Chestertown, NY 12817
Tél. : 518-494-7940
facebook.com/Main-Street-Ice-Cream-Parlor

Eat'n'meet Grill and Larder

Ce restaurant sympathique propose de la nourriture à savourer sur la terrasse ou à emporter. Le chef John Vargo cuisine les spécialités régionales. Téléphonez à l'avance pour faire préparer votre commande.

139 Broadway Street
Saranac Lake, NY 12983
Tél. : 518-891-3149
eatnmeet.com

Riverhouse Restaurant

Voici un petit resto accueillant où déguster de très bons sandwichs. Les viandes sont fumées sur place.

4818 Salina Street, Pulaski, NY 13142
Tél. : 315-509-4281
riverhouserestaurant.net

The Tailor and The Cook

Le chef Tim Hardiman dirige de main de maître une des meilleures tables de Central New York (fait partie du Top 100 des meilleurs restos américains en 2014 !) dans ce très bon restaurant de Baggs Square, à Utica.

94 Genesee Street
Utica, NY 13502
Tél. : 315-793-7444 ou 315-624-FOOD
thetailorandthecook.com

Basil and Wicks

Voici la bonne adresse pour se restaurer après une journée de visites, de randonnée, de rafting, de ski ou de camping dans les Adirondacks ! Essayez leur BBQ Pulled Pork Cigars.

3195 NY Route 28
North Creek, NY 12853
Tél. : 518-251-3100
basilandwicks.com

OÙ MANGER ET DORMIR
GOURMET ET GOURMAND !

Landmark

Ce restaurant épatant sert une cuisine américaine d'inspiration méditerranéenne. C'est l'une des rares tables à proposer au menu le fameux *whitefish* du lac Érié. Viande fumée sur place et mozzarella maison.

516 W 4th Street, Jamestown, NY 14701
Tél. : 716-720-5633
landmarkrestaurant.net

Sticks and Stones Wood Fired Bistro & Bar

Ce restaurant prépare de savoureuses pizzas napolitaines cuites au four à bois. Atmosphère chaleureuse, décor rustique, service aimable. Très pratique : sortie 27 de l'I-87.

739 US Route 9, Schroon Lake, NY 12870
Tél. : 518-532-9663
adirondacksticksandstones.com

Brae Loch Inn

Ce restaurant doublé d'une auberge recrée l'atmosphère chaleureuse et accueillante de l'Écosse. On y sert une cuisine généreuse et savoureuse.

5 Albany Street, Cazenovia, NY 13035
Tél. : 315-655-3431
braelochinn.com

 **DORMIR**

Hotel Vermont

Les matériaux naturels comme le bois et le marbre sont à l'honneur dans les chambres super confortables et chaleureuses de cet hôtel-boutique du centre-ville de Burlington. Le *Beer Concierge* (spécialiste en bière), Matt Canning, est en devoir au bar (demandez-lui où trouver la fameuse bière Heady Topper !).

41 Cherry Street
Burlington, VT 05401
Tél. : 802-651-0080 ou 855-650-0080
hotelvt.com

The Pitcher Inn

Voici l'endroit rêvé pour une escapade romantique : ses chambres et suites au décor rustique et vintage sont à faire rêver. Son restaurant, 275 Main, fait partie des meilleures tables du Vermont. Son pub aux murs de pierre et à la déco de style lodge, Tracks, est irrésistible : on peut y boire un verre près de la cheminée, jouer au billard et profiter de la cave à vin exceptionnelle.

275 Main Street
Warren, VT 05674
Tél. : 802-496-6350
pitcherinn.com

The Darby Field Inn & Restaurant

Cette belle auberge champêtre âgée de 150 ans compte 13 chambres et suites. Elle est située tout près de la Kancamagus Highway (voir p. 31). Les chambres décorées dans le style campagnard par Marc et Maria Donaldson sont équipées de salles de bain individuelles et quelques-unes comptent leur propre baignoire à remous. Le restaurant abondamment fenestré offre une vue panoramique sur les montagnes. Il fait partie des meilleures tables de la vallée du mont Washington. Essayez le carré d'agneau, il est absolument délicieux !

185 Chase Hill Road
Albany, NH 03818
Tél. : 603-447-2181 ou 800-426-4147
darbyfield.com

B and B Ranch

Ce magnifique ranch géré par Jim et Barbara Giombetti est dissimulé dans les montagnes des environs de Cooperstown. Il compte cinq grandes suites confortables et lumineuses aux planchers de bois. Le chef de l'établissement, Mark Loewenguth, prépare tous les repas avec les ingrédients de la ferme. Les petits-déjeuners comptent trois services et les soupers gastronomiques, cinq services. Il y a même une piscine intérieure. Extraordinaire expérience !

434 Bedbug Hill Road, Fly Creek, NY 13337
Tél. : 607-547-5272
bandbranch.com

The Fern Lodge

Sharon et Greg Taylor proposent un séjour inoubliable dans leur luxueuse auberge de style Adirondack. On y trouve cinq magnifiques suites dotées de grandes cheminées de pierre. Les petits-déjeuners gastronomiques comptent plusieurs services. Une très discrète et paisible adresse au bord du lac Friends, à l'abri des foules et des curieux.

46 Fiddlehead Bay Road
Chestertown, NY 12817
Tél. : 518-494-7238
thefernlodge.com

The Arbor Inn at Clinton-Griffin House

Une ferme construite dans les années 1800 a été complètement rénovée pour créer ce B & B de style champêtre, lumineux et très accueillant. On y trouve trois belles chambres et deux suites. Les propriétaires, Dave et Ellen Varecka, réservent un accueil chaleureux aux visiteurs. Savoureux petits-déjeuners !

3919 Griffin Road, Clinton, NY 13323
Tél. : 315-859-1790
arborinnatgriffinhouse.com

The Oaks Bed & Breakfast Hotel

Ce charmant établissement de 10 chambres, meublé d'antiquités, se trouve dans un très beau quartier résidentiel de Jamestown, en face d'une imposante église de pierre. Les propriétaires, Dick Lisciandro et Joe Haight, accueillent les visiteurs chaleureusement et leur cuisinent minutieusement des petits-déjeuners gastronomiques garnis de fruits.

1103 West 3rd Street, Jamestown, NY 14701
Tél. : 716-720-5267
theoaksbandbhotel.com

The Lincklaen House

Depuis plus de 180 ans, cet hôtel accueille les visiteurs au centre-ville de Cazenovia (NY). L'hôtel de trois étages au charme vieillot compte 23 chambres équipées de belles salles de bain. On y trouve une salle à manger proposant un menu classique (steak, saumon, pâtes, etc.) et un pub, le Seven Stone Steps, qui offre un grand choix de salades et des chips maison.

79 Albany Street, Cazenovia, NY 13035
Tél. : 315-655-3461
lincklaenhouse.com

Sparrowbrush Cottage B & B

Dans le calme de sa belle maison de campagne meublée d'antiquités, à quelques minutes du village de Cazenovia, Mary Chandler reçoit les visiteurs depuis 20 ans. L'établissement compte trois chambres à la déco champêtre. Elle cuisine des petits-déjeuners traditionnels rassasiants et les présente de beaux services d'époque. Ouvert du 15 avril au 31 octobre.

6194 East Lake Road, Cazenovia, NY 13035
Tél. : 315-687-9866
roomsatgreyrock.com

Art, culture et loisirs

Bain de culture et divertissements

EN TOUT GENRE !

Voyager, c'est découvrir, apprendre, rire, se divertir, se changer les idées. Il y a une variété incroyable de belles découvertes à faire dans les trois États frontaliers, pour combler son appétit de culture et de divertissement. Chacun dispose d'ailleurs de son propre conseil des arts (*Arts Council*) pour mettre en valeur les artistes talentueux : musique populaire, classique, jazz, théâtre, opéra, arts visuels, comédies musicales, littérature, cinéma. Lors de vos visites, examinez les journaux locaux et faites un petit tour dans les bureaux d'information touristique pour savoir ce qui est à l'affiche. N'oubliez pas les musées des beaux-arts : ils sont particulièrement dynamiques, ouvrent leurs portes à toute la famille et proposent une palette géniale d'activités pendant toute l'année. Des théâtres historiques ont aussi été entièrement restaurés et accueillent des concerts et des spectacles d'envergure. On trouve des salles de cinéma vintage un peu partout, de même que des théâtres datant des années 1800 où les comédiens les plus en vue montent régulièrement sur les planches, à un prix très raisonnable. Le calendrier des festivals et des événements spéciaux déborde. De plus, les occasions de s'amuser dans les parcs thématiques et les jardins zoologiques ne manquent pas ! Et comme j'aime bien les visites qui sortent de l'ordinaire, je vous propose quelques bonnes adresses pour le *shopping* et une petite sélection de découvertes un peu déjantées qui vous fourniront des souvenirs de voyage inoubliables. Amusez-vous bien !

L'architecture baroque mexicaine du Stanley Theatre à Utica (NY) est d'une grande beauté.

Napoléon fait partie du French Festival de Cape Vincent.
À droite : La cabine téléphonique des farfadets chez Coleman's à Syracuse (voir p. 224).

EXCEPTIONNELS
musées des beaux-arts

Les galeries des différents musées des beaux-arts du Vermont, du New Hampshire et de l'État de New York possèdent une quantité remarquable de chefs-d'œuvre de peinture et de sculpture, d'antiquités inestimables et d'objets d'arts décoratifs. Toutes les grandes périodes de l'histoire de l'art y sont représentées, de l'Antiquité à nos jours, et les musées exposent des œuvres provenant de tous les continents. Au

La collection permanente du Currier Museum of Art est exceptionnelle.

fil de mes visites, j'ai admiré des antiquités égyptiennes, des miniatures médiévales, des vases chinois, des chefs-d'œuvre de la Renaissance, des natures mortes, des portraits flamands, des paysages de la Hudson River School, des compositions impressionnistes françaises, modernistes et expressionnistes abstraites. Il y a aussi quantité de photographies et d'installations contemporaines. Les figures marquantes de l'art américain sont très bien représentées : Jackson Pollock, Georgia O'Keeffe, Thomas Cole, Winslow Homer, Mark Rothko, Frederic Remington, Andy Warhol... vous allez vous régaler ! Prévoyez plusieurs heures pour admirer de près le travail des maîtres, vous laisser emporter par les couleurs, les formes, les compositions. Vous allez faire le plein d'énergie créatrice, c'est promis. Il y a souvent des petits cafés sur place pour se restaurer et les boutiques des musées proposent des reproductions de grande qualité. Vérifiez leurs calendriers d'activité : un atelier ou une conférence pourrait piquer votre curiosité !

Le *folk art* est à l'honneur au Henry Sheldon Museum.

Fleming Museum Of Art

Ce musée ouvert en 1931 se trouve sur le campus de l'Université du Vermont, une des plus vieilles universités américaines (1791). Il compte plus de 20 000 objets provenant de toutes les strates de l'histoire de la civilisation. Les collections comprennent des œuvres d'art et des artefacts de Mésopotamie, d'Égypte ancienne, d'Afrique, d'Asie, d'Océanie, d'Europe et des Amériques. Dans la collection d'art ancien, on peut admirer un bas-relief assyrien de 3 000 ans, des tablettes cunéiformes sumériennes, des poteries grecques et plus de 400 objets égyptiens, dont une momie et un sarcophage. La collection européenne compte une gravure d'Albrecht Durer datant de 1498. Des œuvres de Winslow Homer, Andy Warhol et John James Audubon font partie de la collection américaine.

Payant ; ouvert du mardi au dimanche, fermé pendant les congés universitaires, voir le site Web pour plus de détails.

61 Colchester Avenue
Burlington, VT 05405
Tél. : 802-656-0750
flemingmuseum.org

Shelburne Museum

Tout le site du Shelburne Museum est intéressant. Absolument tout. Cependant, un édifice construit à la mémoire de la fondatrice, l'Electra Havemeyer Webb Memorial Building, regroupe la collection de toiles impressionnistes qui se trouvaient dans sa maison de Park Avenue, à New York. De salle en salle, on peut admirer cinq toiles de Claude Monet, quatre d'Édouard Manet, sept signées Edgar Degas, de même que deux pastels et deux gravures de Mary Cassatt. Absolument remarquable. Ce n'est pas tout : il y a aussi des œuvres des peintres français pré-impressionnistes Gustave Courbet, Jean-Baptiste-Camille Corot et Charles-François Daubigny. D'autres bâtiments regroupent des fascinantes collections d'objets d'arts décoratifs et de *folk art* (voir aussi p. 175, 176 et 181).

Payant ; heures d'ouverture variables, voir le site Web pour plus de détails.

6000 Shelburne Road
Shelburne, VT 05482
Tél. : 802-985-3346
shelburnemuseum.org

La *Ball Barn* de Lars Erik Fisk, est exposée au Fleming Art Museum de Burlington, VT.

Henry Sheldon Museum

Henry Sheldon, un homme d'affaires qui occupa plusieurs fonctions dans la ville de Middlebury (VT), s'est mis à accumuler différents objets à l'âge de 50 ans, avec l'idée d'ouvrir son propre musée. Sa carrière de collectionneur a commencé par l'achat d'une pièce de monnaie romaine lui coûtant un dollar, en 1875. Cinq ans plus tard, il avait déjà des pièces de 50 pays différents. Il s'est ensuite intéressé aux antiquités (voir aussi l'histoire de la momie égyptienne, p. 220), aux objets racontant l'histoire du Vermont, de même qu'aux objets de la vie quotidienne, au *folk art* et à l'ameublement. Aujourd'hui, le musée établi dans la Judd-Harris House, au centre-ville de Middlebury, compte plusieurs étages, où ces anciennes collections côtoient des œuvres récentes.

Payant ; ouvert du mardi au samedi au printemps, en automne et en hiver, et du mardi au dimanche en été, voir le site Web pour plus de détails.

1 Park Street
Middlebury, VT 05753
Tél. : 802-388-2117
henrysheldonmuseum.org

Proctor, la ville du marbre

La petite ville de Proctor, au centre du Vermont, peut se targuer d'être l'une des rares à offrir un pont luxueux à tous ses visiteurs : le **Marble Arch Bridge** est entièrement recouvert de marbre blanc ! Le garde-corps est composé de 288 barreaux sculptés. Ce magnifique pont à trois arches traverse Otter Creek, une rivière autrefois utilisée par les Amérindiens pour aller du fleuve Connecticut au lac Champlain. Il a été construit en 1915 en souvenir de Fletcher D. Proctor avec du marbre extrait de la carrière voisine de la Vermont Marble Company. En 2004, il a été complètement restauré et a mérité le Marble Institute Award of Merit pour avoir su préserver la structure originale. Le pont se trouve tout près du **Vermont Marble Museum,** un musée imposant permettant de tout apprendre sur cette ressource naturelle. Un sculpteur, Allen Dwight, y travaille à temps plein et ses œuvres sont exposées. Vous pouvez y acheter toutes sortes d'objets en marbre, des plateaux de service jusqu'aux monuments !

Le Vermont Marble Museum présente une incroyable collection de pièces de marbre.

Pont gratuit ; musée payant ; musée ouvert de la fin mai à la fin octobre, voir le site Web pour plus de détails.

Marble Arch Bridge
Main Street
Proctor, VT 05765
proctorvermont.com

Vermont Marble Museum
52 Main Street, Proctor, VT 05765
Tél. : 800-427-1396
vermontmarblemuseum.org

Une vaste collection d'objets anciens et d'œuvres d'art est rassemblée au Bennington Museum.

Bennington Museum

Une magnifique collection d'œuvres d'art et d'objets divers est regroupée dans ce très beau musée qui a pour mission de raconter l'histoire du Vermont à travers ses œuvres d'art, ses meubles, ses objets en verre et ses céramiques. On y trouve le fameux Bennington Flag, l'un des plus vieux drapeaux des États-Unis, de même que la plus importante collection au monde de toiles signées Grandma Moses, qui a fait sa première exposition à l'âge de 80 ans. Anna Mary Robertson Moses (1860-1961) est l'une des artistes de *folk art* les plus connues des États-Unis. Ses toiles représentent des scènes de la vie quotidienne, illustrées de façon naïve. Le musée présente aussi des œuvres des artistes d'avant-garde qui ont travaillé à Bennington et dans les alentours, du début des années 1950 au milieu des années 1970 : Pat Adams, Paul Feeley, Helen Frankenthaler, Jules Olitski et Dan Shapiro.

Payant ; ouvert tous les jours de juin à octobre, et tous les jours sauf le mercredi de novembre à mai ; fermé tout le mois de janvier, à Pâques, le 4 juillet, à la Thanksgiving américaine (dernier jeudi de novembre) et à Noël, voir le site Web pour plus de détails.

75 Main Street
Bennington, VT 05201
Tél. : 802-447-1571
benningtonmuseum.org

Currier Museum of Art

Ce superbe musée a été fondé à Manchester (NH) en 1929. Il regroupe des œuvres de peintres européens et américains, des sculptures, des photographies et des objets d'arts décoratifs exceptionnels. La collection permanente compte des tableaux de Picasso, Henri Matisse, John Singer Sargent et Andrew Wyeth. On y trouve une émouvante toile de Georgia O'Keeffe, peinte en 1932 lors d'un de ses séjours en Gaspésie, *Cross by the Sea, Canada*. Plusieurs expositions temporaires sont également présentées. Lors de mon passage, les visiteurs étaient invités à se rappeler les attentats du 11 septembre 2001 en écrivant leurs souvenirs sur un papillon de papier. Des événements spéciaux sont régulièrement organisés et le café du musée présente des brunchs jazz (voir p. 226). Le musée gère également la Zimmerman House, la seule résidence de toute la Nouvelle-Angleterre conçue par le grand architecte Frank Lloyd Wright à être ouverte au public (voir p. 177).

Payant ; ouvert tous les jours sauf le mardi, fermé à Pâques, le 4 juillet, à la Thanksgiving américaine (dernier jeudi de novembre), à Noël et au jour de l'An, voir le site Web pour plus de détails.

150 Ash Street
Manchester, NH 03104
Tél. : 603-669-6144
currier.org

Plusieurs toiles de peintres américains sont présentées au Currier Museum of Art de Manchester, NH.

La Zimmerman House de Manchester (NH) est conçue d'après les plans du célèbre architecte Frank Lloyd Wright.

Architecture d'exception

Le célèbre architecte Frank Lloyd Wright (1867-1959) a construit plus de 400 édifices avant-gardistes au cours de sa brillante carrière : des musées, des églises, des immeubles, des hôtels, des maisons. Il est reconnu comme le créateur du « style Prairie » et des maisons qui se fondent dans leur environnement. Il a construit le célèbre musée Guggenheim à New York, la maison Fallingwater à Mill Run, en Pennsylvanie, et le Larkin Building, à Buffalo. Dans cette même ville, il est possible de découvrir une de ses œuvres en se rendant à la **Darwin Martin House,** maintenant site historique national. La visite de cette maison, que Wright appelait son « opus », permet de découvrir le raffinement architectural du bâtiment principal, construit entre 1903 et 1905 et restauré en partie en 2016. On peut aussi voir une pergola, une serre, un garage qui ont été reconstruits récemment. Au New Hampshire, Wright a construit la **Zimmerman House,** qu'on peut aussi visiter à Manchester. C'est la seule maison construite par Wright en Nouvelle-Angleterre qui soit ouverte aux visiteurs. Tout a été conçu par lui : la maison, les meubles, les jardins, même la boîte aux lettres ! Elle est gérée par le Currier Museum of Art (voir p. 176).

Darwin Martin House State Historic Site
125 Jewett Parkway
Buffalo, NY 14214
Tél. : 716-856-3858
darwinmartinhouse.org

Zimmerman House – Currier Museum of Art
223 Heather Street
Manchester, NH 03104
Tél. : 603-669-6144
currier.org

La collection d'œuvres d'art de Louis et Charlotte Hyde est présentée au public à Glen Falls, NY.

The Hyde Collection

Musée unique situé à Glen Falls, entre Montréal et la ville de New York, The Hyde Collection présente des œuvres de l'Antiquité à nos jours dans la maison cossue de Louis et Charlotte Hyde. Ces industriels fortunés étaient des mécènes et des collectionneurs d'art avertis : les pièces exposées dans le musée représentent plusieurs périodes de l'histoire de l'art. Ils s'étaient d'abord intéressés aux grands maîtres, faisant l'acquisition d'œuvres de Botticelli, Le Greco, Rembrandt, Rubens et Tiepolo. Ils ont ensuite fait l'acquisition d'œuvres américaines signées Childe Hassam, Winslow Homer et James Abbott McNeill Whistler. Pour décorer leur manoir de style Renaissance italienne de Glen Falls, ils ont acheté des tapisseries françaises et flamandes, et des meubles du XVIe siècle. Ces antiquités sont toujours dans les mêmes pièces qu'au temps des Hyde, si bien qu'on a le sentiment d'être invité chez eux. D'autres galeries ont été construites récemment. Cette fabuleuse collection ouverte au public compte plus de 3 000 pièces.

Payant ; ouvert du mardi au dimanche ; fermé les jours fériés ; entrée gratuite le deuxième dimanche du mois, voir le site Web pour plus de détails.

161 Warren Street
Glen Falls, NY 12801
Tél. : 518-792-1761
hydecollection.org

Albright-Knox Art Gallery

Depuis 150 ans, ce musée épatant conserve et présente les pièces qui composent les plus riches collections d'œuvres d'art du monde. On y trouve plusieurs œuvres majeures réalisées par des artistes européens et américains après la Seconde Guerre mondiale : abstractionnisme abstrait, Pop Art et art des années 1970 jusqu'à la fin du XXe siècle. Cette période est représentée, entre autres, par le travail d'Arshile Gorky, de Jackson Pollock, d'Andy Warhol et de Jasper Johns. Le fauvisme, le cubisme et l'art abstrait sont documentés par des œuvres d'Henri Matisse, Pablo Picasso, Georges Braque, Joan Miro et Piet Mondrian. L'art contemporain n'est pas en reste puisque le musée a récemment fait l'acquisition d'œuvres signée Matthew Barney, Mark Bradford, Liam Gillick, Catherine Opie et Philpe Taaffe. Un incontournable.

Payant ; ouvert du mardi au dimanche, fermé le 4 juillet, à la Thanksgiving américaine (dernier jeudi de novembre), à Noël et au jour de l'An, voir le site Web pour plus de détails.

1285 Elmwood Avenue
Buffalo, NY 14222
Tél. : 716-882-8700
albrightknox.org

Incroyable musée du verre

Le **Corning Museum of Glass** est un musée sidérant, consacré à un matériau utilisé par l'homme depuis 35 siècles : le verre. Les pièces présentées dans les nombreuses salles d'exposition remontent aussi loin que l'époque des pharaons et représentent tous les pays et toutes les périodes historiques au cours desquelles des pièces de verre ont été produites. On peut admirer, entre autres, un four égyptien, des pièces datant de l'époque romaine ; des vases créés à Murano, en Italie, au XVIe siècle ; un gobelet de verre utilisé par Friedrich III de Brandebourg, futur roi de Prusse ; la table en verre d'un tsar russe et une table en verre surmontée d'un bateau créée par Baccarat pour l'exposition de Paris en 1878. Le musée présente aussi des expositions d'art contemporain et des démonstrations de soufflage de verre à chaud. On peut même fabriquer sa propre pièce ! Les enfants sont accueillis à bras ouverts et de nombreuses activités leur sont proposées. Même la boutique de souvenirs est épatante !

Payant ; le billet d'admission est valide pour deux journées consécutives ; ouvert toute l'année sauf au jour de l'An, à la Thanksgiving américaine (dernier jeudi de novembre) et le 24 décembre, voir le site Web pour plus de détails ; une navette conduit du stationnement à l'entrée du musée.

1 Museum Way
Corning, NY 14830
Tél. : 607-937-5371 ou 800-732-6845
cmog.org

Le Corning Museum of Glass compte une collection d'objets de verre datant de l'Antiquité à nos jours.

Memorial Art Gallery

Ce superbe musée fondé en 1913 compte plus de 12 000 œuvres d'art réalisées un peu partout sur la planète au cours des 50 derniers siècles. D'une galerie à l'autre, on fait des découvertes étonnantes : trois toiles de Monet, un portrait signé Rembrandt, une sculpture chinoise de la dynastie des Song, des œuvres de Winslow Homer, des sculptures de Gaston Lachaise, une toile de Luca Giordano datant du XVIIe siècle, une armoire sculptée en Allemagne au XVIe siècle, et j'en passe. On trouve même un orgue italien datant de la période baroque. La Helen H. Berkeley Gallery, spécialisée en art de l'Antiquité, compte des pièces grecques, étrusques et romaines, ainsi que des sarcophages égyptiens vieux de 2 000 ans. Superbe collection, superbe édifice, superbe journée : le MAG mérite pleinement une visite.

Payant ; ouvert du mercredi au dimanche ; fermé le 4 juillet, à la Thanksgiving américaine (dernier jeudi de novembre), à Noël et au jour de l'An, voir le site Web pour plus de détails.

500 University Avenue
Rochester, NY 14607
Tél. : 585-276-8900
mag.rochester.edu

La Memorial Art Gallery de Rochester compte
une collection de 12 000 œuvres d'art.

Fenimore Art Museum

Le bâtiment du Fenimore Art Museum est construit sur la rive du lac Otsego.

Ce très beau musée situé en face du Farmers' Museum de Cooperstown (voir p. 223) contient plusieurs objets liés à l'écrivain James Fenimore Cooper, fils d'une famille éminente de la région et auteur du *Dernier des Mohicans*. On peut même voir ses lunettes dans la Cooper Gallery. La collection de *folk art* du musée est considérée comme l'une des plus importantes de tous les États-Unis. On y trouve des peintures et des sculptures naïves, des figures de proue, des courtepointes, des girouettes, des panneaux d'affichage, des céramiques décoratives créées par des artisans talentueux et imaginatifs. Un panneau mesurant 2 m (7 pi) qui dépeint la ferme de Martin van Bergen est considéré comme l'un des plus anciens paysages du pays : il a été peint en 1733. Le musée compte aussi une vaste collection de tableaux réalisés par des peintres américains du XIXe siècle. On y trouve notamment plusieurs scènes de genre, un style qui permettait aux artistes de représenter des scènes de la vie quotidienne et d'exprimer plus librement leur vision artistique. Les œuvres de William Sidney Mount en sont un bon exemple. J'ai particulièrement apprécié la fascinante collection d'art amérindien qui est présentée dans la Thaw Gallery : on peut admirer des textiles, des sculptures, des parures de tête, des masques et des céramiques réalisées par toutes les nations autochtones d'Amérique du Nord. L'arrière du musée donne sur le lac Otsego ; il y a une superbe terrasse.

Payant ; ouvert du mardi au dimanche du 1er avril au 10 mai, tous les jours du 11 mai au 12 octobre, et du mardi au dimanche du 13 octobre au 31 décembre ; fermé du 1er janvier au 31 mars, à la Thanksgiving américaine (dernier jeudi de novembre) et le jour de Noël, voir le site Web pour plus de détails.

5798 NY Route 80
Cooperstown, NY 13326
Tél. : 607-547-1400 ou 888-547-1450
fenimoreartmuseum.or

Munson-Williams-Proctor Arts Institute

Ce musée remarquable compte une collection permanente de 15 000 œuvres d'art retraçant 300 ans de peinture américaine, de modernisme européen, d'estampes japonaises et d'arts décoratifs du XIXe siècle. Ces pièces ont été collectionnées par deux riches familles de la région, les Proctor et les Williams, au cours des XIXe et XXe siècles. Même le nouveau bâtiment du musée, construit aux côtés de la maison historique de Genesee Street, est épatant. Conçu par l'architecte Philip Johnson, il évoque un cube énorme flottant sur une base entièrement fenestrée. Parmi les pièces les plus remarquables du musée se trouvent des peintures et des sculptures américaines du XIXe siècle de Thomas Cole, Winslow Homer, James Peale et Augustus Saint-Gaudens. Le musée compte aussi une fascinante collection de peintures de la Hudson River School, célèbre pour ses paysages de la vallée de l'Hudson et des alentours.

Gratuit ; ouvert du mardi au dimanche, voir le site Web pour plus de détails.

310 Genesee Street
Utica, NY 13502
Tél. : 315-797-0000
mwpai.org

LES PLUS BELLES SALLES DE

spectacles

Les arts de la scène sont magnifiés au Vermont, au New Hampshire et dans l'État de New York, où se trouvent des théâtres historiques entièrement rénovés et des salles de grande qualité. Les troupes de théâtre professionnelles présentent des pièces de haut niveau, jouées par des artistes qui se produisent souvent sur les scènes les plus prestigieuses du pays. On peut voir des comédies musicales de style Broadway à une fraction du prix et assister à des performances musicales exceptionnelles. Si l'opéra vous fait vibrer, ne ratez pas une performance estivale du Glimmerglass Festival à Cooperstown : c'est une expérience à vivre au moins une fois dans sa vie !

Chaque été, des opéras sont présentés au Alice Busch Opera Theatre pendant le Glimmerglass Festival de Cooperstown, NY.

La troupe de théâtre professionnelle du Dorset Playhouse présente des pièces de grande qualité.

Dorset Playhouse

Ce théâtre formidable est né d'une initiative du Dr Edward Goodman et de son épouse qui, en 1927, ont réussi à convaincre des résidents de Dorset de monter une pièce de théâtre. Grâce au grand succès de la pièce en trois actes présentée – *39 East* – ils ont réussi à amasser assez de fonds pour construire la Dorset Playhouse, qui a ouvert ses portes en 1929. En 2001, le théâtre historique d'allure rustique a été restauré au coût de 3 M $ US. Il compte maintenant des sièges confortables, de belles salles de bain et un studio pour les répétitions. Des pièces de théâtre et des comédies musicales de très grande qualité y sont présentées à l'année et le théâtre accueille tous les ans le festival de théâtre One Act, où les membres de la Dorset Playhouse peuvent diriger ou jouer une pièce qui n'est pas aussi exigeante qu'une grosse production.

Payant ; voir le calendrier des spectacles sur le site Web.

104 Cheney Road
Dorset, VT 05251
Tél. : 802-867-5570
dorsetplayers.org

Southern Vermont Arts Center

En 1950, les Southern Vermont Artists, un groupe d'artistes reconnus du sud du Vermont (dont faisaient partie Norman Rockwell, Grandma Moses et Dean Fausett) a fait l'acquisition du Webster Estate pour construire un centre culturel. Ce domaine appartenait aux Webster, des gens qui avaient fait fortune dans l'industrie du bois. Le petit centre construit à flanc de montagne s'est agrandi au fil des ans pour devenir un campus de premier plan comptant un auditorium de 400 sièges muni de portes latérales amovibles, l'Arkell Pavilion. Des spectacles de danse et des concerts de musique y sont présentés. Le centre compte aussi des salles d'exposition de très grande qualité (Yester House Galleries) et un parc de sculptures extérieures géantes.

Payant ; voir le calendrier des spectacles sur le site Web.

930 Southern Vermont Arts Center Drive
Manchester, VT 05254
Tél. : 802-362-1405
svac.org

Le Southern Vermont Arts Center de Manchester présente des expositions, des concerts et des ateliers.

Résidence d'artiste dans les Green Mountains

Au cœur des Green Mountains, une résidence historique entièrement construite en marbre, The Marble House, vient d'être rénovée à grands frais sur une propriété de 19 ha (48 ac) pour être transformée en centre culturel : **The Marble House Project.** L'organisme se spécialise en résidences d'artistes, organise des ateliers en tout genre et fait la promotion de l'agriculture durable. Chaque année, les gens qui se distinguent en arts visuels, en musique, en littérature (entre autres disciplines) sont encouragés à soumettre un projet. S'ils sont sélectionnés, ils sont invités à participer à une résidence d'artiste d'une

durée de trois semaines à la Marble House, au cours de laquelle ils sont appelés à se produire en public (concert, exposition, conférence, etc), selon leur discipline. C'est un endroit vraiment inspirant. Surveillez le calendrier des activités : il y a plusieurs ateliers d'écriture, d'arts, de yoga, de cuisine et de développement durable qui sont ouverts au public. Une visite du site, de sa piscine extérieure en marbre (alimentée par un ruisseau de montagne) et de ses jardins en étages vaut le détour à Dorset.

Consultez le site Web pour connaître les activités ouvertes au public et pour soumettre une demande de résidence d'artiste.

1161 Dorset West Road
Dorset, VT 05251
Renseignements : info@marblehouseproject.org
marblehouseproject.org

Le Marble House Project de Dorset (VT) présente des ateliers sur la culture et le développement durable et offre des programmes d'artistes en résidence.

La Weston Playhouse présente un festival de théâtre pendant l'été.

Oldcastle Theatre Company

En plus de 40 ans d'existence, cette compagnie de théâtre a produit plus de 300 spectacles de qualité internationale. Elle a été fondée en 1972 par des acteurs professionnels de New York. Comme un des membres fondateurs, Eric Peterson, était de Bennington, des tournées furent organisées au Vermont. Les premières de nombreuses pièces de théâtre y ont été présentées au fil des ans et cette compagnie produit au moins une nouvelle pièce par saison. Plusieurs acteurs et actrices qui y ont travaillé ont par la suite été récompensés par des prix Tony et Emmy, et des metteurs en scène de renom y sont passés. C'est une salle intime et sans prétention, où les spectateurs sont situés très près des acteurs, créant une expérience inoubliable.

Payant ; voir le calendrier des spectacles sur le site Web.

> 331 Main Street
> Bennington, VT 05201
> Tél. : 802-447-0564
> olscastletheatre.org

Pièce de théâtre à l'Oldcastle Theatre de Bennington.

Weston Playhouse Theatre Company

La Weston Playhouse a été construite en 1935 par l'architecte Raymond Austin, dans le style *Greek Revival*. Elle était considérée à l'époque comme le plus beau théâtre de toute la Nouvelle-Angleterre. Jeune acteur, Lloyd Bridges (le père de Jeff et de Beau Bridges), y a présenté ses premières pièces. L'édifice a connu bien des revers de fortune et fut grandement endommagé par l'ouragan Irene, en 2011. Grâce au soutien de la communauté, il a été remis en état et peut accueillir 306 spectateurs à chaque représentation. Des productions théâtrales d'envergure et des comédies musicales à succès y sont à l'affiche chaque été. L'organisme à but non lucratif qui gère maintenant le théâtre a étendu ses activités : non seulement on y présente un festival de théâtre pendant l'été, mais des programmes y sont offerts toute l'année (ateliers de théâtre, matinées scolaires, etc). En août, par exemple, le Broadway Boot Camp propose trois semaines intensives d'apprentissage de la comédie musicale aux étudiants de niveau secondaire.

Payant ; voir le calendrier des spectacles sur le site Web.

> 12 Park Street
> Weston, VT 05161
> Tél. : 802-824-5288
> westonplayhouse.org

Le jazz à l'honneur

Depuis les années 1970, les musiciens de jazz du Vermont et de l'est des États-Unis (et parfois d'ailleurs aussi) se donnent rendez-vous au **Vermont Jazz Center** de Brattleboro (VJC), dans le sud du Vermont. Cet organisme, fondé par Attila Zoller dans les années 1970, s'est donné la mission d'enseigner et de promouvoir le jazz par des ateliers dans les collèges et au VJC, des spectacles de qualité, des camps musicaux et, bien sûr, des *jam-sessions* à tous les mercredis soir. Le directeur exécutif, Eugene Uman, un pianiste de jazz talentueux, m'a invitée à passer quelques heures sur le campus de la prestigieuse Putney School, une école secondaire réputée pour la qualité de son programme éducatif en milieu rural. J'ai pu m'imprégner de l'atmosphère amicale et festive du camp d'été du VJC, où une quarantaine de musiciens de tout âge, de niveau intermédiaire et avancé, jouent du matin au soir. Faythe Turner, une trompettiste de plus de 70 ans, s'est chargée de mon « initiation ». En sa compagnie, j'ai assisté à l'atelier d'improvisation jazz donné par Jeff Galindo. Ce tromboniste jazz fut professeur à la fameuse Berklee School of Music, en plus d'avoir joué aux côtés de Chick Corea, Aretha Franklin et Ray Charles... Je n'y ai passé que quelques heures... et je rêve d'y retourner pour une semaine !

Voir le calendrier des activités, des *jam-sessions* et des ateliers sur le site Web.

72 Cotton Mill Hill, # 222,
Brattleboro, VT 05301
Tél. : 802-254-9088
vtjazz.org

Les élèves de niveau intermédiaire et avancé comme Faythe Turner peuvent s'inscrire au camp d'été du Vermont Jazz Center.

The Barnstormers

Le beau petit village de Tamworth, au sud des White Mountains, peut se targuer d'avoir le seul théâtre au monde à présenter huit différentes pièces de théâtre en huit semaines, au cours de la saison estivale. The Barnstormers a été fondé en 1931 par Francis Cleveland, le plus jeune fils du président Grover Cleveland, dans le village où il avait une résidence d'été. Francis était déjà une star sur Broadway à l'époque, et les premiers acteurs à se produire au Barnstormers venaient de collèges prestigieux. Aujourd'hui, la compagnie présente encore des pièces jouées par des acteurs professionnels. Le théâtre, dont l'extérieur est entièrement peint en blanc, est considéré comme l'un des meilleurs endroits de toute la Nouvelle-Angleterre pour voir des pièces de théâtre pendant l'été.

Payant ; voir le calendrier des spectacles sur le site Web.

104 Main Street, Tamworth, NH 03886
Tél. : 603-323-8500
barnstormerstheatre.org

Kodak Hall at Eastman Theatre

Depuis qu'il a ouvert ses portes en 1922, à l'initiative de l'homme d'affaires et mécène George Eastman (fondateur de la compagnie Kodak), l'Eastman Theatre est considéré comme LE théâtre de Rochester. Il se trouve tout près du campus de la prestigieuse Eastman School of Music. Les plus grands musiciens et compositeurs du monde s'y sont produits : Igor Stravinsky, John Williams, Stan Getz, Keith Jarrett... L'édifice a été rénové en 2004 et en 2009 au coût de plusieurs millions de dollars. Son acoustique se prête particulièrement bien aux performances des orchestres symphoniques, de la musique de chambre et de la musique pop. Plusieurs spectacles du Xerox Rochester International Jazz Festival (voir p. 198) y sont présentés chaque été, de même que les productions de l'Eastman Opera Theatre et du Rochester Philharmonic Orchestra. L'architecture du Kodak Hall reflète l'opulence des années 1920 avec ses moulures, sa rosace, ses murs couverts de boiseries et ses tentures rouges. Son énorme plafonnier mesure 4,2 m (14 pi) de diamètre, pèse deux tonnes et demie et compte 20 000 pendeloques de cristal.

Payant ; voir le calendrier des spectacles sur le site Web.

433 East Main Street
Rochester, NY 14604
Tél. : 585-454-2100
eastmantheatre.org

L'hôtel Hyatt Regency
est tout près.
rochester.hyatt.com

Des artistes réputés se produisent toute l'année au Stanley Center for the Arts, une salle de spectacle historique d'Utica, NY.

The Stanley Center for The Arts

Ce théâtre spectaculaire a été construit en 1927 d'après les plans de Thomas Lamb, un des architectes ayant créé les plus belles salles de spectacles du XXe siècle. L'architecture baroque mexicaine est à couper le souffle : l'escalier monumental ressemble à celui du *Titanic* et tout l'intérieur est doré à la feuille, dans une profusion de lions, d'anges et de chérubins. Des colonnes en spirale côtoient la scène et le plafond est constellé d'étoiles. Le théâtre compte 2 945 sièges et accueille les représentations de l'orchestre symphonique d'Utica, les spectacles de la Broadway Theatre League et les Munson Williams Proctor Great Artists Series. Tony Bennett, REO Speedwagon et Jerry Seinfeld s'y sont produits récemment. Allez-y, ne serait-ce que pour admirer l'architecture !

Payant ; voir le calendrier des spectacles sur le site Web.

259 Genesee Street, Utica, NY 13501
Tél. : 315-724-1113
thestanley.org

Alice Busch Opera Theatre

Cette salle de 914 places, construite en 1987, accueille les prestations du fameux Glimmerglass, le deuxième plus important festival d'opéra estival de tous les États-Unis. Elle se trouve à quelques kilomètres de Cooperstown, sur la rive du lac Otsego. L'acoustique est de qualité supérieure et les murs extérieurs sont coulissants, pour offrir une ventilation naturelle aux artistes et aux spectateurs. Les fauteuils sont placés de manière à ce qu'aucun spectateur ne se trouve à plus de 21,3 m (70 pi) de la scène, ce qui permet de présenter les performances sans amplification. Les amateurs d'opéra viennent de tout le nord-est des États-Unis – et même du Canada – pour assister aux présentations d'œuvres nouvelles ou plutôt rares dans ce cadre enchanteur. Elles sont souvent coproduites avec le New York City Opera. C'est une expérience extraordinaire.

Payant ; voir le calendrier des spectacles sur le site Web.

7300 State Highway 80
Cooperstown, NY 13326
Tél. : 607-547-2255
glimmerglass.org

Bethel Woods Center For The Arts

Alain Gerry, fondateur d'une compagnie de câblodistribution et philanthrope, a acheté les 14 ha (37 ac) qui ont accueilli le fameux festival de Woodstock en 1969, et plusieurs terres des alentours, pour créer un complexe destiné aux arts de la scène. Son projet s'est matérialisé en 2004 avec la construction d'un centre de 150 M $ US, le Bethel Woods Center for the Arts. Depuis le concert inaugural du New York Philharmonic en 2006, plusieurs artistes de grande renommée s'y sont produits : Elton John, Phish, The Eagles, Bob Dylan, Jimmy Buffet. En 2008, un musée a été ajouté au centre culturel. On y trouve plusieurs bornes interactives décrivant l'histoire des années 1960. Un monument consacré au festival de Woodstock a été érigé sur le site.

Payant ; les horaires varient selon les saisons ; voir le calendrier des activités sur le site Web.

200 Hurd Road
Bethel, NY 12720
Tél. : 866-781-2922
bethelwoodscenter.org

Melody Moore (Lady Macbeth) et Eric Owens (Macbeth) faisaient partie de la production *Macbeth* en 2015 au Glimmerglass Festival.

Tourisme littéraire

Plusieurs auteurs connus se sont inspirés de la nature grandiose, du cadre de vie sympathique et de l'histoire du Vermont, du New Hampshire et de l'État de New York pour écrire des œuvres qui sont passées à l'histoire. Washington Irving a situé la nouvelle *Rip Van Winkle* (1819) dans la vallée de l'Hudson. Elle est devenue tellement célèbre qu'un pont a été nommé en son honneur. Rudyard Kipling habitait à Brattleboro, au Vermont, lorsqu'il a écrit *Le Livre de la Jungle,* paru en 1894. L'auteur du *Magicien d'Oz,* L. Frank Baum, habitait à Chittenango. James Fenimore Cooper, auteur du *Dernier des Mohicans* (1826), a vécu à... Cooperstown. Eleanor H. Porter, créatrice du roman jeunesse *Polyanna,* est née à Littleton. La maison de Troy, où habita Herman Melville (*Moby Dick*) de 1838 à 1847 est classée dans le National Register of Historic Places depuis 1992. Mark Twain, auteur des *Aventures de Tom Sawyer* (1876), a passé plusieurs étés dans le sud-ouest de l'État de New York et un *State Park* porte son nom. Robert Louis Stevenson, auteur de *L'île au trésor* (1883), a séjourné à Saranac Lake, dans les Adirondacks. L'écrivain américain d'origine russe Vladimir Nabokov a enseigné à la Cornell University, à Ithaca.

La tombe de Robert Frost, couverte de pièces de monnie, se trouve au cimetière de Bennington.

Bien sûr, il est impossible de ne pas mentionner le grand poète Robert Frost, quatre fois lauréat du prix Pulitzer de Poésie. Plusieurs sites lui sont consacrés.

Au siècle dernier, plusieurs auteurs s'étaient installés à Cherry Valley (NY) : Allen Ginsberg, Willa Cather, William Borroughs. Il y a encore une grande communauté d'écrivains dans ces trois États.

Voici quelques visites à mettre à l'horaire pour entrer dans l'univers de ces créateurs !

ROBERT LEE FROST
MAR. 26, 1874 — JAN. 29, 1963
HAD A LOVER'S QUARREL WITH THE WORLD

Naulakha

L'écrivain britannique Rudyard Kipling (1865-1936) se trouvait à Dummerston, près de Brattleboro, dans le sud du Vermont, lorsqu'il a écrit *Le Livre de la Jungle*. Il a engagé des charpentiers d'origine québécoise (Jean Pigeon et ses collègues) pour faire construire la maison qu'il a habitée de 1893 à 1896. La maison est classée National Historic Landmark depuis 1993 et gérée par The Landmark Trust USA. Il est possible de la louer pour faire une immersion dans l'environnement de l'écrivain.

Location possible (de 390 à 450 $ US la nuit, séjour minimum de trois nuits) ; animaux interdits.

707 Kipling Road
Dummerston, VT 05301
Tél. : 802-254-6868
landmarktrustusa.org

Frost Place (Robert Frost)

Construite dans les années 1860, la belle petite maison habitée jusqu'au milieu des années 1970 par la famille du grand poète Robert Frost est aujourd'hui transformée en sanctuaire pour les amateurs de littérature et de poésie. La visite permet de s'imprégner de ce qui fascinait l'artiste : la nature, la vie tranquille à la campagne... La maison n'est pas spectaculaire, mais de sa galerie, l'écrivain avait toute une vue sur les White Mountains ! Le musée compte des éditions dédicacées de Robert Frost et des souvenirs de son séjour. Incroyablement inspirant !

Payant ; ouvert de Memorial Day (dernier lundi de mai) à la mi-octobre, voir le site Web pour plus de détails ; sentier poétique ouvert à l'année.

158 Ridge Road
Franconia, NH 03580
Tél. : 603-823-5048
frostplace.org

La présence de l'écrivain Robert Frost est toujours bien visible malgré le passage du temps.

Washington Irving écrivait dans ce bureau de Sleepy Hollow, NY.

Washington Irving's Sunnyside

L'écrivain Washington Irving (1783-1859), auteur de *Rip Van Winkle* et de *Sleepy Hollow : la légende du cavalier sans tête*, a vécu plusieurs années à Sunnyside, un manoir qu'il a fait bâtir sur la rive du fleuve Hudson, à quelques kilomètres au nord de la ville de New York. Il y a reçu Charles Dickens. C'était le voisin du peintre George Harvey. En visitant la propriété, transformée en musée depuis 1947, on fait une véritable incursion dans l'univers de l'écrivain : tous les meubles qui se trouvent dans son bureau sont d'origine.

Payant ; visites guidées tous les jours du début mai au début novembre, voir le site Web pour plus de détails ; animaux interdits.

3 W Sunnyside Lane
Irvington, NY 10533
Tél. : 914-631-8200
hudsonvalley.org

Mark Twain State Park & Soaring Eagles Golf Course

Ce petit *State Park* a été nommé en l'honneur du grand écrivain Mark Twain (né Samuel Clemens), qui a passé plusieurs étés dans cette région des Finger Lakes. Il est l'auteur des romans *Les Aventures de Tom Sawyer* (1876) et *Les Aventures de Huckleberry Finn* (1885), deux classiques de la littérature américaine. On y trouve le terrain de golf public Soaring Eagles, un 18 trous considéré comme l'un des plus exigeants et des plus beaux de la région. Mark Twain a également séjourné à Elmira, dans la maison de sa belle-sœur, pendant plusieurs étés. C'est là qu'il a écrit *Huckleberry Finn*. Le petit cabanon dans lequel il écrivait a été déménagé sur le campus de l'Elmira College.

Payant ; *State Park* ouvert d'avril à novembre ; Mark Twain Study ouvert du 1er mai à la fête du Travail, voir les sites Web pour plus de détails.

201 Middle Road
Horseheads, NY 14845
Tél. : 607-739-0034
nysparks.com

Mark Twain Study
One Park Place
Elmira, NY 14901
Tél. : 607-735-1941 ou 800-935-6472
elmira.edu/Academics

Le manoir Sunnyside se trouve sur la rive du fleuve Hudson.

Robert Louis Stevenson Cottage and Museum

L'écrivain Robert Louis Stevenson, auteur du grand succès *L'île au trésor*, a séjourné dans cette maison de Saranac Lake, dans les Adirondacks, d'octobre 1887 à avril 1888. C'est là qu'il commença l'écriture du roman *Le Maître de Ballantrae*. Le musée contient des meubles qui datent du séjour de Stevenson, des livres, des albums photos, des coupures de journaux appartenant à la Stevenson Society of America et deux *scrapbooks* confectionnés par sa mère. Sur la cheminée, on peut voir des brûlures laissées par les cigarettes de l'écrivain.

Payant ; ouvert du 1er juillet au 15 septembre, fermé le lundi, voir le site Web pour plus de détails.

44 Stevenson Lane
Saranac Lake, NY 12983
Tél. : 518-891-1462
robert-louis-stevenson.org

James Fenimore Cooper

L'auteur du roman *Le Dernier des Mohicans* (1826) est né dans une famille influente, les Cooper. Il a grandi dans le comté d'Otsego (NY). C'était un jeune homme brillant : il est entré à la Yale University à l'âge de 13 ans. Plusieurs objets reliés à sa vie et à sa famille sont rassemblés au Fenimore Art Museum à Cooperstown (voir ci-bas). On trouve aussi une sculpture de cette star de la littérature du XIXe siècle au centre-ville. Il est inhumé au cimetière Christ Churchyard de Cooperstown.

Payant ; ouvert du mardi au dimanche du 1er avril au 10 mai, tous les jours du 11 mai au 12 octobre, et du mardi au dimanche du 13 octobre au 31 décembre ; fermé du 1er janvier au 31 mars, à la Thanksgiving américaine (dernier jeudi de novembre) et le jour de Noël. Voir le site Web pour plus de détails.

Fenimore Art Museum
5798 New York Route 80
Cooperstown, NY 13326
Tél. : 607-547-1400 ou 888-547-1450
fenimoreartmuseum.org

Le Pendragon Theatre de Saranac Lake présente une programmation très intéressante. pendragontheater.org

Une statue de l'écrivain James Fenimore Cooper se trouve au centre-ville de Cooperstown, NY.

Une bibliotheque internationale

Dans les Cantons-de-l'Est (et le nord du Vermont!), l'étonnante **bibliothèque Haskell /
Haskell Free Library,** construite au début du XXe siècle, chevauche la frontière entre le
Canada et les États-Unis. C'est un cas unique au monde! La frontière est indiquée par
une ligne noire sur le plancher et les usagers de la bibliothèque peuvent lire un roman
dans deux pays à la fois si ça leur chante. Le comptoir de prêts et tous les livres sont
rangés du côté canadien, et une moitié de la salle de lecture et l'entrée se trouvent du
côté américain. La salle d'opéra, située à l'étage, est elle aussi divisée en deux : le
concert se déroule au Canada et les spectateurs sont du côté américain.

Gratuit pour visiter la bibliothèque ; don de 5 $ CA suggéré pour la visite commentée de la
salle d'opéra, qui est ouverte de la mi-mai à la mi-octobre ; bibliothèque fermée le dimanche
et le lundi, voir le site Web pour plus de détails.

Bibliothèque Haskell
1, rue Church
Stanstead, Qc J0B 3E2
Tél. : 819-876-2471
haskellopera.com

Haskell Free Library
93 Caswell Avenue
Derby Line, VT 05830
Tél. : 802-873-3022
haskellopera.com

Tout sur Lucille Ball!

L'héritage de la comédienne Lucille Ball, star d'une
sitcom américaine extrêmement populaire dans les
années 1950, *I Love Lucy,* est célébré dans un
musée qui lui est dédié dans sa ville natale de
Jamestown. Lucille Ball est enterrée dans le lot
familial du Lake View Cemetery et des fans y
déposent toutes sortes d'objets en sa mémoire.
Chaque année, un demi-marathon et une course
5K sont organisés à Jamestown en l'honneur de Lucy
(lucyrace.com).

Payant ; Ouvert tous les jours sauf à Pâques, à la
Thanksgiving américaine (derner jeudi de novembre),
à Noël et au jour de l'An.

Lucille Ball Desi Arnaz Museum and Center for Comedy
2 W 3rd Street
Jamestown, NY 14701
Tél. : 716-484-0800

Des festivals
À NE PAS MANQUER

Il y a toujours une occasion de fêter, de s'amuser et de rencontrer des gens sympathiques au Vermont, au New Hampshire et dans l'État de New York. Les différents festivals sont des endroits par excellence pour socialiser et découvrir les spécialités de nos voisins du sud. Leurs champs d'intérêt les plus populaires ? Les festivals culinaires, qui sont très courus : on y célèbre les fruits de mer, l'érable, les vins, la bière, les fromages, les récoltes. Il y a des festivals de musique un peu partout : jazz, opéra, musique classique, rock, musique populaire, bluegrass. Pas suffisant ? Il y a aussi les festivals des pirates, de la Renaissance, du mardi gras, de l'hiver, du Magicien d'Oz... Impossible de s'ennuyer !

Les invités du Xerox Rochester International Jazz Festival déplacent des foules monstres !

La petite ville de St. Albans, près de la frontière canadienne, célèbre le sirop d'érable chaque printemps par un grand festival.

Vermont Maple Festival

La 50e édition du festival de l'érable du Vermont sera présentée en 2016 à St. Albans, une petite ville accueillante située tout près de la frontière canadienne. Il s'agit d'une fête de trois jours où tout ce qui est lié à l'érable est mis en valeur : sirop, sucre, gastronomie, production. Il faut dire que le Vermont est le plus important producteur de sirop d'érable des États-Unis (1,3 million de gallons par année !) et qu'il compte 1 500 cabanes à sucre (*sugar shacks*). La programmation du festival est endiablée : des spectacles de violoneux (*fiddlers*), un marché d'antiquités, un kiosque de vente de produits locaux, des concours, des démonstrations de bûcherons et une parade. Dans le cadre du festival, la Sap Run attire les sportifs : il s'agit d'une course de 14 km (8,5 mi) qui peut se faire en solo ou à relais.

Payant ; a lieu du 22 au 24 avril 2016.

St. Albans, VT 05478
Tél. : 802-524-5800
vtmaplefestival.org

Burlington Discover Jazz Festival

Ce festival de jazz fondé il y a une trentaine d'années est produit en collaboration avec le Flynn Center for the Performing Arts et le Burlington City Arts. Il présente des concerts de calibre international et est considéré comme l'un des plus importants festivals du Vermont. Plus de 50 000 personnes ne ratent pas l'occasion de voir d'excellents artistes pendant les 10 journées de cette fête qui *swingue*. Les concerts sont présentés un peu partout au centre-ville de Burlington et au Flynn Center, et le calendrier propose plusieurs spectacles gratuits. Le Wayne Shorter Quartet, mettant en vedette ce saxophoniste à la carrière exceptionnelle, était à l'honneur lors du spectacle d'ouverture en 2015. Le festival connaît une popularité grandissante, au point où la télévision publique du Vermont a enregistré en 2015 plusieurs spectacles pour les diffuser l'automne suivant.

Payant ; a lieu du 3 au 12 juin 2016.

156 College Street Suite 202,
Burlington, VT 05401
Tél. : 802-863-7992
discoverjazz.com

Les grands noms de la scène jazz se donnent rendez-vous chaque année au Burlington Discover Jazz Festival.

L'univers du Magicien d'Oz est célébré chaque année à Chittenango, NY.

New Hampshire Music Festival

Depuis plus de 60 ans, la petite ville de Plymouth (NH) présente un festival de musique classique qui dure six semaines, pendant les mois de juillet et d'août. Les événements sont présentés sur le campus de la Plymouth State University et au Hanaway Theatre du Silver Center for the Arts. L'objectif du festival est de présenter des performances de haut calibre au public de la région des lacs (et bien au-delà !) tout en offrant des programmes éducatifs. Certains ateliers de contes en chansons, de musique et de percussions sont spécialement conçus pour la famille. La programmation compte même un concert au soleil couchant, au sommet du mont West Rattlesnake, et un concert d'instruments à cordes dans l'amphithéâtre du Russell Pond Campground, dans la White Mountain National Forest ! Des musiciens venant de partout aux États-Unis participent chaque été au festival. Ils présentent des œuvres classiques et contemporaines.

Payant ; a lieu en juillet et en août ; voir le site Web pour plus de détails.

114 Main Street
Plymouth, NH 03264
Tél. : 603-238-9007 ou 800-779-3869
nhmf.org

Oz-Stravaganza

Cette fête de trois jours célèbre tout l'univers du *Magicien d'Oz,* créé par L. Frank Baum, natif de la petite ville de Chittenango, dans Central New York. Cet auteur prolifique a écrit 55 romans, dont *The Wonderful Wizard of Oz,* adapté à l'écran par la MGM en 1939. Les petits-enfants de l'auteur soutiennent cette grande fête et accueillent chaque année des vedettes de l'univers d'Oz et de la comédie musicale *The Wiz* (adaptée du roman). Feux d'artifice, envolées de montgolfières, séances de dédicaces, parades et promenades sur la Yellow brick road de Chittenango sont au programme. Si vous passez par Chittenango, pendant la fête ou à un autre moment, allez faire un tour au **All Things Oz Museum** : plus de 1 000 objets reliés à Baum et au *Magicien d'Oz* s'y trouvent !

Payant ; a lieu chaque année le week-end du premier samedi de juin.

Chittenango, NY 13037
Tél. : 315-415-8546 ou 315-333-2286
oz-stravaganza.com

All Things Oz Museum
219 Genesee Street
Chittenango, NY 13037
Tél. : 315-333-2286

Sterling Renaissance Festival

Chaque été, le petit village de Sterling (NY) se transforme en un village anglais fictif (Warwick) de 1585. Plus de 100 acteurs, comédiens et musiciens professionnels portant des costumes d'époque sont chargés de recréer l'ambiance de cette période, sous la régence de la reine Elizabeth, de sir Walter Raleigh et de sir Francis Drake. Les visiteurs (il y en a 100 000 par année !) peuvent voir des jongleurs, des cracheurs de feu et des artistes de cirque présenter des performances inoubliables. Ils peuvent aussi assister à des joutes et se restaurer au Bad Dog Tavern. S'ils ont envie d'un moment « royal », rien ne les empêche de prendre le thé avec la reine ! Pendant tout le festival, des groupes de musique ancienne, des joueurs de cornemuse et des ménestrels sont en charge du divertissement. Un festival haut en couleurs dans un village qui a le sens de la fête !

Payant ; a lieu chaque année en juillet et en août ; voir le site Web pour plus de détails ; animaux interdits ; stationnement gratuit.

15385 Farden Road, Sterling, NY 13156
Tél. : 800-879-4446
sterlingfestival.com

Xerox Rochester International Jazz Festival

Considéré comme l'un des plus importants festivals de jazz des États-Unis, ce festival est une méga fête de la musique. Toutes les salles de spectacles, les lieux de culte et les salles communautaires du centre-ville accueillent des artistes de haut calibre. Des chapiteaux sont installés pour les spectacles en plein air. Il s'agit d'une expérience unique et d'une occasion de voir des grands noms à prix raisonnable : un laissez-passer de 9 jours (204 $ US) donne accès à plus de 230 spectacles. Des *food trucks* sont postés un peu partout, la sécurité est omniprésente et l'ambiance est vraiment géniale. Il y a plusieurs spectacles gratuits en plein air et des *jam-sessions* tous les soirs au Plaza Hotel (les stars du festival s'y rendent !).

Payant (laissez-passer requis) ; a lieu chaque année à la fin du mois de juin (du 24 juin au 2 juillet en 2016) ; réservez votre chambre d'hôtel à l'avance ; arrivez tôt : premier arrivé, premier servi pour les places dans les salles de spectacles.

250 East Avenue, Rochester, NY 14604
Tél. : 585-454-2060
rochesterjazz.com

Le village de Sterling (NY) prend le nom de Warwick en 1585 pendant le Renaissance Festival.

Alexandria Bay accueille un festival de la piraterie. À droite : Le château de glace du carnaval de Saranac Lake.

Bill Johnson's Pirate Days

Ce festival rend hommage à Bill Johnson, un pirate du North Country rendu célèbre par ses « exploits » durant la Guerre de 1812 et au cours des années suivantes. Né au Canada de parents loyalistes ayant fui les États-Unis, Bill était un espion, un trafiquant d'alcool notoire et un hors-la-loi recherché par les autorités américaines et canadiennes. En 1828, avec sa bande de corsaires, il a fait couler un navire britannique, le *Sir Robert Peel,* à Wellesley Island. Chaque année, au mois d'août, des centaines de résidents et de vacanciers costumés se donnent rendez-vous à Alexandria Bay pour revivre pendant 10 jours les années folles de la piraterie dans les Mille-Îles. La « prise » d'Alexandria Bay est un moment fort de la fête : les pirates débarquent de leurs navires et attaquent la ville, défendue par les braves citoyens, jusqu'à ce que le maire en personne remette les clefs de la ville aux malfrats pour que la fête continue. Au programme, combats d'épée, démonstrations d'armes d'époque, parades, magiciens et soirées de danse ! Ha-Harrr !

Payant ; les dates changent chaque année ; voir le site Web pour plus de détails.

Alexandria Bay Chamber of Commerce
7 Market Street
Alexandria Bay, NY 13607
Tél. : 315-482-9531
visitalexbay.org

Saranac Lake Winter Carnival

La ville de Saranac Lake, au cœur des Adirondacks, rompt la monotonie de l'hiver par une fête de 10 jours qui anime le mois de février. Plusieurs compétitions hivernales sont présentées : ski alpin au mont Pisgah, ski de fond au Dewey Mountain Cross-Country Ski Center, course en patins pour enfants, curling, tournois de hockey. Des activités un peu moins traditionnelles sont aussi au programme : le lancer de la poêle à frire (féminin), le softball en raquettes et le volleyball dans la neige jusqu'aux genoux ! Il y a en outre des feux d'artifice, des concerts et un festival du chocolat. Comme il y a d'excellentes tables (et d'excellentes bières !) à Saranac Lake, les occasions de festoyer ne manquent pas. L'attraction principale du festival attire les foules : un grand palais de glace bâti sur la rive du lac Flower.

Payant (admission en vente chez les détaillants locaux) ; les dates changent chaque année, voir le site Web pour plus de détails.

141 River Street
Saranac Lake, NY 12983
Tél. : 518-523-2445
saranaclakewintercarnival.com

French Festival

Au début des années 1800, plusieurs familles françaises fuyant l'Europe se sont établies à Cape Vincent, dans les Mille-Îles. Le frère aîné de Napoléon Bonaparte, Joseph, avait troqué des biens contre une parcelle de terre de 10 926 ha (27 000 ac) dans cette région après la défaite de Waterloo, en 1815. Il était question que Napoléon vienne le rejoindre, paraît-il, mais il a plutôt choisi l'île de Sainte-Hélène comme terre d'exil. Il y a encore des traces de la culture française à Cape Vincent, notamment dans la toponymie et dans la cuisine. Elle est célébrée chaque année pendant le French Festival. Feux d'artifice, parade de voitures anciennes, vente de pain baguette et activités pour les enfants sont au programme !

Gratuit ; a lieu chaque année en juillet, voir le site Web pour plus de détails.

Cape Vincent Chamber of Commerce
Cape Vincent, NY 13618
Tél. : 315-654-2481
capevincent.org

Chautauqua Institution : un monde de culture

À quelques kilomètres de la ville de Jamestown, sur la rive du lac Chautauqua, se trouve un des **Un village entier est consacré à la culture dans Western New York .** plus importants sites culturels de Western New York : la Chautauqua Institution. Cet organisme sans but lucratif occupant un village entier a été fondé en 1874 par l'inventeur de machines agricoles Lewis Miller et par l'évêque méthodiste Joel Heyl Vincent, dans le but d'éduquer les professeurs de religion. Au fil des années, la mission s'est élargie, touchant autant la philosophie que l'opéra, les beaux-arts, la littérature, le théâtre et la danse. George Gershwin y a composé sa *Symphony in F* en 1925. Franklin D. Roosevelt, Bill Clinton et Al Gore y ont prononcé des conférences. En franchissant la barrière de ce magnifique village victorien, maintenant classé National Historic Landmark District, on entre dans un monde paisible d'art, de culture, de spiritualité et d'éducation. On y trouve même le plus ancien *Book Club* de tous les États-Unis : il a été fondé en 1878 ! Les gens peuvent séjourner dans le village pendant quelques jours ou même tout l'été, assister à des concerts (le Chautauqua Symphony Orchestra est en résidence), se détendre sur la rive du lac Chautauqua, se reposer dans les parcs ou jouer au tennis. Plus de 100 000 visiteurs y vont chaque été pour se promener dans les belles rues du village, visiter la Smith Memorial Library et assister aux concerts et aux ateliers présentés pendant une période de neuf semaines. Une découverte étonnante !

Payant ; ouvert de la fin juin à la fin août ; appartements en location et hôtels sur place.

1 Ames Avenue, Chautauqua, NY 14722
Tél. : 716-357-6250
ciweb.org

Parcs thématiques et jardins zoologiques:
DU PLAISIR EN VUE !

Au cœur des Green Mountains, des White Mountains, des Adirondacks, des Catskills, de même que dans le centre et l'ouest de l'État de New York se trouvent des parcs thématiques et des parcs aquatiques hors de l'ordinaire. Ils attirent chaque année des milliers de visiteurs en quête d'un peu de fraîcheur et de beaucoup de plaisir. Vous verrez qu'il y a de tout : un village du père Noël, un *trading post* à l'ancienne avec des spectacles d'ours apprivoisés, un parc thématique inspiré des contes, plusieurs parcs aquatiques. Pour une sortie en famille, pensez à réserver une journée entière dans un jardin zoologique. C'est toujours intéressant, agréable et... absolument irrésistible pour les enfants !

Storyland, un parc d'attractions basé sur les contes, est conçu pour plaire aux familles !

Le parc aquatique Jay Peak Pump House est extrêmement populaire en toute saison !

Jay Peak Pump House

Le resort de Jay Peak est équipé pour plaire à tous les membres de la famille, en toutes saisons. Le parc aquatique Pump House, un attrait extrêmement populaire, se trouve dans un édifice abondamment fenestré. On y trouve des piscines pour les grands et pour les petits, des glissades d'eau, un bassin incliné pour faire du surf, des bains à remous (à l'intérieur et à l'extérieur). Big River, une rivière artificielle à fort courant pour se promener en bouée gonflable, fait le tour du parc. La glissade appelée La Chute entraîne les plus téméraires dans une descente à 72 km/h (45 milles/h) qui fait un 360° et se termine quelques secondes plus tard dans la piscine. Émotions fortes au programme !

Payant ; ouvert à l'année, voir le site Web pour plus de détails ; achetez votre laissez-passer en ligne pour être sûr d'avoir de la place.

1144 Access Road
Jay, VT 05859
Tél. : 802-988-2611 ou 800-851-4449
jaypeakresort.com

Storyland

Voici un parc thématique irrésistible pour les enfants ! Bob et Ruth Morrell ont ouvert Storyland en 1954 à la suggestion de frau Edith Von Arps, une fabricante de poupées rencontrée en Allemagne. Cette dernière leur a donné l'idée de construire un parc où ses personnages allaient prendre vie. Les Morrell ont ouvert un petit parc sur une terre peu propice à l'agriculture à Glen, dans les White Mountains. Les familles l'ont adopté, revenant d'une année à l'autre et d'une génération à l'autre. Au fil des ans, le parc s'est agrandi considérablement, offrant aujourd'hui une vingtaine d'attractions différentes pour plaire aux enfants de tout âge. Des personnages costumés et des spectacles assurent le divertissement de toute la famille, le personnel est aimable et l'ambiance est très agréable. Storyland a récemment inauguré une structure imposante, entièrement construite en bois : les montagnes russes Roar-O-Saurus. Prévoyez la journée entière pour la visite et utilisez le tunnel d'accès sous la route 16 pour aller du stationnement au parc en toute sécurité.

Payant ; ouvert de mai à octobre, voir le site Web pour plus de détails ; il y a un chenil gratuit pour les chiens (premier arrivé, premier servi) ; restaurant sur place.

850 NH Route 16
Glen, NH 03838
Tél. : 603-383-4186
storylandnh.com

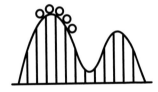

Whale's Tale Water Park

Ce parc aquatique est l'un des plus populaires de toute la Nouvelle-Angleterre. Il se trouve sur un terrain de 7 ha (17 ac) et compte plusieurs piscines, glissades d'eau et jeux aquatiques conçus pour amuser les petits et les plus vieux. Vous y trouverez la seule piscine à vagues de toute la région des White Mountains : Willie's Wild Waves. Vous aurez le choix entre les glissades d'eau à sensations fortes (The Plunge, Harpoon Express, Poseidon's Voyage, Shipwreck Island, Eye of the Storm) ou les jeux aquatiques plus tranquilles comme Castaway Cove, Whale Harbor et Jonah's Escape. Il est possible de louer des « cabanas » privées pour la journée – ce sont des petits abris très utile pour les sorties familiales.

Payant ; ouvert de juin à début septembre, voir le site Web pour plus de détails ; les chiens ne sont pas admis dans le parc ni dans le stationnement – le personnel peut référer des chenils pour garder les animaux pour la journée.

491 Daniel Webster Highway
Lincoln, NH 03251
Tél. : 603-745-8810
whalestalewaterpark.net

Clark's Trading Post

Voici un attrait incontournable des White Mountains. On y trouve des manèges pour les enfants, une nouvelle glissade d'eau, une locomotive à vapeur (voir p. 282), un circuit de promenade en Segway et une boutique remplie à craquer de souvenirs de la région. Clark's Trading Post, une entreprise familiale, a été fondée en 1928 par Ed et Florence Clark, qui avaient d'abord une entreprise de chiens de traîneaux. En 1931, ils ont acheté un premier ours noir et commencé à l'entraîner. La tradition s'est poursuivie au fil des ans. Aujourd'hui, des spectacles d'ours apprivoisés sont présentés plusieurs fois par jour dans un amphithéâtre couvert et sécuritaire. Maureen Clark et son frère Murray sont vraiment des pros !

Payant ; ouvert de la mi-mai à la mi-octobre, voir le site Web pour plus de détails.

110 Daniel Webster Highway
Lincoln, NH 03251
Tél. : 603-745-8913
clarkstradingpost.com

Clark's Trading Post propose toutes sortes d'activités pour la famille. Deux personnages importants de Clark's Trading Post, le conducteur de train à vapeur Jean-Noël Couture et le coloré Timber Wolfman, se chargent de divertir les visiteurs !

Le père Noël accueille les enfants à Santa's Workshop.

Santa's Workshop

Bienvenue dans l'atelier du père Noël ! Ce village thématique consacré au personnage de Santa Claus attire chaque année des milliers de familles. Pendant l'été, les petits peuvent monter dans les différents manèges thématiques qui conviennent parfaitement à leur taille : Candy Cane Express, Christmas Carousel, Peppermint Swing, Christmas Tree Ride. Pendant l'hiver, les différents bâtiments accueillent le père Noël en personne (apportez votre liste de cadeaux !), ses lutins, son forgeron, son pâtissier, ses rennes. En décembre (vérifiez les dates sur le site Web), le parc est entièrement illuminé, créant une vraie ambiance de fête. Vive Noël !

Payant ; ouvert du mardi au samedi de la fin juin au début septembre, et les week-ends de la fin novembre à la fin décembre, voir le site Web pour plus de détails.

324 Whiteface Memorial Highway
Wilmington, NY 12997
Tél. : 518-946-2211
northpoleny.com

Enchanted Forest Water Safari

Depuis plus de 60 ans, les familles se donnent rendez-vous à Old Forge, dans les Adirondacks, pour une journée – ou plus ! – de plaisir dans ce parc thématique très apprécié. On y trouve à la fois des manèges et des jeux aquatiques : glissades d'eau, rivières artificielles, piscine à vagues... Tous portent des noms « exotiques » qui donnent une idée de l'expérience (calme ou intense !) qui attend les visiteurs : Amazon, Black River, Bombay Blasters, Nairobi Narrows, Raging Rapids, Serengeti Surf Hill. Les visiteurs peuvent acheter des bracelets pour payer leurs achats sans avoir à gérer de l'argent comptant. Pratique quand on est en maillot de bain ! Le parc thématique compte son propre hôtel et son propre terrain de camping. Il y a également de nombreux kiosques de restauration.

Payant ; ouvert de la mi-juin au début septembre, voir le site Web pour plus de détails.

3183 NY Route 28
Old Forge, NY 13420
Tél. : 315-369-6145
watersafari.com

Le terrain de camping KOA de Lake Placid/Whiteface Mountain se trouve à proximité.

Zoom Flume Water Park

Ce parc aquatique de la région des Catskill Mountains est très apprécié des familles, qui y trouvent des jeux aquatiques adaptés pour les visiteurs de tout âge. Les plus petits peuvent jouer dans la piscine Pelican Pond et glisser sur Thrill Hill, deux activités conçues pour eux. Les plus grands ont le choix de différentes glissades d'eau : Wild River, Lazy River, Mighty Anaconda, Grand Prix Splashway, Zoom Flume Serpentine Slides, Canyon Plunge, Black Vortex. Il y a aussi une piscine à vagues, la Riptide Cove Wave Pool. Pour les amateurs de sensations fortes, Gravity Gorge, une tyrolienne haute de 30,5 m (100 pi) et longue de 244 m (800 pi), surplombe le parc (frais supplémentaires).

Payant ; ouvert de la fête des Pères à la fête du Travail, voir le site Web pour plus de détails ; aucun contenant de verre n'est permis ; restaurant sur place.

20 Shady Glen Road
East Durham, NY 12423
Tél. : 800-888-3586
zoomflume.com

Le Grey Fox Bluegrass Festival est présenté tout près ! greyfoxbluegrass.com

Rosamond Gifford Zoo

Sans aucun doute mon coup de cœur pour son côté familial et sympathique, ce jardin zoologique est perché sur les hauteurs de Syracuse. Il est ouvert depuis plus de 100 ans. On y retrouve 700 espèces animales, des invertébrés aux éléphants, dans plusieurs habitats répartis dans un beau parc de 17 ha (43 ac) abondamment fleuri et soigneusement aménagé. La visite débute par la découverte d'une pieuvre géante du Pacifique qui vit dans un immense aquarium avec des poissons, des anémones et des étoiles de mer. À la sortie du bâtiment d'accueil, on emprunte les larges allées pour aller voir des loups, des pandas roux, des flamants roses, une lionne prénommée Kierha, des suricates, des singes, des loups, des cerfs... J'aurais passé des heures à regarder les pingouins, patauds sur le sol mais très bons nageurs ! Le zoo a célébré le 12 mai 2015 la naissance d'un éléphanteau nommé Batu. Pendant l'été, plusieurs démonstrations sont présentées tout au cours de la journée et les visiteurs peuvent rencontrer les gardiens des différents habitats du zoo.

Payant ; ouvert toute l'année sauf à la Thanksgiving américaine (dernier jeudi de novembre), à Noël et au jour de l'An, voir le site Web pour plus de détails ; restaurant sur place.

1 Conservation Place
Syracuse, NY 13204
Tél. : 315-435-8511
rosamondgiffordzoo.org

Les familles peuvent découvrir plusieurs espèces animales au Rosamond Gifford Zoo, y compris des bisons.

Le petit jardin zoologique de Seneca Park est impliqué dans la protection de nombreuses espèces animales.

Seneca Park Zoo

Ce zoo, ouvert depuis les années 1890, est très impliqué dans la protection d'espèces menacées et dans l'éducation publique. Il est de forme linéaire et s'étend sur une propriété de 6 ha (15,5 ac). On peut y voir des léopards des neiges, des orangs-outangs de Borneo, des loutres, des ours polaires, un rhinocéros blanc prénommé Bill et deux paresseux, J. T. et Janis. Deux lynx du Canada, Gretsky et Bianca, sont arrivés en 2013 et en 2014. Lou, une hyène tachetée, aime beaucoup jouer avec ses balles de plastique... et Abe, un aigle à tête blanche, reconnaît ses gardiens. L'enclos des éléphants d'Afrique est particulièrement intéressant et le public peut assister à l'heure du bain (au boyau d'arrosage !) et aux examens de routine dans un grand bâtiment. Ce jardin zoologique est situé tout près de l'aire de jeux de Seneca Park, où l'on trouve aussi des sentiers de marche.

Payant ; ouvert à l'année, voir le site Web pour plus de détails ; restaurant sur place.

2222 St. Paul Street
Rochester, NY 14621
Tél. : 585-336-7200
senecaparkzoo.org

Emmenez les enfants au Strong Museum of Play ! museumofplay.org

LE MEILLEUR DU
shopping

Le New Hampshire est un véritable paradis pour le *shopping* traditionnel : il n'y a pas de taxe de vente. On y trouve plusieurs centres de *designer outlets,* ces agglomérations commerciales permettant d'acheter à moindre coût des vêtements, des chaussures et des accessoires fabriqués par les grandes marques comme Reebok, Ralph Lauren, Coach et compagnie. Il y a également des *outlets* au Vermont, près de Burlington et à Manchester. L'État de New York compte plusieurs centres commerciaux de ce genre, en plus du gigantesque centre commercial Destiny USA, à Syracuse. Mais pour acheter des produits locaux et fabriqués à la main par les artisans, il faut plutôt se diriger vers les rues principales des petites villes comme Middlebury, Woodstock, Brattleboro, North Conway, Portsmouth, Skaneateles, Lake Placid, Sharon Springs ou Ithaca. Je recommande particulièrement le Church Street Marketsquare au centre-ville de Burlington. On trouve beaucoup de boutiques plus personnalisées dans ces petites agglomérations urbaines. Il y a des antiquaires intéressants un peu partout, tant en région rurale qu'en milieu urbain.

Les céramiques fabriquées par les artisans de Bennington Potters sont réputées pour leur très grande qualité et leur esthétique.

Les céramiques de Bennington Potters.

Vermont Country Store

Où peut-on trouver un bonnet de nuit rouge bordé de dentelle, des bretelles, du rouge à lèvres Tangee qui change de couleur, du tonique Strenght of the Hills, des bonbons à l'érable, des napperons à carreaux, des chemises de nuit en flanelle, du baume protecteur pour les coussinets des pattes des chiens, des décorations de Noël à l'ancienne et des crampons pour les bottes d'hiver ? Au Vermont Country Store ! Ce magasin général aux allures vintage a été fondé en 1946 par Vrest et Ellen Alton. C'est un incontournable du Green Mountain State. On y trouve beaucoup de vêtements, des gadgets, des produits locaux et des gourmandises en quantité.

Ouvert à l'année sauf à Pâques, à la Thanksgiving américaine (dernier jeudi de novembre) et à Noël, voir le site Web pour plus de détails ; boutique en ligne ; restaurant sur place.

657 Main Street
Weston, VT 05161
Tél. : 802-824-3184
vermontcountrystore.com

1292 Rockingham Road
Rockingham, VT 05101
Tél. : 802-463-2224
vermontcountrystore.com

Bennington Potters

Depuis 1948, les artisans de Bennington Potters fabriquent des services de table en céramique de grande qualité, dans le vaste atelier établi au cœur de Bennington, dans le sud du Vermont. L'entreprise propose 65 pièces présentées en 14 glacis différents (Blue Agate est la plus populaire) : assiettes de plusieurs tailles, bols, chopes, plats à cuisson, théières. Martha Stewart, la famille Obama et des milliers d'autres clients les ont adoptés pour leur style indémodable, leur durabilité et leur design. Toutes les pièces sont fabriquées à la main. À Bennington, on peut visiter l'atelier et suivre le déroulement des opérations en discutant avec les artisans, avant d'entrer dans la boutique de 500 m^2 (5 400 pi^2). C'est un petit paradis pour les articles de maison et la visite vaut le détour.

Ouvert tous les jours, voir le site Web pour plus de détails.

Bennington Potters Yard
(atelier de fabrication et point de vente)
324 County Street
Bennington, VT 05201
Tél. : 802-447-7531
benningtonpotters.com

Bennington Potters North (point de vente)
127 College Street
Burlington, VT 05401
Tél. : 802-863-2221
benningtonpotters.com

Church Street Marketplace

Le centre-ville de Burlington est à l'image de l'atmosphère détendue et pétillante de cette ville universitaire verte où la culture et l'achat local font partie des habitudes quotidiennes. La rue Church et ses beaux édifices historiques ont été transformés en aire commerciale extérieure, où l'on retrouve une centaine de boutiques et de restaurants, à découvrir à pied. C'est aussi une rue très festive où l'on profite des amuseurs publics, des concerts en plein air et de nombreux festivals. On y trouve des magasins de grandes marques et des boutiques exclusives où l'on peut faire quantité de trouvailles : J. Crew, L.L. Bean, Lululemon, Teavana, Sox Market, Stella Mae, Zinnia, Williams-Sonoma, Sweet Lady Jane, Trinket, Kiss the Cook...

Ouvert tous les jours, voir le site Web pour plus de détails et le calendrier des activités spéciales.

2 Church Street
Burlington, VT 05401
Tél. : 802-863-1648
churchstmarketplace.com

Manchester Designer Outlets

Une quarantaine de boutiques haut de gamme à prix réduits – les fameux *factory outlets* – sont sur cette artère commerciale située en plein cœur de Manchester, au Vermont. On y trouve bien des marques connues : Marimekko, TSE, Polo Ralph Lauren, Coach, Michael Kors, Ann Taylor, J. Crew, Clark's Bostonian, Chico's, Talbot's, Johnson & Murphy, Yankee Candle, Eddie Bauer... Il y a de chouettes restaurants et une librairie indépendante absolument géniale, le **Northshire Bookstore**. À quelques minutes des *outlets,* vous tomberez sur l'**Orvis Outlet Store,** un magasin parfait pour les adeptes du plein air, de la chasse et de la pêche.

Ouvert tous les jours ; fermé seulement le jour de Noël, voir les sites Web pour plus de détails.

97 Depot Street
Manchester, VT 05255
Tél. : 802-362-3736
manchesterdesigneroutlets.com

Northshire Bookstore
4869 Main Street
Manchester, VT 05255
Tél. : 802-362-2200 ou 800-437-3700
northshire.com

Orvis Outlet Store
4382 Main Street (Route 7A)
Manchester, VT 05254
Tél. : 802-366-9134
orvis.com

Pour le *shopping,* le centre-ville de Manchester (VT) est une excellente destination !

Une galerie d'art épatante

Si vous êtes de passage à Brattleboro, profitez-en pour faire un arrêt à la **Mitchell Giddings Fine Arts,** une petite galerie d'art sur Main Street. Elle a été fondée par deux artistes professionnels reconnus depuis 35 ans dans la région, Petria Mitchell et Jim Giddings. Ils ont, au fil des années, été impliqués dans plusieurs organisations artistiques sans but lucratif, comme les Brattleboro Museum & Art Center, River Gallery School of Art, Windham Art Gallery et Brattleboro West Arts. Aujourd'hui, ils présentent les

La galerie d'art Mitchell Giddings propose des œuvres contemporaines d'artistes locaux, à Brattleboro, VT.

œuvres de plusieurs artistes innovateurs bien établis, qui explorent différents médiums. C'est une très bonne adresse pour les collectionneurs d'œuvres d'art et une excellente occasion de se familiariser avec la production actuelle – très intéressante – de cette région.

Gratuit ; ouvert du mercredi au dimanche, voir le site Web pour plus de détails et le calendrier des activités et des vernissages.

183 Main Street
Brattleboro, VT 05301
Tél. : 802-251-8290
mitchellgiddingsfinearts.com

À Glen Falls, près de l'Interstate 87, se trouve un musée très intéressant pour les jeunes enfants, le Go ! World Awareness Children's Museum. On y découvre des dessins réalisés par des enfants du monde entier et des activités éducatives.

Dans l'atelier d'une SOUFFLEUSE DE VERRE ♡

Après avoir visité le Vermont Jazz Center, la galerie d'art Mitchell Giddings, l'école de cirque NECCA, le Latchis Theatre, l'atelier de fabrication de Grafton Cheese, le Grafton Inn, le village de Newfane et m'être baladée autour de Brattleboro, je pensais bien avoir tout vu dans ce coin du sud du Vermont! Pourtant, toute une surprise m'attendait dans un studio construit sur la rive de la West River: *Solinglass*. Cette galerie d'art magnifique est aussi l'atelier de Randi F. Solin, une souffleuse de verre de réputation internationale. J'y ai découvert des œuvres de verre et des sculptures colorées et pleines de vie. Les pièces de Randi font même partie des collections permanentes de la Maison-Blanche, des ambassades américaines d'Algérie, de Guinée, de Mauritanie, du Guatemala et du Paraguay! Sa technique relève du soufflage de verre vénitien traditionnel et du mouvement *American Art Glass*, mais son style est unique. Voir travailler Randi est tout simplement spectaculaire. Avec ses assistants, sur fond de musique rock, cette femme énergique fait passer la pièce de verre d'un four incandescent à son établi, puis, suivant un ordre précis et rapide pour garder le verre à la température voulue, l'oeuvre est tournée, polie, sculptée, soufflée et colorée. En t-shirt, munie d'un grand manchon, l'artiste crée sa pièce comme un peintre, sa toile, en ajoutant différentes couches de couleurs, de pièces de métal, de pigments. C'est extrêmement physique, chorégraphié à la perfection. Les visiteurs qui l'observaient travailler avaient la même expression émerveillée que moi: c'est une expérience tout simplement stupéfiante!

Ouvert le lundi, le mardi, le jeudi et le vendredi, voir le site Web pour plus de détails; démonstrations gratuites; téléphoner avant de vous déplacer.

485 West River Road
Brattleboro, VT 05301
Tél.: 802-251-0989
solinglass.com

Randi F. Solin est souffleuse de verre: ses œuvres voyagent un peu partout dans le monde et vous pouvez la voir travailler dans son atelier.

The Vermont Teddy Bear Company

La visite guidée de cette usine (environ 30 minutes) permet de tout savoir sur la fabrication des oursons en peluche nés au Vermont. Il y a 750 naissances par jour… soit 150 000 par année ! On y voit les employés découper et assembler les pièces qui formeront les oursons, puis le rembourrage à l'aide d'une machine spéciale datant des années 1940. Un grand atelier d'habillage permet de créer son propre Vermont Teddy Bear, selon les différentes garde-robes proposées : le Soccer Bear, le Gone Fishing Bear, le Chef Bear, le Doctor Bear, le Teacher Bear, les Wedding Bears. Signe des temps, il y a même un Bernie Bear, un Hillary Bear et un Fifty Shades of Grey Bear… Pour les Vermont Teddy Bears mal en point (dure, dure, la vie de toutou parfois !) il y a même un petit hôpital dans l'usine : les experts procèdent aux premiers soins : raccommodage et réparations, avec soluté au miel !

Ouvert tous les jours sauf à Pâques, à la Thanksgiving américaine (dernier jeudi de novembre), à Noël et au jour de l'An.

6655 Shelburne Road
Shelburne, VT 05482
Tél. : 802-985-3001
vermontteddybear.com

Zeb's General Store

Chaque fois que je visite North Conway (NH), je m'arrête chez Zeb's, une boutique axée sur la cuisine et la décoration dans le style Nouvelle-Angleterre, pour une petite tournée de reconnaissance. L'exercice peut prendre pas mal de temps puisque les étalages vont du plancher au plafond, et que la boutique compte deux étages bien garnis. Il y a une fabuleuse collection de produits fabriqués au New Hampshire et en Nouvelle-Angleterre, un comptoir de bonbons irrésistible, toutes sortes d'épices, des confitures et des marinades de la marque Stonewall Kitchen, du popcorn de toutes les saveurs imaginables, des articles de cuisine, des savons artisanaux, des livres de cuisine, des bouteilles de boisson gazeuse Zeb's à l'ancienne et une authentique *soda fountain* de marque Coca-Cola.

Horaire variable (appeler avant d'y aller) ;
boutique en ligne.

2675 White Mountain Highway
North Conway, NH 03860
Tél. : 603-356-9294 ou 800-676-9294
zebs.com

La visite de l'usine de fabrication d'oursons Vermont Teddy Bear est un incontournable ! À droite : Vous trouverez toutes sortes de produits fabriqués en Nouvelle-Angleterre chez Zeb's à North Conway, NH.

La famille Holden gère l'incroyable Old Country Store and Museum de Moultonborough.

Settlers Green Outlets

Il n'y a pas de taxe de vente au New Hampshire, ce qui est déjà très intéressant. Ajoutez un superbe complexe de *designers outlets* au cœur de la magnifique vallée du mont Washington, et vous avez une combinaison gagnante ! Plus de 50 boutiques sont rassemblées dans le même secteur : Nike, Timberland, Crabtree & Evelyn, New Balance, Under Armor, Levi's, Rockport, Aeropostale, White Mountain Cupcakery, etc. Le complexe très bien aménagé compte plusieurs zones de stationnement. Il y a une variété de restaurants dans les alentours (essayez les burgers du Black Cap Grille !). C'est une excellente destination pour le *shopping*. Traversez la route principale : vous trouverez le *factory outlet* du célèbre manufacturier L.L. Bean et d'autres magasins. Les chiens en laisse sont permis dans certaines boutiques.

Ouvert tous les jours, voir le site Web pour plus de détails.

2 Common Court
North Conway, NH 03860
Tél. : 888-667-9636 ou 603-356-7031
settlersgreen.com

The Old Country Store and Museum

La belle petite ville de Moultonborough, dans la région du lac Winnipesaukee, compte un des plus anciens *country store* de tous les États-Unis. Les documents d'archives démontrent que des transactions y ont été effectuées aussi loin qu'en 1781. Le vieux bâtiment de bois, tout peint en jaune, a servi de salle pour le conseil municipal au début des années 1800 et dans les années 1900, puis de bibliothèque, de bureau de poste et d'arrêt pour les parcours des diligences. La famille Holden en a fait le plus sympa des *country stores*, un endroit empreint de nostalgie, avec son poêle à bois en fonte, son comptoir à bonbons d'époque, sa glacière en bois et son grand chef indien en bois sculpté – ancien symbole de vente de tabac. Même la caisse enregistreuse antique est toujours là, et l'ameublement du vieux bureau de poste se trouve à l'étage. Dans les différents recoins de ce magasin du bon vieux temps, on peut trouver toutes sortes de souvenirs rigolos du New Hampshire (il y en a beaucoup avec des ours et des orignaux !), des gadgets en tous genres, mais aussi un assortiment sensationnel de confitures, de fromages, de sirop d'érable, de miel, de gourmandises et de confiseries. Il y a même un bon rayon de livres et de la soupe maison !

Voir le site Web pour les heures d'ouverture.

1011 Whittier Highway
Moultonborough, NH 03254
Tél. : 603-476-5750
nhcountrystore.com

Il y a plus de 250 boutiques à Destiny USA. À droite : Pour prendre une pause, rendez-vous à la librairie municipale de Lake Placid : vous aurez une belle vue sur le lac Mirror.

Destiny Usa

On voit ce *mall* gigantesque en passant sur l'I-81... mais on se rend compte de sa mesure (ou de sa démesure !) en arrivant sur son stationnement, qui s'étend à perte de vue. Il s'agit du sixième plus grand centre commercial couvert de tous les États-Unis, avec 223 000 m^2 (2,4 millions de pi^2). On y trouve plus de 250 boutiques (dont 100 sont certifiées LEED Gold), une nouvelle aile consacrée aux *luxury outlets* et une douzaine de restaurants. La section consacrée au divertissement est tellement grande qu'elle compte sa propre piste de karting intérieur, un cinéma IMAX, un parc aérien intérieur, des allées de quilles... Accros du *shopping,* vous êtes servis !

Ouvert tous les jours, fermé à la Thanksgiving américaine (dernier jeudi de novembre), à Noël et au jour de l'An, voir le site Web pour plus de détails.

9090 Destiny USA Drive
Syracuse, NY 13204
Tél. : 315-466-6000
destinyusa.com
visitsyracuse.com

Main Street, Lake Placid

Lake Placid est une ville très cool et j'adore sa rue principale. Elle est remplie d'hôtels, de boutiques amusantes où l'on découvre toutes sortes de souvenirs et de bricoles, mais aussi des vêtements et des articles de sport, des chaussures, des livres, des articles de décoration et des bijoux. Il y a G.H. Bass, Adirondack Popcorn Company, US Hockey Store, Adirondack Trading Co., Gap Outlet, Saratoga Olive Oil, plusieurs cafés et restaurants (essayez **The Good Bite Kitchen,** un délice !). La charmante bibliothèque municipale offre une vue parfaite sur le lac Mirror — pensez-y quand vous aurez le goût de prendre une pause. En hiver, vous pouvez même aller patiner sur le lac.

Ouvert tous les jours ; stationnements publics payants.

Lake Placid CVB
2608 Main Street
Lake Placid, NY 12946
Tél. : 518-523-2445
lakeplacid.com

The Good Bite Kitchen
2501 Main Street
Lake Placid, NY 12946
Tél. : 518-637-2860
thegoodbitekitchen.com

Genesee Street, Skaneateles

Le petit village de Skaneateles est l'un des plus beaux de toute la région des Finger Lakes. Sa rue principale borde le lac Skaneateles et compte plusieurs restaurants et des boutiques uniques, raffinées, qui sortent réellement de l'ordinaire. Situé tout près de la superbe bibliothèque municipale, le **Rhubarb Kitchen & Garden Shop** se spécialise en articles de cuisine et de jardinage. La boutique de déco pour la maison **Nest 58** est formidable : un mélange éclectique de fauteuils de cuir, de jetés en coton bio, de chandelles, de cadres, de toiles et d'objets décoratifs uniques. Pour les vêtements, cadeaux et articles pour bébés, allez faire un tour chez **Pride + Joy.** Dans le temps des fêtes, ce village célèbre dans le style de Charles Dickens.

Ouvert tous les jours.

Skaneateles Area Chamber of Commerce
22 Jordan Street
Skaneateles, NY 13152
Tél. : 315-685-0552
skaneateles.com

On prononce «skinny-atlas»...

Madison-Bouckville Antique Week

À la mi-août, plus de 2 000 vendeurs d'antiquités installent leurs stands dans les champs et les terrains vagues se trouvant entre ces deux villages, le long de la route 20. Les installations sont spectaculaires : des rangées et des rangées d'antiquaires sous d'énormes chapiteaux, dans une région autrement très calme de Central New York. Vous y trouverez de tout : meubles d'époque, vêtements anciens, vaisselle, verrerie, bibelots, vieilles affiches. Allez faire un tour, ne serait-ce que pour voir de vos propres yeux cette foire d'antiquités absolument géante et unique en son genre.

Gratuit ; navettes mises à la disposition des visiteurs ; voir les horaires sur le site Web.

Le long de la route 20
Entre Madison et Bouckville, NY
Tél. : 800-684-7320
madison-bouckville.com ou madisontourism.com

Les commerçants prennent grand soin de leurs boutiques à Skaneateles, NY. À droite : Le grand rendez-vous des antiquaires a lieu à Madison-Bouckville.

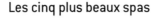

COUPS DE CŒUR

Les cinq plus beaux spas

Prendre du temps pour soi, décompresser, s'offrir quelques heures de vraie relaxation, d'excellents traitements pour la peau et des massages pour défaire les tensions accumulées dans le corps, c'est tentant ! Le spa, c'est un peu comme des vacances, en version condensée. Il y a de superbes centres de santé et de bien-être au Vermont, au New Hampshire et dans l'État de New York. Ils sont près de la grande nature et les soins qu'ils offrent conviennent autant aux sportifs qu'à ceux et celles qui rêvent d'un petit moment d'évasion. Pensez-y pour un plan « détente » en couple, pour une sortie entre amis ou comme bonus pendant un week-end d'évasion !

Stoweflake Mountain Resort, Spa

Le spa de Stoweflake Mountain Resort, au cœur des Green Mountains, est sans aucun doute orienté vers le bien-être. La directrice, Surinda Oberai Cavanagh, est spécialiste en médecine ayurvédique, la médecine traditionnelle indienne qui prône l'équilibre et l'harmonie. Son approche personnalisée vise la détente, les soins de la peau et les traitements anti-âge non invasifs. Vous aurez à choisir parmi 120 soins « signature », dont le « Vermont Maple Sugar Body Polish » et le « Green Mountain Coffee Body Treatment ». Les hommes et les femmes sont invités à se relaxer dans des lounges séparés, mais peuvent ensuite se retrouver dans le fameux Aqua Solarium pour se détendre au pied d'une cascade de 3,6 m. (12 pi) imitant Bingham Falls, un site bien connu des randonneurs. Des repas santé sont offerts.

1746 Mountain Road
Stowe, VT 05672
Tél. : 802-253-7355 ou 800-253-2232
stoweflake.com

Stowe Mountain Resort

Le spa compte 18 salles de soins et un *Healing Lodge* doté d'une pièce spéciale où l'on peut alterner douches froides et bains très chauds. La salle de relaxation offre une vue splendide sur les pentes. Ce superbe spa s'occupe aussi des jeunes avec le KidSpa, où ils ont l'occasion de découvrir l'art du Chillax (chill + relax) et peuvent avoir des traitements sur mesure.

7412 Mountain Road
Stowe, VT 05672
Tél. : 802-253-3000 ou 888-253-4849
destinationhotels.com/stowe-mountain-lodge

Le spa du Stowe Mountain Lodge.

The Spa at Omni Mount Washington Resort

Un superbe spa a été aménagé lors des rénovations de cet hôtel historique construit au cœur des White Mountains. Le spa donne sur l'arrière du bâtiment, à l'abri des regards, et offre une vue superbe sur le mont Washington, la Presidential Range et Crawford Notch. Il y a des bains à remous et des salles de relaxation. L'ambiance est calme, calme, calme. Les soins proposés sont inspirés du cadre extraordinaire de cet hôtel luxueux : « Mount Washington Signature Body Ritual », « Alpine Body Glo », « The Golfer's/Skier's Massage ». Pour le « Herbal Body Treatment », vous choisissez vous-même certaines herbes médicinales dans le jardin (en saison). Des cours de yoga sont aussi au programme.

301 Mount Washington Hotel Road
Bretton Woods, NH 03575
Tél. : 603-278-4286 ou 877-278-2920
brettonwoods.com

The Spa at The Whiteface Lodge

Situé à quelques minutes du centre-ville de Lake Placid, Whiteface Lodge est un resort complètement « Adirondack », à l'allure rustico-chic. Le spa est phénoménal, entièrement décoré dans le même style que le *resort*. Les soins proposés mettent à l'avant-plan le côté « nature » : massage avec des galets de rivière, pédicure au cidre de pomme, bains antioxydants aux sels minéraux et aux huiles essentielles de conifères. Les clients ont accès à la piscine chauffée (moitié intérieure, moitié extérieure) et au bain à remous. Vous ne voudrez plus en repartir !

L'Aqua Solarium du spa de Stoweflake Mountain Resort compte une chute artificielle.

7 Whiteface Inn Lane
Lake Placid, NY 12946
Tél. : 518-523-0560 ou 888-582-0505
thewhitefacelodge.com

August Moon Spa

Cette petite oasis de détente se trouve au La Tourelle Resort, à quelques minutes du centre-ville d'Ithaca et de la Cornell University. Le spa propose une expérience de calme et de tranquillité personnalisée, dans une ambiance asiatique. Les soins mettent en vedette les thématiques de la région des Finger Lakes (Taughannock Falls, Buttermilk Falls), les produits locaux (Herbal Facial) et la vinothérapie (Cayuga Cabernet Scrub, Vino Soak). La directrice du spa, Kash Wiggins, est spécialiste en aromathérapie et connaît très bien l'herboristerie. Elle fabrique sa propre gamme de produits. Ne vous gênez pas pour profiter de son expertise !

1150 Danby Road (Route 96B)
Ithaca, NY 14850
Tél. : 607-256-2772
augustmoonspa.com

Bizarreries, étrangetés
ET TROUVAILLES INSOLITES !

Au fil de la route, on tombe parfois sur des attraits touristiques qui sortent de l'ordinaire ! Ils font sourire ou sursauter, nous rappellent parfois des souvenirs d'enfance et fournissent assurément un excellent sujet de conversation. Voici un petit échantillon de ce qui se trouve dans nos trois États préférés : on a du choix ! Et il y en a plusieurs autres... ouvrez l'œil la prochaine fois que vous serez sur la route.

Will Knight élève des araignées dans sa ferme de Williamstown.

Knight's Spiderweb Farm

Une grande quantité d'araignées a élu domicile dans la grange de Will Knight. Admirant la finesse de leurs toiles, il a décidé de les récolter et d'en faire quelque chose de spécial : des toiles d'araignées montées sur plaques de bois. Avec les années, il a découvert des méthodes spéciales pour encourager ses petites tisserandes : il suspend de grands cadres de bois dans une grange ouverte sur un côté. Les araignées – elles ont toutes un prénom – tissent une toile dans chaque carreau et Will les récolte délicatement. Pour immortaliser les toiles, il les enduit de peinture et les fixe sur un panneau de bois avant de vernir le tout. Les curieux viennent de partout pour admirer le travail et parler d'araignées. Unique !

Payant ; ouvert tous les jours (quand Will est là).

124 Spiderweb Farm Road
Williamstown, VT 05679
Tél. : 802-433-5568
spiderwebfarm.com

La grenouille du Grafton Inn

Un des bâtiments du complexe hôtelier historique du Grafton Inn (voir p. 292), appelé White Gables, appartenait autrefois à une dame assez excentrique. Elle avait adopté une grenouille (l'histoire ne dit pas pourquoi !). Lorsque le batracien rendit son dernier souffle, la dame le fit emprisonner dans un bloc de verre qui fut ensuite encastré dans les fondations de sa maison. Les clients qui louent cette résidence sont mis au défi de trouver la fameuse grenouille...

Payant pour l'auberge et les restaurants ; ouvert à l'année ; si vous n'êtes pas client de l'auberge, demandez la permission avant de chercher la grenouille...

The Grafton Inn
92 Main Street
Grafton Village, VT 05146
Tél. : 802-234-8718 ou 800-843-1801
graftoninnvermont.com

L'ancienne propriétaire de cette magnifique maison historique du village de Grafton a fait enchâsser une grenouille dans les fondations.

Champ

Le lac Champlain est habité, paraît-il, par un monstre marin qui a des petits airs de famille avec le monstre du *loch* Ness : Champ. Les dizaines d'apparitions de cette étrange créature sont documentées : environ 600 personnes l'auraient aperçue ! Un monument érigé en 1984 sur le quai Perkins, à Burlington (VT), lui est dédié. On peut y lire son nom « scientifique » en latin : *Belua Aquatica Champlainiensis*. Un panneau à Port Henry (NY) indique les dates de ses apparitions à Bulwagga Bay. Le plus incroyable, c'est que Champ bénéficie d'une protection législative : les eaux de Port Henry lui sont ouvertes officiellement depuis 1981 et il est interdit de le chasser. Champ bénéficie d'un statut protégé dans l'État du Vermont depuis 1982 et dans l'État de New York depuis 1983 grâce aux interventions de la Chambre des Représentants du Vermont et du Sénat de l'État de New York. La créature marine a même son jour anniversaire : c'est le premier samedi du mois d'août !

Champ Monument
Quai Perkins, 1 King Street
Burlington, VT

La tombe d'une momie

Un petit prince égyptien mort il y a 4 000 ans est enterré dans un cimetière du Vermont. Drôle d'endroit pour une sépulture de l'Antiquité, n'est-ce pas ? Voici l'histoire. Comme bien des collectionneurs d'antiquités des années 1800, Henry Sheldon avait acheté une vraie momie. Quand les restes du petit prince de deux ans sont arrivés en Amérique, ils étaient dans un tel état qu'il les a entreposés dans son grenier plutôt que dans son musée. Bien des années plus tard, un directeur du **Henry Sheldon Museum** (voir p. 175) a décidé d'offrir une vraie sépulture au petit Amum-Her-Khepesh-Ef et l'a fait enterrer dans son propre lot familial au West Cemetery, sur la route 30, à quelques centaines de mètres du musée. Une pierre tombale arborant une croix égyptienne (*ankh*) et le nom du prince marque l'emplacement de son dernier repos.

Cimetière gratuit ; musée payant ; voir le site Web pour les heures d'ouverture du musée.

Henry Sheldon Museum
1 Park Street
Middlebury, VT 05753
Tél. : 802-388-2117
henrysheldonmuseum.org

Le nouveau pont flottant de Brookfield, le jour de son inauguration.

Pont flottant de Brookfield

À Brookfield, au centre du Vermont, la route 65 passe sur le seul pont flottant construit à l'est du Mississippi. Pourquoi un pont flottant ? Parce que cette portion du lac Sunset était trop profonde pour installer des piliers, lors de la construction du premier pont de bois, en 1820. Comme l'eau et le bois ne sont pas amis très longtemps, il a fallu le reconstruire huit fois. En 2015, il a été réparé au coût de 2,4 M $ US et repose désormais sur une structure flottante en polymère, construite pour durer un autre 100 ans ! L'inauguration du nouveau pont long de 97 m (318 pi) a été célébrée dans une grande fête : c'est un attrait touristique de la région et un raccourci important pour les gens du coin !

Gratuit ; fermé à la circulation automobile pendant la saison hivernale ; restrictions sur le poids du véhicule.

Vermont Route 65
Brookfield, VT 05036
Tél. : 802-276-2143
brookfieldvt.org

Rock of Ages Granit Bowling Lane

Une des plus importantes carrières de granit de l'Amérique du Nord, Rock of Ages, se trouve à Graniteville, près de Barre, au Vermont. Vous pouvez faire une visite guidée du site, qui vous conduira sur un promontoire d'où vous aurez une vue saisissante sur les falaises de granit de 183 m (600 pi). J'y ai appris qu'une scène de poursuite du film *Star Trek* y a été tournée en 2009. En 1958, l'entreprise développa un prototype d'allée de quilles en granit... Évidemment, ce matériau est beaucoup trop dur et l'idée fut vite mise de côté. Néanmoins, la seule allée de quilles en granit au monde se trouve près du stationnement et tout le monde peut l'essayer !

Gratuit ; ouvert de la mi-mai à la fin octobre.

560 Graniteville Road
Graniteville, VT 05654
Tél. : 800-421-0166
rockofages.com

Le restaurant Ariel's se trouve tout près du pont !

Vous pouvez tester votre habileté aux quilles sur cette allée en granit, à la carrière Rock of Ages.

Exeter UFO Festival

La petite ville d'Exeter, située à une quinzaine de kilomètres de Hampton Beach, a fait des ovnis sa marque de commerce. Le 3 septembre 1965, un ovni a été observé dans le ciel de la municipalité. Il fut documenté par plusieurs témoignages, incluant ceux de deux policiers qui ont été appelés sur place. L'histoire est assez bizarre et même l'armée de l'air américaine a dû ouvrir une enquête à l'époque. On y réfère depuis en disant « The Exeter Incident ». La ville célèbre l'événement par un festival des ovnis, présenté chaque année au début du mois de septembre. Il est organisé à des fins caritatives par le club Kiwanis d'Exeter. Le kiosque à musique du centre-ville (*band stand*) et les boutiques se décorent de petits extraterrestres vert fluo et tout le monde est dans le coup. Le restaurant Pimentos a même créé des cocktails verts aux noms bizarres comme Alien Secretion et Green Alien pour l'occasion ! Le garage de Tim Graham s'est déclaré « atelier officiel de réparation des ovnis » (ils réparent aussi des crevaisons... Merci les gars !). Même des spécialistes en ovnis sont invités à présenter des conférences. Sérieusement drôle !

Payant ; festival présenté au début du mois de septembre ; voir la page Facebook du festival pour obtenir les plus récentes informations.

10 Front Street
Exeter, NH 03833
exeterufofestival.org
(voir leur page sur Facebook)

Chutter's

Le magasin de bonbons possédant le plus long comptoir au monde se trouve au centre-ville de Littleton, au New Hampshire. Dès qu'on passe la porte de Chutter's, on se sent comme un enfant dans un magasin... de bonbons ! Il y en a de toutes les saveurs et de toutes les couleurs. Ils remplissent à ras bord des bonbonnières ventrues, sur un comptoir qui mesure 34 m (112 pi). Réglisse, bonbons en gelée, *jelly beans* de toutes les saveurs, caramels, sucre d'orge, bonbons pétillants, *gummy bears* et autres plaisirs coupables sont vendus au poids. Impossible de ne pas trouver quelque chose qui nous plaît : il y a 500 variétés de bonbons dans cette boutique ! Toutes les friandises cultes sont là. On peut aussi acheter du chocolat, du fudge, des confitures, de la vaisselle et tout un assortiment de souvenirs fabriqués au New Hampshire. Irrésistible !

Ouvert tous les jours sauf les jours fériés, voir le site Web pour plus de détails.

43 Main Street
Littleton, NH 03561
Tél. : 603-444-5787
chutters.com

Le plus long comptoir de bonbons au monde se trouve chez Chutter's à Littleton, NH.

Les habitants du petit village de Lily Dale croient qu'on peut communiquer avec les morts.

Lily Dale

Intéressé par une conversation avec l'au-delà ? Rendez-vous dans le petit village historique de Lily Dale. Tous les citoyens de cette petite communauté de Western New York sont des spiritualistes, c'est-à-dire des gens qui croient qu'on peut communiquer avec les morts. La visite du village historique – plusieurs bâtiments datent des années 1800 – permet de découvrir cette communauté vraiment hors de l'ordinaire. Vous pouvez visiter les différents temples où des médiums sont en fonction à horaires fixes, vous ressourcer dans les *Sweat Lodges* (tentes de purification), faire une séance de hatha yoga ou participer à une promenade aux fantômes (*ghost walk*). Il y a même un cimetière pour animaux de compagnie et des cérémonies du souvenir y sont célébrées. Plusieurs conférences sont au programme avec des médiums connus, comme Lisa Williams. Vous devez payer des frais de 12 $ US par personne pour entrer dans le village. Il y a un petit terrain de camping à Lily Dale (l'électricité fournie est de 15 ampères seulement) que vous devez quitter à 9 h du matin.

Payant ; voir le calendrier des activités sur leur site Web.

Lily Dale Assembly
5 Melrose Park, Lily Dale, NY 14752
Tél. : 716-595-8721
lilydaleassembly.com

The Cardiff Giant

Le géant de Cardiff, une sculpture de gypse mesurant 3 m (10 pi), est présenté depuis les années 1940 au Farmers' Museum de Cooperstown. C'est ce qui reste d'une des plus fameuses fumisteries des États-Unis. Cette histoire d'« homme pétrifié » fut inventée de toutes pièces au XIXe siècle par George Hull, un fabricant de cigares athée de Binghamton, qui voulait confronter la science et les croyances religieuses de l'époque et exploiter la crédulité des gens. S'inspirant d'un passage de la Genèse parlant d'un géant, il fit sculpter l'énorme personnage à Chicago dans le plus grand secret, puis le fit enterrer sur la terre d'un fermier de Cardiff de sa parenté, Stub Newell. En 1869, des ouvriers creusèrent un puits juste au bon endroit et, surprise !, trouvèrent le géant… L'affaire fit grand bruit. Hull finit par confesser que c'était un canular, mais les gens ont continué d'aller voir le géant quand même… La statue fut vendue au Farmers' Museum en 1947, elle y est exposée depuis.

Payant ; musée ouvert du 1er avril au 31 octobre, voir le site Web pour plus de détails.

Farmers' Museum
5775 NY Route 80
Cooperstown, NY 13326
Tél. : 607-547-1450 ou 888-547-1450
farmersmuseum.org

Le géant de Cardiff : un canular datant des années 1800 !

Park After Dark Ghost Tours

Le parc d'amusement de Sylvan Beach, sur le lac Oneida, est parfaitement vintage. Les bâtiments sont légèrement de guingois, il manque des ampoules par-ci, par-là, et l'ensemble est un peu kitsch. Il y a un toutefois un magnifique carrousel historique et l'ambiance, de jour, est festive et bon enfant. Mais le soir, après la fermeture, le parc donne un peu la chair de poule... Le « vrai fun » commence à 21 h 30 avec le Park After Dark Ghost Tours : ce parc d'amusement a la réputation d'être hanté et le théâtre de phénomènes de poltergeist. Un épisode de l'émission *Ghost Hunters* y a d'ailleurs été filmé. En compagnie d'un *Paranormal Investigator,* on fait le tour du parc en apprenant les différentes histoires de fantômes qui y sont rattachées. Deux revenants, Jack et Abby, se sont déjà manifestés dans l'édifice de Yesterday's Royal. Dans l'Arcade, des pièces de monnaie lancées en l'air ont pris de drôles de trajectoires... Toutes sortes de phénomènes bizarres ont été observés dans le casse-croûte et à l'étage d'un kiosque où se trouve un ancien piano mécanique. Rien de surnaturel ne s'est produit le soir de ma visite, mais c'était extrêmement divertissant. Tout le monde reste sur le qui-vive, puisqu'on ne sait jamais ce qui peut arriver !

Payant ; visites proposées de Memorial Day (dernier lundi de mai) à la mi-septembre ; visites spéciales le vendredi et le samedi en octobre pour l'Halloween.

112 Bridge Street
Sylvan Beach, NY 13157
Tél. : 315-762-5212
sylvanbeachamusementpark.com

Coleman's Authentic Irish Pub & Upside-Down Traffic Light

Au pub irlandais Coleman's, de Syracuse, on croit aux farfadets, *The Wee Folks,* et pas qu'un peu. Les propriétaires ont aménagé une cabine téléphonique rouge de style *British* à leur taille à côté de celle des « grands », une petite porte de 38 cm (15 po) à côté de la porte d'entrée du pub et... un mini-kiosque d'attente pour le taxi. Il faut le voir pour le croire ! Le pub où l'on sert de la cuisine et des bières irlandaises se trouve tout près d'un autre attrait inusité : un feu de circulation où la lumière verte est au-dessus de la lumière rouge, petit clin d'œil à la rivalité entre les Irlandais et les Britanniques. Vous verrez « l'Upside-Down Traffic Light » au coin de Tompkins Street et Milton Avenue dans le quartier Tipperary Hill. Et non... elle n'est pas en forme de trèfle !

Le restaurant est payant, mais c'est gratuit pour voir la cabine téléphonique ; ouvert à l'année.

100 S Lowell Avenue
Syracuse, NY 13204
Tél. : 315-476-1933
colemanirishpub.com

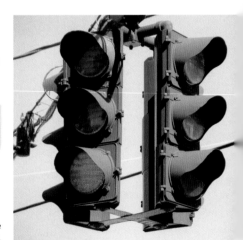

Le feu rouge est au bas de ce célèbre feu de circulation de Syracuse.

DES TRONCS D'ARBRES AUX MÉLODIES!

Je ne sais jamais ce qui m'attend quand je visite les Adirondacks: ce parc est habité par un grand nombre de créateurs et de gens qui font les choses d'une façon inattendue. C'est le cas d'Eric Bright, un artiste de Schroon Lake qui fabrique des guitares, mais pas n'importe lesquelles... J'ai d'abord eu droit à un petit défi: il fallait traverser Schroon Lake en chaloupe pour visiter son atelier, situé sur l'autre rive! Dans son antre, pendant les longs mois d'hiver, Eric fabrique des instruments uniques avec de l'Adirondack « Sinker » Spruce (une variété de pruche aujourd'hui extrêmement rare). À Schroon Lake, le flottage du bois était pratiqué de manière très importante dans les années 1800, mais cette méthode a été abandonnée il y a des décennies. Pour fabriquer ses instruments, Eric récupère des troncs d'arbres qui reposent toujours dans le fond limoneux du lac. Il les fait sécher et utilise ce bois très spécial pour faire les tables d'harmonie de ses guitares. La pression de l'eau, les années et les minéraux reposant au fond du lac en ont modifié la texture et procurent une résonance exceptionnelle aux instruments, m'a-t-il expliqué, en me montrant les marques de poinçon laissées sur les troncs par les bûcherons d'une autre époque. Ses guitares sont de vraies œuvres d'art. Avant le retour, Eric s'est installé sur le quai pour improviser quelques mesures... Wow. Sa guitare a effectivement une sonorité très pleine qui se fond comme par magie avec le clapotis des vagues, le ciel, les sommets des Adirondacks, la forêt et l'histoire de Schroon Lake. Une expérience transcendante.

Le studio de BassRock Guitars est ouvert sur rendez-vous seulement.

Eric Bright Luthier
52B Hayes Road, Schroon Lake, NY 12870
Tél.: 518-681-6114
ebright@bassrockguitars.org
bassrockguitars.org

Le luthier Eric Bright fabrique des guitares avec des troncs d'arbres anciens récupérés au fond de Schroon Lake.

OÙ MANGER ET DORMIR
POUR SE DIVERTIR

 **MANGER**

Whetstone Station

Situé près du Brattleboro Museum & Art Center et de la gare Amtrak, ce resto/microbrasserie effervescent présente des concerts de musique *live* tous les jeudis soir. La bière Whetstoner Session IPA est brassée sur place, mais vous avez le choix : il y a 60 bières de microbrasserie en fût. Vue splendide sur le fleuve Connecticut. Fait inusité : la frontière entre le Vermont et le New Hampshire passe en plein milieu du resto !

36 Bridge Street
Brattleboro, VT 05301
Tél. : 802-490-2354
whetstonestation.com

Winter Garden Cafe

Le menu propose des salades fraîches, des soupes de saison, des sandwichs et des pâtisseries. On peut aussi prendre un bon cappuccino ou un latte et se relaxer... Le deuxième dimanche du mois, les brunchs se passent en musique : des artistes de la région sont invités à ajouter un zeste de jazz au repas.

Currier Museum of Arts
150 Ash Street
Manchester, NH 03104
Tél. : 603-669-6144
currier.org

Wildcat Inn And Tavern

Voici LE restaurant pour se rassasier et écouter de la musique, dans le magnifique village de Jackson, au cœur des White Mountains. Il propose des classiques réconfortants comme le *chicken pot pie* et l'osso-buco de porc, les raviolis aux légumes grillés de même que des burgers et des *lobster rolls*. Il y a de la musique *live* régulièrement (voir leur site Web). À tous les mardis soir, il y a une soirée *open mic* où les artistes locaux et les visiteurs sont invités à monter sur scène. L'ambiance est décontractée et le service, amical.

94 Main Street
Jackson Village, NH 03846
Tél. : 603-356-8700
wildcattavern.com

The Snowvillage Inn

Le Snowvillage Inn fut construit au début du XXᵉ siècle sur les hauteurs de Foss Mountain, au sud de la vallée du mont Washington. C'était la résidence d'été de Frank Simonds, auteur d'un traité d'histoire de la Première Guerre mondiale qui se mérita le prix Pulitzer. La résidence a été convertie en auberge en 1948, et compte 17 chambres très confortables, ainsi que l'une des meilleures tables de la région, le Max's Restaurant & Pub. Des forfaits sont proposés pour assister aux concerts au Stone Mountain Arts Center de Brownfield, salle culte du Maine (à quelques minutes de là). Dans l'annexe, Jennifer Kovach fabrique les produits naturels Garden Dreams.

136 Stewart Road
Eaton Village, NH 03832
Tél. : 603-447-2818
snowvillageinn.com

Irises Cafe & Wine Bar

Au centre-ville de Plattsburgh, Carol McLean propose une table où tout est bon : la cuisine, les vins, la musique et l'ambiance. Il est bien difficile d'arrêter son choix dans le menu rempli de choix appétissants : saumon fumé maison, boules de risotto farcies au gorgonzola, moules, champignons portobellos farcis au crabe, pâtes méditerranéennes... Il y a une sélection de 40 vins vendus au verre. Musique *live* et accueil chaleureux.

20-22 City Hall Place
Plattsburgh, NY 12901
Tél. : 518-566-7000
irisescafe.com

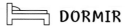

DORMIR

Marble West Inn

Cette grande maison datant de 1840 a été complètement rénovée en 2014 sous la supervision de Danielle Epstein, présidente du conseil d'administration du Marble House Project (voir p. 184). Il s'agit d'un lieu exceptionnel pour se ressourcer dans le calme des montagnes, en couple, entre amis, en « sorties de filles ». Toutes les chambres, chics et contemporaines, ont leur propre salle de bains. Un chef s'occupe des petits-déjeuners et peut préparer des boîtes à lunch et des soupers, sur demande. Magnifiques jardins.

1847 Dorset West, Dorset, VT 05251
Tél. : 802-867-0400
themarblewestinn.com

Fieldstone Lodge B & B

Gary et Bob vous accueilleront à bras ouverts dans ce lodge inspirant niché dans la forêt, à quelques pas du pittoresque village de Newfane et de sa belle bibliothèque. Cette jolie maison de pierre décorée d'œuvres d'art fut le refuge d'une personnalité connue de la radio, dans les années 1930. De grands noms du milieu artistique comme la danseuse Martha Graham et le peintre Maxfield Parrish y avaient leurs habitudes. Vous êtes à quelques minutes de Brattleboro, une ville reconnue pour sa vie culturelle.

51 West Street, Newfane, VT 05345
Tél. : 802-365-0265 ou 866-771-3585
fieldstonelodgevt.com

Latchis Hotel & Theatre

Envie de dormir dans un hôtel vintage en plein cœur de Brattleboro, « la » ville culturelle et funky du sud du Vermont ? Voici votre place ! Le Latchis Hotel se trouve dans un édifice historique (1938) qui abrite aussi un théâtre/cinéma de style Art déco. Le petit-déjeuner et le stationnement sont gratuits pour les clients. Les chambres *Mountain View* offrent une belle vue sur le fleuve Connecticut et le mont Wantastiquet.

50 Main Street
Brattleboro, VT 05301
Tél. : 802-254-6300 ou 800-798-6301
latchis.com

The Wentworth Inn

Ellie et Fritz Koeppel prennent un soin jaloux de leur magnifique auberge de Jackson, dans les White Mountains. Avec raison, car elle a toute une histoire. En 1869, Joshua Trickey la fit construire comme cadeau de mariage pour sa fille et le général Wentworth. On trouve toutes sortes de documents d'époque dans le hall d'entrée et plusieurs toiles dépeignant les White Mountains. L'auberge, aménagée au goût du jour, est certainement l'une des plus élégantes et des plus romantiques de toute la région : certaines chambres ont même leur propre jacuzzi extérieur...

1 Carter Notch Road
Jackson Village, NH 03846
Tél. : 603-383-9700 ou 800-637-0013
thewentworth.com

Hotel Skyler

Cet ancien théâtre converti en hôtel-boutique (certifié LEED Platine) se trouve au cœur du centre-ville de Syracuse, une ville où les activités culturelles et de loisirs sont au premier plan. On y trouve 58 belles suites où le fait main côtoie la techno, dans une ambiance minimaliste et rétro, très confortable. Tout a été pensé pour créer un hôtel « vert », où l'utilisation de l'énergie et des matériaux limite l'empreinte carbone. Très bien situé, à deux pas du campus universitaire.

601 S Crouse Avenue
Syracuse, NY 13210
Tél. : 315-701-2613 ou 800-365-4663
hotelskyler.com

Histoire et patrimoine

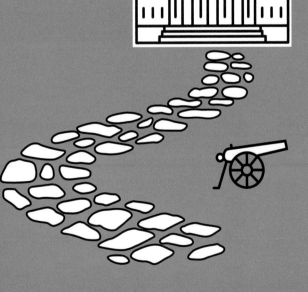

Sur les traces

D'UN PASSÉ EXTRAORDINAIRE

U ne quantité phénoménale de musées de grande qualité, de sites historiques, de lieux célèbres et de monuments témoigne de l'histoire extraordi-
nairement riche du Vermont, du New Hampshire et de l'État de New York. Ils
mettent en valeur le patrimoine agricole ou ferroviaire, l'architecture, les événements marquants des derniers siècles et rendent hommage aux gens qui ont forgé
ce coin de pays.

Le Strawbery
Banke Museum se
trouve au cœur de
Portsmouth, NH
(voir p. 245).

Il y a des centaines d'années, les peuples des Premières Nations
– Abénaquis, Mohawk, Seneca, Oneida, Cayuga, Onondaga, Tuscarora –
avaient déjà saisi le potentiel de ces terres exceptionnelles. Ils
chassaient et pêchaient, parcourant le territoire au fil des saisons,
cultivaient les terres fertiles et utilisaient les nombreux cours d'eau
pour se déplacer. L'arrivée des premiers Européens, au XVIIe siècle,
coïncide avec l'établissement des premiers forts et la fondation de colonies
anglaises, françaises et hollandaises dont on retrouve encore des traces aujourd'hui.
L'implantation dans le Nouveau Monde a été semée d'embûches, et de nombreux
conflits ont marqué l'histoire des trois États : Guerre de la Conquête (1754-1760),
Révolution américaine (1775-1783), Guerre anglo-américaine de 1812 (1812-1815),
Guerre de Sécession (1861-1865). Après la Guerre de Sécession, les États-Unis ont
connu une période de prospérité économique appelée The Gilded Age, l'Âge doré.
Ce fut l'époque du développement industriel et de la construction des réseaux
de chemins de fer... et celle où des familles comme les Vanderbilt et les Rockefeller
ont amassé des fortunes colossales. Les manoirs construits au début du XXe siècle
sont de vrais châteaux et témoignent du mode de vie princier de ces *happy few*. Ils
ont souvent été légués à l'État, qui en a fait des sites historiques.

L'industrialisation et le développement de nouvelles régions ont éventuellement
donné naissance au canal Érié et à la Voie maritime du Saint-Laurent, et à
l'ouverture de nouvelles routes.

En sillonnant les routes des trois États, vous ne manquerez pas de vous
étonner, comme moi, de tout ce qui s'y trouve, au point de vue historique. Les
occasions d'apprendre des choses nouvelles se multiplient et on établit vite des
liens entre les événements marquants des trois États et ceux qui se sont déroulés
de notre côté de la frontière.

231

HÉRITAGE
amérindien

Bien avant l'arrivée des premiers colons européens, deux grandes nations amérindiennes se partageaient le territoire aujourd'hui divisé en trois États : les Iroquoiens et les Algonquiens. Au Vermont, par exemple, les historiens ont établi que les premiers occupants – les Paléo-Indiens – se sont établis sur le territoire il y a 11 300 ans. À l'arrivée des Européens, les peuples abénaquis occupaient l'est du New Hampshire et le Vermont, tandis que les tribus iroquoises confédérées (Mohawk, Oneida, Onondaga, Cayuga, Seneca, Tuscarora) s'étaient installées entre les Adirondacks, le long du Saint-Laurent et près des Grands Lacs. Les Mohicans occupaient la rive ouest du lac Champlain et les Delaware, la vallée de l'Hudson. La tribu Pennacook occupait le sud du New Hampshire. Ces communautés ont été confrontées à l'arrivée des Européens, aux guerres, aux épidémies, aux conflits culturels. Aujourd'hui, on trouve encore des communautés autochtones au Vermont et dans l'État de New York, mais il n'y en a plus officiellement au New Hampshire, leur population ayant été décimée, assimilée ou exilée du territoire après l'arrivée des Européens. Plusieurs Abénaquis du New Hampshire se sont notamment établis à Odanak, au Québec. Les noms abénaquis sont toutefois très présents au New Hampshire : la rivière Merrimack (profonde), le mont Pisgah (sombre), la ville de Nashua (deux). Dans les trois États, plusieurs musées et sites historiques présentent leur patrimoine, leur histoire, l'artisanat traditionnel et leurs œuvres d'art.

L'histoire, le patrimoine, le mode de vie et les croyances des Amérindiens de la nation Seneca sont très bien expliqués au Seneca Iroquois National Museum de Salamanca.

La collection d'objets d'art amérindien du Fleming Museum.
À droite : L'exposition « Contact of Cultures » du Lake Champlain Maritime Museum.

Fleming Museum of Art

Le Fleming Museum of Art, situé sur le campus de l'Université du Vermont, à Burlington, présente une importante collection d'artefacts et d'objets d'art amérindien dans une nouvelle salle entièrement rénovée, la James B. Petersen Gallery of Native American Cultures. On y trouve plus de 2 000 pièces anciennes et contemporaines représentant différentes cultures d'Amérique du Nord et du Sud. Le musée présente des masques, des sculptures, des paniers tressés, des textiles, des céramiques, des objets brodés et perlés, une couverture Chilkat de même qu'un vase iroquois en céramique datant des environs de l'an 1500. Il fut mis à jour au début du XIXe siècle à Colchester.

Payant ; ouvert du mardi au samedi, fermé les jours fériés et dans le temps des fêtes, voir le site Web pour plus de détails.

61 Colchester Avenue
Burlington, VT 05405
Tél. : (802) 656-0750
flemingmuseum.org

Voir aussi le Fenimore Art Museum en page 181.

Lake Champlain Maritime Museum

Une exposition de ce musée consacré à l'histoire maritime du lac Champlain, « Contact of Cultures, 1609 », met l'accent sur la culture amérindienne et l'arrivée des premiers explorateurs français. Elle explique les traditions et les connaissances en matière de navigation des Amérindiens de la région du lac Champlain et fait référence à la première expédition de Samuel de Champlain dans la région, en 1609. Le docteur en histoire abénaquise Frederick M. Wiseman a travaillé avec un armurier professionnel pour fabriquer des répliques des armures, des casques et des équipements utilisés par les membres de l'expédition de Champlain. Des Abénaquis ont confectionné des répliques de matériel de pêche utilisé par les Amérindiens au XVIIe siècle.

Payant, ouvert de mai à octobre, voir le site Web pour plus de détails ;
week-end abénaquis en juin.

4472 Basin Harbor Road
Vergennes, VT 05491
Tél. : 802-475-2022
lcmm.org

Mt. Kearsarge Indian Museum

En 1929, après avoir entendu le message philosophique du grand chef indien Silverstar dans sa classe, Bud Thompson a développé une passion pour la culture amérindienne. Plus tard, il a fondé le Mt. Kearsarge Indian Museum avec sa conjointe Nancy, dans le but de faire connaître cette culture et d'expliquer son mode de vie. Plusieurs activités d'interprétation sont présentées : tissage de paniers et de textiles, danse, sculpture. Un ancien boisé, considéré autrefois comme un dépotoir, a été récupéré par le musée et nettoyé. Des sentiers ont été aménagés dans ce qui s'appelle maintenant les « Medicine Woods » et des activités d'interprétation sont offertes. Un grand pow-wow a lieu chaque année en juillet.

Payant, ouvert du 1er mai au 31 octobre, voir le site Web pour plus de détails.

18 Highlawn Road
Warner, NH 03278
Tél. : 603-456-2600
indianmuseum.org

Seneca Iroquois National Museum

Ce musée est essentiel pour comprendre la culture et l'histoire de la nation Seneca. Il est divisé en plusieurs salles d'exposition expliquant les légendes et les animaux totémiques de chaque clan, le mode de vie, les croyances. On y trouve une réplique d'une maison longue, de nombreux artefacts et des témoignages poignants de la création du réservoir Kinzua, dans les années 1960, au cours de laquelle une partie des terres ancestrales ont été inondées. Faites la visite guidée avec un membre de la communauté, c'est vraiment enrichissant. On peut acheter des œuvres amérindiennes authentiques dans la boutique.

Payant, ouvert du mardi au samedi, fermé les jours fériés, voir le site Web pour plus de détails.

814 Broad Street
Salamanca, NY 14779
Tél. : 716-945-1760
senecamuseum.org

La nation Seneca organise chaque année un pow-wow.

Six Nations Indian Museum

Ce musée inauguré dans les années 1950 par Ray, Christine et John Fadden se trouve dans la région nord-est des Adirondacks. On y découvre plus de 3 000 artefacts qui mettent en valeur la culture des six nations de la Confédération iroquoise (Haudenosaunee). Ces six nations sont les Mohawk, Oneida, Onondaga, Cayuga, Seneca et Tuscarora. On y présente des visites guidées explicatives en faisant référence aux nombreuses pièces exposées (pointes de flèches, canots d'écorce, vêtements, etc.). Un canot ancien sculpté d'une seule pièce dans un tronc d'arbre, découvert dans le lac Placid, se trouve aussi au musée. La boutique propose de l'artisanat amérindien (paniers tressés, broderies de perles, livres, bijoux, peintures).

Payant ; ouvert en juillet et août et sur rendez-vous en juin et septembre, voir le site Web pour plus de détails.

1466 County Route 60
Onchiota, NY 12989
Tél. : 518-891-2299
sixnationsindianmuseum.com

Ganondagan State Historic Site

En 1687, une expédition française arrivant du Canada sous le commandement du marquis de Denonville attaqua les Seneca, considérés comme des compétiteurs dans le commerce des fourrures car ils s'étaient alliés avec les Anglais. À Ganondagan, cette attaque sema la destruction et fit plusieurs morts. Les Seneca considèrent aujourd'hui Ganondagan comme la ville de la Paix et lui ont donné un statut sacré. Un tout nouveau musée propose maintenant une expérience interactive multimedia aux visiteurs qui veulent découvrir 2 000 ans de culture amérindienne.

Payant ; site ouvert à l'année, musée et maison longue ouverts du mardi au dimanche, du 1er mai au 31 octobre, voir le site Web pour plus de détails.

Seneca Art and Culture Center
7000 County Road 41, Victor, NY 14564
Tél. : 585-924-5848
ganondagan.org

Les panneaux d'interprétation rappellent des événements historiques intéressants.

Les panneaux d'interprétation historique

Appelés en anglais *Historic Markers,* de beaux panneaux d'interprétation historique en métal apparaissent sur des sites où il y a une histoire ou un fait marquant à raconter, et ce, partout aux États-Unis. Il y en a des centaines au Vermont, au New Hampshire et dans l'État de New York. Ils couvrent une variété de sujets, des sites archéologiques aux champs de bataille, en passant par les maisons historiques et les lieux de naissance des célébrités ou des présidents américains. On en trouve souvent le long des routes de campagne, dans les quartiers historiques, près des cimetières. Ce sont des éléments qui font partie intégrante d'un bon *road trip.* Tous ces panneaux explicatifs sont répertoriés sur le site Web de l'organisme The Historical Marker Database : www.hmdb.org. Une application pour tablettes et téléphones intelligents est aussi offerte.

Les musées,
REFLETS DU PATRIMOINE

Disséminés aux quatre coins du territoire, parfois en montagne, parfois en région rurale, souvent en ville, les musées représentent une très bonne façon de découvrir une région, son histoire, ses grands événements et ses habitants. On y fait souvent des découvertes étonnantes : l'encrier d'Abraham Lincoln à l'Alice T. Miner Museum, un hôtel en bois rond grandeur nature à l'Adirondack Museum, un canot démontable à l'Antique Boat Museum, un remorqueur ayant traversé l'Atlantique au H. Lee White Marine Museum, un squelette de mastodonte entier à l'Earth Museum d'Ithaca, des artefacts du World Trade Center au New York Museum d'Albany. Allez-y seul, en famille, entre amis, un jour de soleil ou un jour de pluie. Prenez tout votre temps, ça en vaut vraiment la peine.

L'Adirondack Museum explique toute l'histoire de cette région et de ses habitants.

L'histoire des anciennes filatures de coton est présentée au Millyard Museum de Manchester, NH. C'est aussi celle de nombreux immigrants canadiens-français.

Vermont History Museum

Situé juste à côté du State Capitol à la coupole dorée, au cœur de Montpelier, ce musée historique compte plus de 30 000 artefacts recueillis depuis 1838, tous liés à la vie dans le Vermont. L'exposition principale du musée, « Freedom and Unity : One Ideal, Many Stories », fait le tour de l'histoire du Vermont, des années 1600 à aujourd'hui. Elle invite les visiteurs à un vrai voyage dans le temps, en découvrant un wigwam abénaquis de taille réelle, une gare de train complète, télégraphe inclus, et un salon meublé comme au temps de la Deuxième Guerre mondiale. Le musée a également recréé la fameuse Catamount Tavern où le révolutionnaire Ethan Allen et ses Green Mountain Boys avaient l'habitude de se retrouver.

Payant ; ouvert du mardi au samedi, fermé les jours fériés, voir le site Web pour plus de détails.

109 State Street
Montpelier, VT 05609
Tél. : 802-828-2291
vermonthistory.org

Millyard Museum and Research Center

La visite du Millyard Museum est très intéressante – et même très émouvante – surtout pour un Québécois. Le musée, construit dans l'ancienne usine Amoskeag Manufacturing Company, présente les 11 000 ans d'histoire des lieux, de ses premiers occupants amérindiens en bordure d'Amoskeag Falls jusqu'à la ville de Manchester. On y présente toute l'histoire des moulins et des usines de textiles qui furent construits dans les années 1830, le long de la rivière Merrimack. De nombreux immigrants se sont installés dans la région pour combler les besoins en main-d'œuvre des manufactures. Dans ses meilleures années, l'usine employait 17 000 personnes, dont plusieurs immigrants venus du Canada français. C'était la plus grande filature de coton et de denim du continent américain. Les nombreux artefacts et bornes interactives rappellent les faits marquants des moulins, les accidents qui y sont survenus, les conditions de travail des ouvriers, la vie à Manchester. Des documents audiovisuels sont présentés, et on y observe des murales en plus des documents d'époque. Le centre de recherches qui se trouve au même endroit contient toutes les archives de l'Amoskeag Manufacturing Company.

Payant ; ouvert du mardi au samedi, fermé les jours fériés, voir le site Web pour plus de détails.

200 Bedford Street
Manchester, NH 03101
Tél. : 603-622-7531
manchesterhistoric.org

Il y a des visites guidées gratuites du capitole de l'État du Vermont, juste à côté.

L'impact de la Seconde Guerre mondiale sur les citoyens américains est expliquée au Wright Museum of WWII à Wolfeboro, NH.

Wright Museum Of World War II

Cet étonnant musée consacré aux années de la Deuxième Guerre mondiale (1939-1945) se trouve au cœur du très beau village de Wolfeboro, sur la rive du lac Winnipesaukee. Il permet de se familiariser avec l'impact du conflit sur le mode de vie des familles américaines : le rationnement, l'importance de la radio, les bons de contribution à l'effort de guerre, le choc de l'attaque de Pearl Harbor et la Défense civile. Comment étaient meublées leurs maisons, quels vêtements portaient-ils, qu'est-ce qui se trouvait sur la table, quelle musique écoutaient-ils, quelles nouvelles obtenaient-ils du front et comment pouvaient-ils suivre le théâtre des opérations qui se déroulaient en Europe et dans le Pacifique ? Une authentique *soda fountain* a été installée, rappelant l'ambiance des années 1940, juke-box inclus. Les différentes bornes présentent de nombreux artefacts. Une vaste salle contient également des pièces militaires, comme un tank, une ambulance et un avion. Des expositions temporaires sont également présentées.

Payant ; ouvert du 1er mai au 31 octobre, voir le site Web pour plus de détails.

77 Center Street
Wolfeboro, NH 03894
Tél. : 603-569-1212
wrightmuseum.org

New York State Museum

Plus de 400 000 visiteurs se rendent chaque année dans cet important musée pour voir les 12 collections permanentes traitant de l'histoire, la paléontologie, les arts et la biologie. Plus de 12,5 millions d'artefacts y ont été recueillis depuis 1838 pour former la collection du musée associé à la recherche scientifique. On y trouve des pointes de flèches préhistoriques, mais aussi un squelette de mastodonte excavé en 1866 et datant d'environ 11 000 ans, des minéraux provenant de l'État de New York, des poteries décorées, des camions de pompiers datant des XVIIIe, XIXe et XXe siècles, un carrousel construit entre 1912 et 1916, et plus de 170 spécimens d'oiseaux naturalisés. Une exposition est consacrée au World Trade Center et aux attentats du 11 septembre 2001, qui ont coûté la vie à 2 746 personnes.

Payant ; ouvert du mardi au dimanche, fermé à la Thanksgiving américaine (dernier jeudi de novembre), à Noël et au jour de l'An, voir le site Web pour plus de détails.

260 Madison Avenue
Albany, NY 12230
Tél. : 518-474-5877
nysm.nysed.gov

Cuisiner en temps de guerre : un mode de vie expliqué au Wright Museum of World War II.

Les bateaux de bois luxueux sont à l'honneur à l'Antique Boat Museum de Clayton, NY.

The Antique Boat Museum

Au cœur de la belle région des Mille-Îles et de la Voie maritime du Saint-Laurent se trouve ce musée de rêve spécialisé dans les embarcations anciennes. On y voit de tout, des pirogues amérindiennes taillées dans un tronc d'arbre aux speedboats utilisés pour les grandes compétitions de vitesse. Il y a plus de 320 bateaux dans la collection permanente, et il faut prévoir plusieurs heures pour faire le tour des différents bâtiments. *La Duchesse*, l'impressionnant *houseboat* de 32 m (106 pi) qui appartenait jadis à George Boldt, est accosté à la marina du musée. Des visites guidées de 30 minutes à bord de ce luxueux ponton sont offertes pendant l'été. Il est possible de faire une excursion de 45 minutes à bord du *Miss 1000 Islands II* pendant l'été.

Payant ; ouvert de mai à novembre, voir le site Web pour plus de détails.

750 Mary Street
Clayton, NY 13624
Tél. : 315-686-4104
abm.org

Des bateaux, un musée

Si les bateaux vous passionnent, je vous recommande chaleureusement la visite du **New Hampshire Boat Museum** de Wolfeboro, au New Hampshire. Il y a une très belle collection de bateaux, d'outils et matériel nautique puisque le New Hampshire, qui compte 600 lacs, a une longue tradition de navigation de plaisance. Ce musée parraine chaque année une régate de bateaux vintage sur le lac Winnipesaukee.

Payant ; ouvert de Memorial Day (premier lundi de mai) à Columbus Day (deuxième lundi d'octobre), voir le site Web pour plus de détails.

399 Center Street, Wolfeboro Falls, NH 03896
Tél. : 603-569-4554
nhbm.org

H. Lee White Marine Museum

Peut-on imaginer qu'un remorqueur puisse traverser l'océan Atlantique ? Ce fut le cas du *John F. Nash*, un remorqueur construit pour la US Navy en 1943. Son équipage releva le défi pendant la Deuxième Guerre mondiale pour se rendre à Kensington, au Royaume-Uni. De là, le vaisseau de la US Navy participa aux opérations du débarquement de Normandie, en juin 1944. Le *Nash*, renommé *Major Elisha K. Henson (LT-5)*, a été déclaré National Historic Landmark en 1992. Il est désormais ancré devant le musée, dans le port d'Oswego. Les visiteurs le découvrent tel qu'il était lors de ses dernières missions sur la Voie maritime du Saint-Laurent, en 1989. En ouvrant les portes de la minuscule cuisine, on trouve même des denrées non périssables utilisées à l'époque pour cuisiner à bord des bateaux. Le musée présente une vaste collection d'outils de navigation, de toiles inspirées par le thème nautique, de cartes et d'artefacts.

Payant ; le musée est ouvert toute l'année, sauf les jours fériés et dans le temps des fêtes ; le *Nash* est ouvert de la mi-mai à la mi-octobre. Voir le site Web pour plus de détails.

1 W 1st Street
Oswego, NY 13126
Tél. : 315-342-0480
hlwmm.org

Adirondack Museum

Situé près du magnifique Blue Mountain Lake, c'est LE musée à découvrir pour tout savoir sur l'histoire des Adirondacks et de ses habitants. Les expositions sont réparties dans plusieurs bâtiments – prévoyez une bonne journée pour la visite tant il y a de choses à voir. Un vaste bâtiment est consacré aux canots, aux chaloupes et aux différentes embarcations populaires dans les Adirondacks. On peut même voir la spécialiste en construction de bateaux de bois Allison Warner à l'œuvre dans son atelier. Au fil de la visite, on entre dans un authentique camp de chasse, on admire des pièces d'artisanat mohawk, on observe le campement rudimentaire de l'ermite Noah John Rondeau, en plus de découvrir des voitures à chevaux, des meubles rustiques, une locomotive à vapeur et un hôtel de bois rond construit en 1876. D'importants travaux de rénovation sont en cours pour refaire une partie du musée. Le Lake View Cafe (voir p. 70) offre une vue imbattable sur Blue Mountain Lake et la boutique du musée offre un choix très intéressant de livres sur les Adirondacks. Ce musée est un *must*.

Payant ; ouvert de la fin mai à la mi-octobre, sept jours sur sept, même les jours fériés, voir le site Web pour plus de détails et les événements spéciaux ; restaurant sur place.

9097 NY Route 30
Blue Mountain Lake, NY 12812
Tél. : 518-352-7311
adkmuseum.org

Le remorqueur *Nash* a traversé l'Atlantique pendant la Seconde Guerre mondiale.

Des fossiles rares et énigmatiques sont présentés au Museum of the Earth à Ithaca, NY.

The Saranac Laboratory Museum

À la fin des années 1800, Saranac Lake, dans les Adirondacks, est devenu un centre de traitement très important pour les gens atteints de tuberculose. De nombreux sanatoriums ont été construits pour qu'ils puissent se reposer au grand air. Lui-même atteint de tuberculose, le Dʳ Edward Livingstone Trudeau s'occupa du premier laboratoire américain consacré à la recherche sur cette maladie. Le musée se trouve dans son laboratoire et différentes expositions expliquent les travaux de recherche et racontent l'histoire des nombreux patients qui ont séjourné à Saranac Lake. Une exposition temporaire, « Medical Marvels », est organisée en collaboration avec Ripley Entertainment Inc., et présente des instruments médicaux anciens et des traitements tous aussi bizarres les uns que les autres.

Payant ; ouvert à l'année du mardi au vendredi, voir le site Web pour plus de détails.

89 Church Street #2
Saranac Lake, NY 12983
Tél. : 518-891-4606
historicsaranaclake.org

Museum of the Earth

Ce formidable musée situé près du centre-ville d'Ithaca se consacre aux sciences de la terre – la géologie, la minéralogie, la paléontologie. La collection de fossiles – une des dix plus importantes de tous les États-Unis – réunit près de 3 millions d'artefacts. De ce nombre, environ 650 spécimens sont présentés dans le musée. À peu près toutes les périodes sont représentées et plusieurs pièces rares s'y trouvent : trilobites, mollusques, plantes fossiles, bois pétrifié. Le musée est spécialement conçu pour stimuler la curiosité des enfants qui peuvent même faire des fouilles dans un bac. À ne pas manquer, le squelette du mastodonte de Hyde Park, découvert en 2000, le squelette de baleine franche et la reproduction grandeur nature de Steggy le stégosaure, construite il y a plus de 100 ans.

Payant ; ouvert tous les jours de Memorial Day (dernier lundi de mai) à la fête du Travail, horaires réduits pendant le reste de l'année, fermé à la Thanksgiving américaine (dernier jeudi de novembre), à Noël et au jour de l'An, voir le site Web pour plus de détails.

1259 Trumansburg Road
Ithaca, NY 14850
Tél. : 607-273-6623
priweb.org

Le premier laboratoire américain consacré à la recherche sur la tuberculose se trouve à Saranac Lake.

Alice T. Miner Museum

Alice T. Miner était l'épouse de William H. Miner, un inventeur qui a fait fortune dans l'industrie ferroviaire avant de construire une ferme modèle comptant 300 bâtiments à Chazy, Heart's Delight (voir p. 249). Alice avait l'œil avisé pour les arts décoratifs, les antiquités, spécialement pour la période *Colonial Revival*. Sa collection est rassemblée dans le musée sur plusieurs étages qu'elle ouvrit en 1924. On y trouve du mobilier, de la vaisselle, des objets de la vie quotidienne, des vêtements, des vases anciens et des écritoires, de même que de nombreux objets décoratifs en verre. Une pièce reproduit une salle à manger de l'époque coloniale. L'encrier utilisé par Abraham Lincoln est un des points forts de la visite, de même que des lettres manuscrites signées par Thomas Jefferson et George Washington.

**Payant ; ouvert de mai à décembre, voir le site Web pour plus de détails ;
visites guidées seulement.**

9618 US Route 9
Chazy, NY 12921
Tél. : 518-846-7336
minermuseum.org

*Ne manquez pas son voisin, le Champlain Valley Transportation Museum. Il compte une extraordinaire collection de véhicules anciens.
cvtmuseum.org*

War of 1812 Museum

Ce petit musée très bien organisé fait la lumière sur le contexte historique, politique, militaire et social précédent et entourant la Guerre de 1812. Les différentes expositions du centre d'interprétation Allan S. Everest montrent son impact sur la vie des habitants de l'État de New York, du Vermont et du Canada. Elles retracent les batailles terrestres et navales ainsi que les événements marquants de cette guerre qui a laissé ses traces dans la vallée du lac Champlain. Plusieurs toiles remarquables se trouvent dans la galerie KeyBank. Un documentaire fort intéressant est présenté au Press-Republican Theatre.

Payant ; ouvert du mercredi au samedi, de 10h à 15h.

31 Washington Road
Plattsburgh, NY 12903
Tél. : 518-566-1814
battleofplattsburgh.org

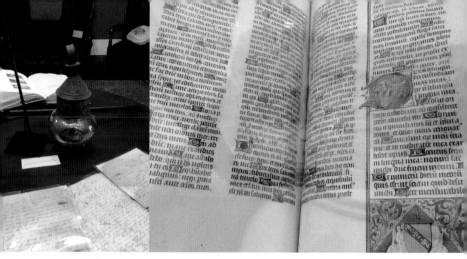

L'Alice T. Miner Museum compte une superbe collection d'antiquités et d'objets décoratifs.

Les fameuses reconstitutions historiques

Renseignez-vous sur les *Historical Reenactments,* les reconstitutions historiques : ce sont des rendez-vous annuels très prisés des férus d'histoire. Des figurants en costumes d'époque installent leurs campements et font revivre des événements marquants ou des batailles historiques datant de la Révolution américaine, de la Guerre de la Conquête, de la Guerre de 1812 ou de la Guerre de Sécession. Ces activités sont présentées près des fortifications comme Lake George, Fort Stanwix, Fort Ticonderoga et Fort No. 4 (voir p. 275). Le cantonnement de New Windsor et le champ de bataille de Stony Point, dans l'État de New York, sont également deux endroits de prédilection

Les figurants en costume d'époque comme ces soldats de Fort Stanwix font revivre des événements importants de l'histoire.

pour découvrir la vie des soldats au XVIIIe siècle (ouvert de la mi-avril à la fin octobre). Certaines organisations présentent également des reconstitutions historiques civiles (par exemple, l'époque coloniale). Les sites Web des *State Parks* et des sites historiques font mention de ces événements très courus.

New Windsor Cantonment State Historic Site
374 Temple Hill Road
New Windsor, NY 12553
Tél. : 845-561-1765
parks.ny.gov

Stony Point Battlefield State Historic Site
44 Battlefield Road
Stony Point, NY 10980
Tél. : 845-786-2521
parks.ny.gov

COUPS DE CŒUR

Les cinq plus beaux villages-musées

Dans les trois États, des villages ont été préservés tels qu'ils étaient à leur fondation, ou ont été reconstitués de toutes pièces afin d'illustrer le mode de vie d'autrefois. Des interprètes en costume d'époque expliquent, décrivent et commentent les différents bâtiments, quand ce ne sont pas des artisans qui travaillent le bois, le métal ou le verre devant nos yeux. C'est une très belle sortie en famille, une occasion de ralentir un peu pour s'immerger dans la vie d'antan. De l'histoire vivante !

Shelburne Museum

Ce complexe muséal unique comprend 38 bâtiments et salles d'exposition répartis sur un site superbement paysagé. Des maisons, une belle grange circulaire, une école de rang, une prison, un phare, un magasin général, une gare, une locomotive et même le bateau à vapeur *Ticonderoga* y ont été déménagés. La collection compte plus de 150 000 pièces ! La maison d'Electra Havemeyer Webb (1888-1960), riche mécène et fondatrice du musée, regroupe sa propre collection de tableaux impressionnistes. Absolument remarquable !

Payant ; l'horaire varie selon les saisons, fermé les jours fériés, voir le site Web pour plus de détails.

6000 Shelburne Road
Shelburne, VT 05482
Tél. : 802-985-3346
shelburnemuseum.org

President Coolidge Museum State Historic Site

Calvin Coolidge, 30e président des États-Unis, a grandi dans le petit village de Plymouth Notch, au cœur des Green Mountains. Lorsqu'il a été assermenté, on décida que tout allait rester tel quel. La maison familiale est toujours meublée comme elle l'était en 1923 et les bâtiments historiques ont été préservés. Même la pompe à essence du magasin général de Florence Cilley affiche le prix de 1923 ! Ne manquez pas les excellents fromages de Plymouth Artisan Cheese (voir p. 157).

Payant ; ouvert de la fin mai à la mi-octobre (bâtiment d'accueil ouvert toute l'année), voir le site Web pour plus de détails ; restaurant sur place.

3780 Route 100 A
Plymouth, VT 05056
Tél. : 802-672-3773
historicsites.vermont.gov

Canterbury Shaker Village

Ce site étonnant explique le mode de vie des Shakers, une communauté religieuse qui s'y était établie en 1792. Les Shakers, dissidents d'ordres religieux variés comme les Quakers et les Méthodistes, se sont formés en Angleterre au XVIIIe siècle. Ils ont émigré aux États-Unis en 1774, formant 19 communautés distinctes qui obéissaient

Le bateau à vapeur *Ticonderoga*.

à plusieurs règles. Canterbury est l'un des plus anciens villages shaker et l'un des mieux préservés. Aujourd'hui, les visiteurs peuvent faire le tour des bâtiments patrimoniaux, regarder des artisans à l'œuvre et manger à The Shaker Table, qui sert des repas inspirés de cette tradition.

Payant ; ouvert tous les jours de la mi-mai à la fin octobre, voir le site Web pour plus de détails et pour les différentes activités ; restaurant sur place.

288 Shaker Road
Canterbury, NH 03224
Tél. : 603-783-9511
shakers.org

Strawbery Banke Museum

En 1630, les premiers colons anglais se sont installés sur un site couvert de baies sauvages le long de la rivière Piscataqua et l'ont appelé Strawbery Banke. En 1653, ce port de mer déjà fort occupé fut renommé Portsmouth. Ce musée remarquable regroupe aujourd'hui des jardins magnifiques et 42 bâtiments historiques sauvés des pics des démolisseurs. Il permet de se familiariser avec la vie des habitants de Portsmouth, de la fin des années 1600 jusqu'aux années 1950. Les bâtiments ont été restaurés et meublés d'après leur époque et des interprètes costumés personnifient des gens qui ont laissé leur marque. J'ai beaucoup aimé !

Payant ; site ouvert à l'année, maisons ouvertes du 1er mai au 31 octobre, voir le site Web pour les différentes visites ; restaurant sur place.

14 Hancock Street
Portsmouth, NH 03801
Tél. : 603-433-1100
strawberybanke.org

Genesee Country Village & Museum

Ce village-musée nous fait découvrir la région de Rochester telle qu'elle était au XIXe siècle. On y trouve 40 bâtiments entièrement meublés et restaurés de manière à leur rendre leur lustre d'origine, y compris la maison d'enfance de George Eastman, fondateur de la compagnie Kodak, et celle du colonel Nathaniel Rochester, fondateur de la ville du même nom. Des interprètes en costume d'époque prennent soin des maisons, des jardins et des animaux, comme dans le temps. Une importante collection de vêtements anciens est conservée dans la John L. Wehle Art Gallery, rénovée en 2012. On peut aussi manger des plats typiques du XIXe siècle au Hosmer's Inn, une taverne ancienne, en réservant d'avance.

Payant ; heures d'ouverture variées selon la saison, voir le site Web pour plus de détails ; restaurant sur place.

1410 Flint Hill Road
Mumford, NY 14511
Tél. : 585-538-6822
gcv.org

Canterbury est l'un des villages shaker les mieux préservés des États-Unis.

RICHE PATRIMOINE
~agricole~

Même si une grande partie du territoire du Vermont, du New Hampshire et de l'État de New York est couverte de forêts et de montagnes, l'industrie agricole s'y est bien développée dans les vallées depuis les années 1800. Au fil des ans, les agriculteurs se sont installés sur les terres fertiles de la vallée du lac Champlain, sur celles qui bordent le fleuve Saint-Laurent et les Grands Lacs. Aujourd'hui, on trouve toujours d'immenses vergers le long du lac Champlain et du lac Ontario, des vignobles le long du lac Érié, des pâturages dans la région centrale de New York et dans les vallées verdoyantes du Vermont et du New Hampshire. La vallée de l'Hudson compte également une importante production maraîchère et des vergers. Le patrimoine agricole et le mode de vie rural sont mis en valeur dans plusieurs musées. Cela permet aux jeunes générations de découvrir comment les choses se faisaient avant Internet, avant l'électricité, avant les premières automobiles. Certains sites mettent également en vedette les plus beaux chevaux et des animaux de ferme au pedigree remarquable. Ouvrez l'œil : dans certaines régions de l'État de New York, les fermiers amish cultivent leurs terres comme autrefois. Ils labourent, sèment et récoltent à l'ancienne, puis vendent les produits de la ferme devant leurs maisons blanches aux portes bleues (voir p. 252).

On a l'impression de faire un voyage dans le temps en visitant Babbie Rural Farm & Learning Site à Peru, NY.

On peut voir des chevaux de la race morgan dans les pâturages de Hearth's Delight.

Billings Farm And Museum

Dans ce domaine exceptionnel, niché dans les douces collines des environs de Woodstock (un village charmant !), les visiteurs font un bond de plus d'un siècle en arrière en découvrant de quoi avait l'air une ferme laitière du Vermont en 1890. Le musée explore tous les aspects de la vie rurale et du travail de la ferme de cette époque : les techniques agricoles, l'élevage des vaches jersey, des moutons et des boeufs de trait, les travaux de la ferme. Les visiteurs peuvent explorer les étables et la *nursery* des veaux et, en après-midi, assister à l'heure de la traite du troupeau de vaches. La résidence principale a été restaurée pour lui donner l'allure d'une *Farm House* de 1890. On y trouve la crémerie, où le beurre était fabriqué. Ce musée est situé tout près du manoir Marsh-Billings-Rockefeller, un incontournable de la région (voir p. 257).

Payant ; ouvert tous les jours du 1er mai au 31 octobre et les fins de semaine seulement de novembre à février, voir le site Web pour plus de détails.

69 Old River Road
Woodstock, VT 05091
Tél. : 802-457-2355
billingsfarm.org

UVM Morgan Horse Farm

Des centaines d'amateurs de chevaux visitent chaque année la ferme de l'Université du Vermont spécialisée dans les chevaux de race morgan. Cette race de chevaux de selle a été développée par l'éleveur américain Justin Morgan, à la fin des années 1700. Les beaux chevaux morgan, réputés pour leur intelligence et leur bon caractère, ont rapidement été très en demande. Pendant la Guerre de Sécession, ils ont été utilisés par la cavalerie : le général confédéré Stonewall Jackson montait un morgan appelé Little Sorrel. Les chevaux sont élevés sur cette ferme universitaire, de manière à promouvoir et préserver le code génétique de la race. Dans la ville voisine de Middlebury se trouve aussi un petit musée consacré aux chevaux, The National Museum of the Morgan Horse. Profitez d'une visite dans la ville pour aller y faire un tour ; c'est très intéressant.

Payant ; ouvert du 1er mai au 31 octobre, voir le site Web pour plus de détails ; visites guidées offertes.

74 Battell Drive
Weybridge, VT 05753
Tél. : 802-388-2011
uvm.edu

The National Museum of the Morgan Horse
34 Main Street
Middlebury, VT 05753
Tél. : 802-388-1639
morganhorse.com

Les bâtiments de Poore Family Homestead sont tous d'époque.

Poore Family Homestead Historic Farm Museum

Ce musée unique dans tout le North Country propose une immersion dans la vie des habitants de cette région rurale de la vallée du fleuve Connecticut, entre les années 1830 et 1980. La maison de la famille Poore ainsi que les granges et les bâtiments de ferme qui se trouvent sur le site de 40 ha (100 ac) sont tous d'époque. De nouvelles infrastructures ont récemment été ajoutées – notamment un amphithéâtre – pour présenter des événements culturels. La ferme Poore dispose également d'une collection de vêtements d'époque, de magazines, de journaux, de lettres datant de la Guerre de Sécession à nos jours, en plus de présenter de l'équipement agricole et des voitures à chevaux. Le site est très apprécié des amateurs de généalogie, entre autres. C'est un endroit parfait pour faire un pique-nique !

Payant ; ouvert du vendredi au dimanche de juin à la fin septembre, voir le site Web pour plus de détails ; des activités et des reconstitutions historiques sont offertes.

629 Hollow Road (NH Route 145)
Stewartstown, NH 03676
Tél. : 603-237-5500 ou 603-237-5313
poorefarm.org

Remick Country Doctor Museum and Farm

En 1790, la famille Remick s'est établie dans le charmant petit village de Tamworth, au sud des White Mountains. Edwin Remick (1866-1935) était médecin de campagne et son fils « Doc » le rejoignit plus tard dans sa pratique. Les Remick père et fils se sont occupés de la santé de plusieurs générations de patients dans le village de Tamworth et dans les fermes des alentours. La clinique était installée dans la belle maison patrimoniale blanche décorée de volets noirs du capitaine Enoch Remick. Elle est aujourd'hui convertie en musée. La ferme familiale, construite à l'époque sur la propriété, est toujours en opération. Il est possible de visiter tout le domaine : les jardins sont cultivés et des animaux de la ferme se trouvent dans leurs enclos. Des sentiers ont été aménagés sur la propriété et le calendrier déborde d'activités pour toute la famille. Des repas légers préparés avec des produits locaux sont offerts au restaurant Farmhouse Kitchen.

Payant ; site ouvert à l'année (les horaires varient), fermé le lundi et les jours fériés, voir le site Web pour plus de détails et les activités offertes ; restaurant sur place.

58 Cleveland Hill Road
Tamworth Village, NH 03886
Tél. : 603-323-7591 ou 800-686-6117
remickmuseum.org

Heart's Delight Farm Heritage Exhibit

Au début des années 1900, William et Alice Miner ont converti leur ferme de Chazy, à quelques minutes de la frontière canadienne, en entreprise agricole d'avant-garde. Ils passèrent de 58 à 6 070 ha (144 à 15 000 ac), sur lesquels 300 bâtiments furent construits. Le propriétaire, un inventeur qui fit carrière dans l'industrie ferroviaire, utilisa toutes les nouvelles découvertes scientifiques – incluant l'hydroélectricité – pour bâtir une entreprise agricole prospère employant 800 personnes. Aujourd'hui, plusieurs bâtiments construits à l'époque sont toujours utilisés pour la recherche en agriculture, notamment pour l'élevage des vaches laitières et des chevaux Morgan. Il est possible d'en visiter quelques-uns. Le site champêtre compte également de très beaux jardins. La production des vaches laitières est maintenant envoyée à Chataugay (NY) pour la fabrication des fromages McCadam.

Gratuit ; le site est ouvert sept jours sur sept, visites du musée de mai à octobre, voir le site Web pour plus de détails.

1034 Miner Farm Road
Chazy, NY 12921
Tél. : 518-846-7121
whminer.org

Le Wilder Homestead se trouve tout près de la frontière.

Wilder Homestead

Nostalgiques de l'émission de télé *La petite maison dans la prairie* et des romans de l'écrivaine américaine Laura Ingalls, ajoutez ce site à votre liste prioritaire ! Il s'agit de la maison d'enfance d'Almanzo Wilder (1857-1949), futur mari de Laura Ingalls (1867-1957). Cette dernière connut un succès monstre en décrivant son enfance dans la série romanesque *La petite maison dans la prairie*, puis celle de son mari dans le roman *Farmer Boy* (*Un enfant de la terre*), publié en 1933. La maison de ferme d'Almanzo Wilder compte des bâtiments originaux construits pièce sur pièce et restaurés, ainsi qu'une école de rang. Il faut participer à une visite guidée (très intéressante !) pour entrer dans les bâtiments et découvrir comment vivait une famille d'agriculteurs dans cette région, au XIXe siècle.

Payant ; ouvert de mai à la fin septembre, voir le site Web pour plus de détails.

177 Stacy Road
Malone, NY 12953
Tél. : 518-483-1207
almanzowilderfarm.com

Des vestiges d'époque décorent aujourd'hui la ferme Heart's Delight de Chazy, NY.

Leeward Babbie et sa sœur Audrey.

Babbie Rural Farm & Learning Site

J'ai craqué complètement pour ce nouveau musée sympathique situé au sud de Plattsburgh. On y expose la collection personnelle de Leeward Babbie, un agriculteur dont la famille est d'origine québécoise. Il a précieusement conservé des outils agricoles, des objets de la vie quotidienne et de la vie rurale pendant des décennies, alors qu'il opérait une ferme laitière. Après sa retraite, Leeward a choisi d'en faire don à une institution sans but lucratif pour que les gens puissent voir de quoi avait l'air une ferme de la vallée du lac Champlain avant les années 1950. Son impressionnante collection compte des objets hétéroclites, allant d'anciennes machines à laver aux pupitres d'écoliers, en passant par des photos d'époque et de la vaisselle. On y trouve aussi des tracteurs, et de l'antique machinerie servant à moudre le maïs ou à faire du bardeau. Leeward a même déménagé l'ancien magasin général de Goshen (1801) sur son terrain ! En visitant les lieux, on a l'impression de faire un voyage dans le temps. Sa sœur, Audrey Falcon, accueille les visiteurs et parle encore français.

Payant ; ouvert de la deuxième fin de semaine de mai jusqu'à la mi-octobre, voir le site Web pour plus de détails.

250 River Road
Peru, NY 12972
Tél. : 518-643-8052
babbiemuseum.org

Philipsburg Manor

Ce manoir construit en 1693 appartenait à la famille d'un riche marchand d'origine hollandaise, Frederick Philipse I, qui le légua à son fils et son petit-fils. Adolphus Philipse, son fils, était engagé dans la traite des Noirs et possédait 23 esclaves qui se chargeaient des différentes tâches devant être effectuées sur son domaine. Ils construisaient des bâtiments, cultivaient les terres, opéraient le moulin et s'occupaient du traversier, entre autres. Vous aurez ici la rare occasion de découvrir un pan méconnu de l'histoire coloniale esclavagiste du nord des États-Unis. Dans le jardin des esclaves, on peut voir quels légumes étaient cultivés à l'époque, pour la consommation courante ou pour des fins médicinales. Le moulin et les différentes pièces du manoir sont également ouverts aux visiteurs. On y trouve des artefacts d'époque et des reproductions qui permettent de mieux comprendre le mode de vie dans la vallée de l'Hudson aux XVIIe et XVIIIe siècles.

Payant ; ouvert de mai à novembre, voir le site Web pour plus de détails.

381 North Broadway
Sleepy Hollow, NY 10591
Tél. : 914-366-6900
hudsonvalley.org

Philipsburg Manor a été construit en 1693.

The Farmers' Museum

Ce bijou de musée situé à Cooperstown comprend des bâtiments restaurés datant de la fin du XVIIIe siècle et du début du XIXe siècle, et différentes expositions présentées dans une énorme grange. Elles sont toutes orientées sur le patrimoine rural et les différentes traditions qui ont forgé la société américaine actuelle. Des interprètes en costume d'époque accueillent les visiteurs dans les différents bâtiments anciens qui ont été déménagés sur le site, et fournissent des informations sur le mode de vie d'antan. À l'étage de la grange principale servant de musée se trouve aussi une vaste collection d'outils anciens. Sur le site, on peut même monter dans le magnifique carrousel Empire State. Lors de ma visite, c'était jour de récolte du houblon à Lippit Farmstead, cette section en plein air du musée qui reproduit une ferme du XIXe siècle. C'est une denrée très en demande maintenant dans la région de Central New York car de nombreuses microbrasseries s'y sont implantées. Le personnel procédait à la récolte de manière traditionnelle, cueillant chaque inflorescence à la main sur de grands piquets couverts de feuilles. Impressionnant ! Dans le hall d'entrée de ce musée, ne manquez pas le fameux « géant de Cardiff », un canular datant du XIXe siècle (voir p. 223).

Payant ; ouvert d'avril à octobre et les dimanches de mars pour le temps des sucres, voir le site Web pour plus de détails.

5775 State Highway 80 (Lake Road)
Cooperstown, NY 13326
Tél. : 607-547-1450 ou 888-547-1450
farmersmuseum.org

Plusieurs bâtiments anciens ont été déménagés sur le site du Farmers' Museum de Cooperstown.

Au pays des Amish

Une importante communauté amish vit paisiblement dans les régions rurales de l'État de New York – surtout dans Western New York, à la frontière de la Pennsylvanie, mais aussi dans les Finger Lakes et dans Central New York. Cette communauté religieuse chrétienne anabaptiste descend d'immigrants européens. Les Amish vivent à l'écart de la société actuelle des *English* et parlent un dialecte allemand appelé *Pennsylvania Dutch*. Ils ont rejeté l'usage de l'électricité, de l'automobile, du téléphone et de l'eau chaude courante. Hommes, femmes, enfants, ados : tous obéissent à des règles très strictes établies par leur *bishop* (évêque), d'après les enseignements de leurs *forefathers*, leurs prédécesseurs. Ils sont très religieux, pacifiques, et se reconnaissent à leurs vêtements, à la mode du XVIIIᵉ siècle. Leurs nombreux enfants sont scolarisés jusqu'à la 8ᵉ année dans une école de rang, où ils se rendent souvent pieds nus.

Les Amish cultivent et vendent les produits de la ferme. Vous verrez les écriteaux peints à la main à l'entrée de leurs bâtiments, qui annoncent des œufs frais, des tartes, du pain, des jouets de bois ou des meubles à vendre.

On peut se familiariser avec le mode de vie traditionnel des Amish et leur culture en empruntant l'extraordinaire Amish Trail, dans les comtés de Cattaraugus et Chautauqua-Allegheny (Western New York). Il y a plusieurs communautés amish autour des villages de Leon, Randolph et Conewango Valley. C'est l'une des expériences les plus authentiques et les plus émouvantes que l'on puisse faire : il n'y a aucune mise en scène et c'est la « vraie vie » des Amish qui se déroule devant nos yeux.

Les kiosques amish ne sont pas ouverts le dimanche ; apporter de l'argent comptant ; respecter la propriété privée ; ne pas photographier les Amish : c'est contre leurs principes.

The Amish Trail Welcome Center
72 Main Street
Randolph, NY 14772
Tél. : 800-331-0543
amishtrail.com

Les Amish fabriquent et vendent leurs produits sur leurs fermes.

Leon Historical Society Museum

Gratuit ; musée ouvert le samedi, de mai à octobre, ou sur rendez-vous ; vente de produits amish sur place ; l'historienne Pat Bromley organise des visites commentées dans la communauté amish de Leon (40 $ US par véhicule/maximum de 6 personnes). Vous y trouverez aussi quelques-unes des magnifiques courtepointes de Lea Statler.

Route 62 (dans l'église)
Leon, NY 14751
Tél. : 716-296-5709
leonhistoricalsociety.webs.com

The Inn at One Bank Street
One Bank Street
Randolph, NY 14772
Tél. : 716-358-2022
theinnatonebankstreet.com

Malinda's Candy Shop
12656 Youngs Road
Conewango Valley, NY 14726

Les courtepointes de Lea Statler
11992 Seager Hill RoadConewango
Valley, NY 14726

Valley View Cheese Factory
6028 US Route 62
Conewango Valley, NY 14726
Tél. : 716-296-5821

Country Knob
Rachel and Eli Hostetler
6896 Riga Road
Conewango Valley, NY 14726

Lea Statler fabrique de magnifiques courtepointes.

Les portes des maisons amish sont toujours peintes en bleu.

Magnifiques ponts couverts

Il y a au Vermont la plus grande densité de ponts couverts de tous les États-Unis : on en trouve une centaine ! Ils sont éparpillés d'un bout à l'autre de l'État, défiant le temps. Celui de **Warren**, dans la Mad River Valley, a été construit en 1880. Le plus long pont couvert à deux travées au monde, le **Windsor-Cornish Bridge**, mesure 137 m (450 pi). Il réunit les villes de Windsor (VT) et de Cornish (NH), passant au-dessus du fleuve Connecticut. On peut encore l'emprunter en voiture et il se trouve à quelques pas de l'American Precision Museum. Le **West Arlington Bridge,** un des ponts couverts cultes du Vermont, traverse la rivière Battenkill. Il se trouve près de l'ancienne maison du peintre et illustrateur Norman Rockwell, The Inn on the Covered Bridge Green.

Il reste encore une cinquantaine de ponts couverts sur le territoire du New Hampshire. Le plus ancien pont couvert du Granite State à être toujours utilisé, le **Bath-Haverhill Covered Bridge** (1829), relie ces deux villes. Il mesure 78 m (256 pi) et sa construction a coûté 2 400 $. Le plus sympa se trouve dans le village de Pittsburgh. C'est le **Happy Corner Bridge,** ainsi nommé en l'honneur d'un citoyen du coin qui aimait particulièrement chanter et danser, d'après les archives du New Hampshire Department of Transportation. Le **Flume Bridge,** souvent photographié, se trouve à The Flume Gorge (voir p. 61), dans le Franconia Notch State Park (voir p. 21). Il fut construit en 1871, mesure 15,2 m (50 pi) et surplombe la rivière Pemigewassett. Sur le sentier de randonnée de ce site remarquable se trouve un autre petit pont couvert piétonnier construit en 1937, le **Sentinel Pine Bridge.** Il surmonte « The Pool », au-dessus de Flume Gorge. À Conway, il y a deux beaux ponts couverts peints en rouge : le **Swift River Bridge** (1870) et le **Saco River Bridge** (1890). Le plus vieux pont ferroviaire couvert de tous les États-Unis se trouve à Hopkinton. Le **Hopkinton Railroad Bridge** fut construit en 1849 et mesure 42,7 m (140 pi) de long. La voie ferrée a été abandonnée depuis.

Dans l'État de New York, il y a près de 200 ponts couverts, mais seulement une vingtaine d'entre eux ont le statut « historique ». La plupart des ponts couverts de l'Empire State ont été construits entre 1825 et 1912. Le plus vieux de tout l'État, le **Hyde Hall Covered Bridge** (1825), se trouve dans le Glimmerglass State Park, près de Cooperstown. Un des plus vieux et des plus longs ponts couverts à travée unique de tous les États-Unis, celui de Blenheim, mesurait 69,5 m (228 pi). Il a été emporté par la crue de la rivière Schoharie en août 2011, pendant le passage de l'ouragan Irene. Le plus long pont couvert de l'État est désormais celui de **Jay** (38,7 m/127 pi). Dans les Catskills, le pont de **Livingston Manor** (1860) fait maintenant partie d'un parc où on peut faire des piques-niques et pêcher dans la rivière Willowemoc.

Au **Bennington Arts Center,** dans le sud du Vermont, une très belle partie du musée est entièrement consacrée aux ponts couverts. Au Vermont Covered Bridge Museum, on retrouve des maquettes minutieusement construites, des plans, des outils d'époque, des documents audiovisuels et une grande variété d'informations sur ces structures. Un pont couvert a même été érigé sur le site.

Le passage sur les ponts est gratuit ; l'entrée au musée est payante ; musée ouvert du mercredi au lundi (fermé le mardi et les jours fériés), voir le site Web pour plus de détails.

Le pont couvert de Warren, VT, passe au-dessus de la rivière Mad.

Le Swift River Bridge se trouve à Conway, NH.

Pont couvert près de Brattleboro, VT.

Maquette au Vermont Covered Bridge Museum de Bennington, VT.

Le Sentinel Pine Bridge est un pont couvert piétonnier construit en 1937 au-dessus de Flume Gorge, NH.

Les grands manoirs

Le long du fleuve Hudson, dans les hautes terres du Vermont, au cœur du New Hampshire ou dans les Mille-Îles, les personnalités influentes du monde de la politique, de la finance et de l'industrie du siècle dernier ont rivalisé d'ambition pour se faire construire à grands frais des manoirs et des châteaux énormes. Ils s'appelaient Roosevelt, Rockefeller, Vanderbilt, Boldt, Eastman, et avaient amassé des fortunes colossales. Leurs *estates*, d'immenses propriétés dotées de superbes jardins, meublées d'antiquités de prix et décorées d'œuvres d'art, sont aujourd'hui transformés en musées. Plusieurs d'entre eux se trouvent le long d'itinéraires très connus — comme la route pour se rendre à New York — et sont faciles d'accès. Leur visite est un vrai voyage à l'époque du *Gilded Age* — l'Âge doré de prospérité économique américaine (1876-1917). Le pouvoir et l'argent donnaient à ces propriétaires fortunés un statut presque royal. Si l'occasion se présente de visiter ces manoirs entre la Thanksgiving américaine (dernier jeudi de novembre) et Noël, allez-y en courant : c'est tout simplement grandiose avec les décorations.

De nombreux meubles et objets ayant appartenu à la famille Lincoln sont présentés dans les pièces du manoir Hildene.

Hildene

Située sur les hauteurs de Manchester, entre les Green Mountains et les Taconic Mountains, Hildene était la résidence d'été de Robert Todd Lincoln, le fils du président américain Abraham Lincoln, et de sa conjointe Mary Harlan Lincoln. L'imposante propriété du président de la compagnie Pullman fut construite en 1905, dans le style *Georgian Revival*. La belle bâtisse compte 24 pièces, huit salles de bains et huit cheminées. La famille disposait de commodités rares pour l'époque : eau courante, électricité, téléphone, chauffage central. De nombreux meubles et objets ayant appartenu aux Lincoln sont encore sur place, tellement bien préservés qu'on a le sentiment qu'un membre de la famille pourrait surgir à tout moment pour nous offrir le thé. Dans le hall d'entrée, un orgue à 1 000 tuyaux datant de 1908 est toujours en état de jouer : on l'entend pendant la visite guidée. Les descendants des Lincoln ont habité Hildene jusqu'en 1975. Les jardins formels Hoyt (voir p. 42) – magnifiques – donnent sur la vallée de la rivière Battenkill. Sur le site se trouve aussi un wagon Pullman datant de 1903, entièrement restauré.

Payant ; ouvert tous les jours de l'année sauf à la Thanksgiving américaine (dernier jeudi de novembre), les 24, 25 et 26 décembre et à Pâques, de 9h30 à 16h30 ; sentiers de ski de fond et raquette en hiver.

1005 Hildene Road
Manchester, VT 05254
Tél. : 802-362-1788
hildene.org

Marsh-Billings-Rockefeller National Historic Park

Ce site historique valorise l'approche visionnaire de Frederic Billings, George Perkins Marsh et la famille Rockefeller au sujet de l'environnement, de la saine gestion des ressources naturelles et du développement durable. Le site est entré dans le réseau du National Park Service en 1998 et c'est le seul qui se concentre sur l'histoire de l'environnementalisme. Le centre d'interprétation fournit d'ailleurs de l'information pertinente à ce sujet. On peut se promener dans une magnifique forêt d'érables et de pruches immenses, âgés de 400 ans, visiter la ferme, les jardins magnifiques du site et faire une visite guidée de la *mansion* (le manoir). Celle-ci permet d'entrer dans la vie quotidienne des Rockefeller : tout est resté tel quel depuis que Mary et Laurence Rockefeller l'ont léguée au gouvernement. On y trouve du mobilier d'époque, des tableaux, des œuvres d'art, des livres et des souvenirs personnels. Émouvant, intéressant et inspirant.

Payant ; visites guidées du site et de la *mansion* de Memorial Day (dernier lundi de mai) au 31 octobre, voir le site Web pour plus de détails.

54 Elm Street
Woodstock, VT 05091
Tél. : 802-457-3368
nps.gov/mabi

Mary et Laurence Rockefeller ont légué leur propriété au gouvernement américain.

The Castle In The Clouds

Après avoir fait fortune dans l'industrie de la chaussure, Thomas Gustave Plant (d'origine canadienne française) a pris sa retraite à l'âge de 51 ans et s'est marié en secondes noces avec Olive trois ans plus tard. Au début des années 1910, il a concentré ses énergies dans la construction de leur maison, le manoir Lucknow, situé dans les montagnes d'Ossipee. Cette résidence dessinée par la firme J. Williams Beal & Sons, de Boston, représente un exemple peu commun du mouvement architectural *Arts & Crafts* en Nouvelle-Angleterre, style souhaitant être en harmonie avec la nature. Elle comptait de nombreuses innovations technologiques pour l'époque, comme l'aspirateur central. Toutes les pièces de ce manoir offrent une vue spectaculaire sur les paysages environnants. La propriété, renommée Castle in the Clouds, est ouverte au public depuis 1959, et meublée comme à l'époque de Thomas et Olive.

Payant ; ouvert de mai à octobre, voir le site Web pour plus de détails ; restaurant sur place ; pas de poussette dans le manoir.

455 Old Mountain Road
Moultonborough, NH 03254
Tél. : 603-476-5900
castleintheclouds.org

Hyde Hall

Ce manoir de 50 pièces a été construit entre 1817 et 1834 sur une propriété de 24 280 ha (60 000 ac) acquise par George Clarke, mari d'Ann Low Cary Cooper. Les descendants de la famille Clarke y ont habité jusque dans les années 1960. Hyde Hall compte une immense salle à manger aux plafonds hauts de 5,7 m (19 pi), un salon spacieux, une bibliothèque et plusieurs chambres à coucher. De multiples toiles d'époque décorent les murs des parties rénovées du manoir. On y trouve aussi des meubles datant du XIXe siècle, des chandeliers rares et d'anciens cabinets d'aisance. Hyde Hall, réputée hantée depuis un siècle, a fait l'objet du spécial « Halloween » de l'émission américaine *Ghost Hunters* en 2013. Lors des visites, en plus de découvrir l'architecture de la maison, sa construction et l'histoire de la famille Clarke, on en apprend sur la malédiction lancée par une veuve malcommode, sur des tunnels secrets, sur un piano qui joue tout seul et sur un spectre aperçu dans la *nursery*...

Payant ; ouvert de la fin mai au 31 octobre, voir le site Web pour plus de détails.

267 Glimmerglass State Park Road
Cooperstown, NY 13326
Tél. : 607-547-5098
hydehall.org

Hyde Hall est réputée hantée depuis un siècle !

Le manoir de 54 pièces des Vanderbilt est construit sur la rive du fleuve Hudson, à Hyde Park. À droite : George Eastman, fondateur de la compagnie Kodak, a vécu les 30 dernières années de sa vie dans ce manoir de Rochester.

Vanderbilt Mansion National Historic Site

Frederic William Vanderbilt (1856-1938) a fait l'acquisition d'une immense propriété sur la rive est du fleuve Hudson en 1895 et y a fait construire un château de 54 pièces, Hyde Park. Il lui servait de résidence secondaire. Les plans du manoir, de style architectural Beaux-Arts, furent dessinés par la prestigieuse firme McKim, Mead & White. Les Vanderbilt pouvaient aisément voyager entre la ville de New York et Hyde Park grâce à leur propre chemin de fer, la New York Central Railroad. Le manoir disposait de toutes les commodités (fait rarissime à l'époque) – même de l'électricité puisqu'il avait sa propre petite centrale hydroélectrique. Suivant le guide de pièce en pièce, toutes décorées avec des antiquités, des meubles sur mesure et des œuvres d'art, les visiteurs se font vite une idée de la fortune des Vanderbilt. La chambre à coucher de Louise Vanderbilt est inspirée de celle de Marie-Antoinette au palais de Versailles.

Payant ; visites guidées seulement, à heures fixes (voir les horaires sur le site Web) ; fermé à la Thanksgiving américaine (dernier jeudi de novembre), à Noël et au jour de l'An.

119 Vanderbilt Park Road
Hyde Park, NY 12538
Tél. : 845-229-7770
nps.gov/vama

George Eastman House

George Eastman, fondateur de la société Kodak, a révolutionné l'univers de la photographie en inventant le premier appareil portatif, en 1888. La maison de style *Colonial Revival,* construite au début du XXe siècle, où il vécut les 30 dernières années de sa vie, se trouve dans un beau quartier de Rochester. Elle est aujourd'hui transformée en musée – un des plus importants au monde en ce qui concerne la photographie et le cinéma. Les pièces de la maison sont grandioses : salles de réception, salle à dîner, conservatoire, salle de billard, bibliothèque, grand hall. Un élégant escalier conduit à la chambre à coucher de Maria Kilbourn Eastman, la mère de George Eastman, qui habitait aussi dans ce manoir. Partout dans la maison, on trouve le mobilier original, quantité de reproductions et, à l'extérieur, un jardin absolument superbe rappelant l'époque d'Eastman. Des projections sont présentées toute l'année au Dryden Theatre, au sein du manoir, et le musée compte une quantité phénoménale d'artefacts reliés à l'industrie du film et à la photographie.

Payant ; ouvert à l'année, sauf le lundi et le jour de Noël, voir le site Web pour plus de détails ; restaurant sur place.

900 East Avenue
Rochester, NY 14607
Tél. : 585-271-3361
eastman.org

Ruth Livingstone Mills avait des goûts extravagants.

Mills Mansion at Staatsburg State Historic Site

Cette spectaculaire résidence donnant sur le fleuve Hudson a été érigée à la fin du XIXe siècle par Ogden Mills et sa conjointe, Ruth Livingstone Mills. Elle se trouve sur le site d'un manoir de style *Greek Revival* de 25 pièces construit en 1832, hérité par Ruth. En 1896, l'édifice a été agrandi en respectant le style Beaux-Arts, et compte désormais 65 pièces et 14 salles de bain. L'intérieur, luxueux, est décoré dans le style français des XVIIe et XVIIIe siècles. Les Mills adoraient recevoir pendant l'automne, lorsqu'ils étaient à Staatsburg : ils accueillaient souvent jusqu'à 80 invités. La visite des salons, de la salle à manger et même des cuisines permet d'avoir une idée des efforts que déployaient les Mills pour faire bonne impression dans la haute société américaine. On se croirait dans un épisode de *Downton Abbey* ! Le manoir est fermé du 1er novembre au lendemain de la Thanksgiving américaine pour installer les décorations de Noël – c'est dire à quel point elles sont somptueuses.

Payant ; ouvert d'avril à octobre, et au lendemain de la Thanksgiving américaine (dernier jeudi de novembre) jusqu'au 31 décembre (avec les décorations de Noël), avec des heures d'ouverture réduites, voir le site Web pour plus de détails ; sur rendez-vous pour visites de groupe de janvier à mars.

Old Post Road
Staatsburg, NY 12580
Tél. : 845-889-8851
nysparks.com et millsmansion.org

Springwood : Franklin D. Roosevelt National Historic Site

Franklin D. Roosevelt, 32e président des États-Unis, adorait Springwood, la résidence de la famille Roosevelt dans la vallée de l'Hudson. Il fit rénover la propriété, et différents ajouts lui donnèrent son allure actuelle, de style *Colonial Revival*. Il fit également planter 400 000 arbres sur la propriété. Springwood était considérée comme la « Maison Blanche d'été » et le président y accueillait ses proches conseillers et les dignitaires étrangers. Il y reçut la reine Elizabeth en 1939, de même que plusieurs têtes couronnées au fil des ans. Le manoir compte plusieurs pièces richement ornementées, dont un bureau/bibliothèque transformé en musée. Il y conservait 14 000 livres, plus de 2 000 gravures et lithographies, 300 spécimens d'oiseaux et une collection de timbres comptant plus d'un million d'éléments. Franklin et sa conjointe, Eleanor, sont enterrés dans le jardin, sous un mausolée.

Payant ; ouvert à l'année, sauf à la Thanksgiving américaine (dernier jeudi de novembre), à Noël et au jour de l'An, voir le site Web pour plus de détails ; visite du manoir en tour guidé seulement.

4097 Albany Post Road
Hyde Park, NY 12538
Tél. : 845-229-9115
nps.gov/hofr

Boldt Castle

Le millionnaire George C. Boldt, propriétaire du légendaire hôtel Waldorf Astoria à New York, a fait construire en 1900 ce château de six étages sur Heart Island, dans les Mille-Îles. C'était un cadeau pour sa femme Louise, qu'il adorait. En 1904, les travaux ont été interrompus par le décès subit de Louise. George, le cœur en miettes, ne remit plus jamais les pieds à Boldt Castle. La propriété a donc été laissée à l'abandon avant d'être achetée par la Thousand Islands Bridge Authority, qui s'est chargée de la rénover, de l'entretenir et de l'ouvrir au public. Aujourd'hui, des milliers de personnes s'y rendent chaque année pour l'admirer (vous verrez des cœurs partout !) et on y célèbre plusieurs mariages. Personne n'est autorisé à dormir sur Heart Island, puisque Boldt lui-même n'y a jamais passé la nuit ! Mélange d'architecture médiévale et victorienne, Boldt Castle compte 120 pièces, des jardins superbes, un pont-levis, un hangar à bateaux, une colombière et des bâtiments utilitaires. Il se trouve tout près du chenal emprunté par les cargos qui suivent la Voie maritime du Saint-Laurent : vous les verrez de près ! Une autre excursion ($) permet de découvrir le hangar à bateaux et ses pièces de collection.

Payant ; ouvert de mai à octobre, voir le site Web pour plus de détails ; accessible seulement par bateau (Uncle Sam Boat Tours, voir p. 57), départs sur le quai d'Alexandria Bay ; réservation recommandée ; il y a un poste de douane à Boldt Castle si vous arrivez du Canada par bateau : vous êtes en territoire américain.

Heart Island
Alexandria Bay, NY 13607
Tél. : 315-482-9724
boldtcastle.com

George C. Boldt, propriétaire de l'hôtel Waldorf-Astoria de New York, fit construire ce château sur Heart Island dans les Mille-Îles mais n'y habita jamais.

Cinq générations de la famille Lincklaen/Ledyard ont habité dans le manoir Lorenzo à Cazenovia, NY.

Singer Castle On Dark Island

Frederick Gilbert Bourne, un entrepreneur devenu millionnaire au début du XXe siècle, souhaitait surprendre sa femme Emma et leurs enfants en leur offrant un lieu de retraite paisible, hors de la ville. Le président de la Singer Sewing Machine Company acheta donc Dark Island, dans les Mille-Îles, pour y faire construire au coût de 500 000 $ un manoir de pierre de taille de quatre étages, comptant 28 pièces et trois hangars à bateaux, en plus des bâtiments utilitaires. Appelé The Towers, le manoir a été dessiné par l'architecte Ernest Flagg, qui s'inspira du Woodstock Castle, en Écosse, tel que décrit dans le roman *Woodstock ou le Cavalier* de Sir Walter Scott (1832). La résidence compte plusieurs passages secrets qui permettent d'aller d'un bâtiment à l'autre et d'espionner les invités. Il paraît que le château est hanté !

Payant ; ouvert seulement pendant la belle saison (accès par les bateaux d'Uncle Sam Boat Tours – voir p. 57), voir le site Web pour plus de détails.

1136 County Route 6
Hammond, NY 13646
Tél. : 315-324-3275 ou 877-327-5475
singercastle.com

Lorenzo State Historic Site

Cinq générations d'une famille prospère et influente de Central New York, les Lincklaen/Ledyard, ont vécu dans le manoir néoclassique Lorenzo, dans le beau village de Cazenovia. Construit en 1807 par John Linklaen, fondateur du village, le site de prestige a été légué à l'État de New York en 1968. La visite du manoir plaira assurément aux amateurs de mobilier ancien et de décoration d'époque : tout a été restauré dans les moindres détails, parfois à grands frais. La décoration donne une idée du luxe dans lequel vivaient les gens fortunés de l'époque : riches tentures, mobilier raffiné, argenterie, porcelaine, candélabres, lits à baldaquins. Les domestiques, par contre, devaient se contenter d'appartements beaucoup plus rudimentaires ! Le manoir est entouré de pelouses et de jardins magnifiques où de nombreux événements spéciaux sont présentés, comme des concerts de l'orchestre symphonique de Syracuse et « Shakespeare on the Lawn ». Des sentiers sillonnent le terrain de 35 ha (87 ac) et on peut y faire de la raquette en hiver.

Payant ; visites guidées du manoir de la mi-mai à la mi-octobre et en décembre pour les activités spéciales du temps des fêtes, voir le site Web pour plus de détails.

17 Rippleton Road
Cazenovia, NY 13035
Tél. : 315-655-3200
nysparks.com et
friendsoflorenzo.org

Il y a un très beau jardin !

LUXE, POLITIQUE, FANTÔMES ET PROHIBITION
sous un même toit!

Maintes fois, on m'avait parlé des bonnes tables, des histoires de fantômes, de l'histoire et de l'architecture de l'hôtel Omni Mount Washington, qui marque l'entrée dans les White Mountains, à Bretton Woods. Je me suis donc rendue dans le hall d'entrée de l'hôtel pour une visite guidée, afin d'en apprendre un peu sur l'histoire de l'endroit. Construit en 1902 par Joseph Stickney, le luxueux Mount Washington Resort accueillait pendant l'été tout le «gratin» de Boston, New York et Philadelphie, qui fuyait la chaleur de la côte pour se rafraîchir dans les montagnes... En me promenant dans les corridors décorés à l'ancienne, j'ai appris quantité de détails étonnants: c'est Thomas Edison qui a installé le système électrique de l'hôtel; les chandeliers de cristal de la Princess Room ont été fabriqués en même temps que ceux du *Titanic*; des vitraux Tiffany ornent la salle à dîner... Cette dernière a même été conçue de forme octogonale, de manière à ce qu'aucun invité ne se retrouve dans un coin. Délicate attention!

On m'a aussi raconté que la veuve du propriétaire des lieux, Carolyn Foster – décédée en 1936 – était plutôt excentrique. Et la rumeur veut que son fantôme se pointe régulièrement dans la chambre 314...

Dans le sous-sol de l'hôtel, j'ai découvert The Cave, un bar clandestin qui faisait fureur pendant la Prohibition (1919-1933). On peut aujourd'hui y prendre un verre en toute légalité et écouter de la musique *live*.

Visite guidée gratuite; voir le site Web pour les horaires.

310 Mount Washington Hotel Road
Bretton Woods, NH 03575
Tél.: 603-278-1000 ou 800-680-6600
omnihotels.com

L'hôtel Omni Mount Washington a été construit en 1902 par George Stickney.

Les *Great Camps* des Adirondacks

À la fin des années 1800 et au début des années 1900, la classe américaine qui avait fait fortune dans les industries, la finance, les chemins de fer et différents secteurs d'activité achetait des centaines d'hectares de forêt vierge pour y construire ses résidences d'été et «camps de chasse», appelés *Great Camps*. Ces constructions rustiques d'envergure, aménagées selon l'esthétique du mouvement *Arts & Crafts* ou *Swiss Chalet*, font partie des joyaux de l'architecture des Adirondacks. Certains *Great Camps* sont encore de propriété privée, mais plusieurs sont maintenant propriété publique. Trois *Great Camps* des Adirondacks sont ouverts au public (à date fixe et sur réservation) : Camp Santanoni, White Pine et Great Camp Sagamore. Un organisme à but non lucratif, **Adirondacks Architectural Heritage** (NY), a pour mission de préserver ces *Great Camps* de même que plusieurs autres constructions rustiques du parc des Adirondacks. Il organise des expositions, des conférences et des visites guidées de Camp Santanoni et de certains édifices historiques de la région à dates fixes, sur réservation.

Payant ; voir le site Internet pour le calendrier des activités.

Adirondacks Architectural Heritage
1745 Main Street
Keeseville, NY 12944
Tél. : 518-834-9328
aarch.org

Camp Santanoni Preserve

En 1892, un couple fortuné de la ville d'Albany fit construire ce *Great Camp* élaboré qui comptait même sa propre ferme. Quelque 1 500 troncs d'épicéa furent utilisés pour la construction de la *Main Lodge*. Le domaine est demeuré entre les mains de propriétaires privés jusqu'en 1972, année où l'État de New York en fit l'acquisition. Santanoni Preserve, classé National Historic Landmark, figure maintenant sur la liste du National Register of Historic Places. Le bâtiment ouvert aux visiteurs ne contient pas de meubles : tout est centré sur l'architecture. Comme les véhicules motorisés ne sont pas permis sur le domaine, il faut marcher, pédaler ou skier pendant 8 km (5 mi) pour atteindre le site.

Payant ; ouvert à l'année ; visites guidées sur réservation seulement, une fois par mois, de juin à octobre.

Route 28N, Santanoni Road
Newcomb, NY 12852
Tél. : 518-834-9328
aarch.org

White Pine Camp

Ce domaine composé de plusieurs bâtiments a été construit au début du XXᵉ siècle sur la rive du lac Osgood, dans la région des lacs de St. Regis, pour le banquier new-yorkais Archibald S. White et sa femme Olive. À l'origine, le camp comprenait le chalet du propriétaire, quatre chalets pour les invités, un bâtiment servant de salle à dîner, deux hangars à bateaux, un court de tennis intérieur, une allée de bowling intérieure et une maison de thé à la japonaise. Si l'un de vos rêves est de séjourner dans un *Great Camp* des Adirondacks, bonne nouvelle : il est possible de louer les chalets rénovés qui se trouvent sur ce site historique d'exception, à la nuitée ou à la semaine.

Payant ; ouvert à l'année ; visites guidées de deux heures offertes de juin à septembre, sur réservation uniquement.

White Pine Road (se prend à partir de la route 86)
Paul Smith, NY 12970
Tél. : 518-327-3030
whitepinecamp.com

Great Camp Sagamore

Ce *Great Camp* phénoménal a été construit entre 1895 et 1897 par William West Durant, fils d'un magnat de la finance et de l'industrie ferroviaire. À peine complété, son énorme camp rustique de trois étages a dû être vendu pour des raisons familiales. Alfred Gwynne Vanderbilt s'en porta acquéreur en 1901 et le fit agrandir pour accueillir ses invités de marque dans le grand confort : eau chaude courante, allée de bowling, court de tennis, terrain de croquet... La propriété a finalement été léguée à la Syracuse University. Great Camp Sagamore est classé National Historic Landmark depuis 2000 et figure sur la liste du National Register of Historic Places depuis 1976.

Payant, visites guidées de la fin mai à la mi-octobre, voir le site Web pour plus de détails ; possibilité de location pour des groupes.

Sagamore Road
Raquette Lake, NY 13436
Tél. : 315-354-5311
sagamore.org

Les phares,
LUMIÈRE SUR L'HISTOIRE

Avertissant les marins des côtes, des écueils, des bancs de sable, des zones dangereuses ou de l'entrée d'un port, les phares font partie du paysage maritime des États frontaliers. Du côté de l'Atlantique, des Grands Lacs, de la Voie maritime du Saint-Laurent, du lac Champlain et du fleuve Hudson, ils font aussi partie du patrimoine car leur construction a eu un impact énorme sur la sécurité des transports maritimes et le développement de l'activité économique. Évidemment, les amateurs de phares sont choyés dans l'État de New York, qui en compte de magnifiques ! Bien qu'ils soient aujourd'hui automatisés, certains phares ont encore des lentilles Fresnel d'origine. Il n'en reste plus que 70 aux États-Unis. Grâce aux efforts de nombreuses sociétés historiques, plusieurs ont été sauvés de la destruction, restaurés et sont aujourd'hui ouverts aux visiteurs. À plusieurs endroits, il est possible de monter dans le phare pour admirer la vue. Et parfois, on a de bonnes histoires de fantômes en prime !

On peut monter dans la lanterne du phare de Sodus Point.

Le beau phare de Colchester Reef a été déménagé sur le terrain du Shelburne Museum.

Colchester Reef Lighthouse

Il reste peu de phares sur le lac Champlain du côté du Vermont, la plupart ayant été démolis ou remplacés par des tours métalliques automatisées. Le phare de Burlington, marquant l'entrée du port de la ville, se trouve sur une jetée servant de brise-lames et n'est pas accessible. En 1871, le phare de Colchester Reef a été construit dans le style français Second Empire à Colchester Point, au nord de Burlington. Le phare avait été conçu pour résister aux forts vents et aux glaces du lac Champlain et une lentille Fresnel y avait été installée. Onze générations de gardiens y ont travaillé avant qu'il soit mis hors d'usage par les conditions climatiques difficiles de la région. Heureusement, il a été sauvé de la démolition, déménagé et reconstruit sur le site du superbe **Shelburne Museum** (voir p. 244), en 1952.

Payant. Voir le site Web pour les heures d'ouverture.

Shelburne Museum
6000 Shelburne Road
Shelburne, VT 05482
Tél.: 802-985-3346
shelburnemuseum.org

Portsmouth Harbor Lighthouse

Dès l'époque coloniale, les marins ont recommandé la mise en place d'un phare à l'entrée de la rivière Piscataqua, réputée pour ses courants dangereux et son puissant débit, afin d'arriver sains et saufs à Portsmouth. Une première tour haute de 15,2 m (50 pi), équipée de lampes à huile en cuivre, a été érigée en 1771. Son importance était telle que le président George Washington, en 1793, a exigé que le phare soit en opération 24 h sur 24, et qu'un gardien vive sur place. Une nouvelle tour de 24,3 m (80 pi) fut construite en 1804, remplacée en 1878 par un phare en fonte équipé d'une lentille Fresnel qui est toujours en opération. Il est possible de monter jusqu'à la lanterne pour admirer la vue.

Payant; ouvert seulement le dimanche entre Memorial Day (dernier lundi de mai) et Columbus Day (deuxième lundi d'octobre), de 13 h à 17 h; puisqu'il s'agit d'un site de la garde côtière, il est possible qu'il soit interdit d'accès; les enfants doivent mesurer plus de 42 pouces pour monter dans le phare.

25 Wentworth Road
New Castle, NH 03854
Tél.: 603-534-0537
portsmouthharborlighthouse.org

Tibbetts Point Lighthouse

Le phare de Tibbetts Point, dans la charmante petite ville de Cape Vincent, guide les navires qui suivent la Voie maritime du Saint-Laurent, au point de jonction entre le lac Ontario et le fleuve Saint-Laurent, dans la région des Mille-Îles. La tour conique faite de briques blanches et pourvue d'une lanterne noire a été érigée en 1854 sur le site d'un ancien phare datant de 1827. Elle se dresse à 21 m (69 pi) au-dessus du lac Ontario et compte une lentille Fresnel d'origine (1854). Quelques lentilles Fresnel sont encore en opération dans l'État de New York, les autres étant celles des phares de Dunkirk (sur le lac Érié), d'Eatons Neck (Long Island) et de Staten Island Rear Range (près de la ville de New York). Le phare de Tibbetts Point est automatisé depuis 1981. Il est possible de visiter la propriété – l'ancienne maison du gardien du phare abrite maintenant une auberge de jeunesse. L'endroit fait partie des attraits de la route scénique appelée Great Lakes Seaway Trail (834 km / 518 mi), et c'est un superbe site pour admirer le coucher du soleil sur le lac Ontario (voir p. 68).

Payant.

33435 County Road 6
Cape Vincent, NY 13618
Tél. : 315-654-2700
capevincent.org/lighthouse

Great Lakes Seaway Trail
seawaytrail.com

Coucher de soleil au phare de Tibbetts Point.

Le phare de Selkirk est surmonté d'une rare lanterne de style Bird Cage.

Sodus Bay Lighthouse Museum

En plus d'offrir un point de vue imprenable sur le lac Ontario et la baie de Sodus, le premier phare de Sodus Point a été témoin de nombreux épisodes historiques importants, dont une bataille entre la milice américaine et l'armée britannique pendant la Guerre de 1812 (en juin 1813). Le bâtiment actuel a été complété en 1871 et a guidé les navigateurs jusqu'en 1901. Des visites guidées sont proposées et on peut monter dans l'escalier en colimaçon qui conduit jusqu'à la lanterne. Plusieurs artefacts intéressants se trouvent dans le musée, dont les outils des gardiens de phare ainsi qu'une théière en argent ayant été enterrée par la femme du capitaine Wickham avant la bataille de 1813. Un deuxième phare en fonte, construit en 1938, se trouve au bout d'un long quai dans la baie de Sodus.

Payant ; ouvert du mardi au samedi, du 1er mai au 31 octobre, voir le site Web pour plus de détails.

7606 North Ontario Street
Sodus Point, NY 14555
Tél. : 315-483-4936
soduspointlighthouse.org

Selkirk Lighthouse

L'ancien phare marquant l'embouchure de la rivière Salmon, sur le lac Ontario, a été construit en 1838 et sert toujours d'aide à la navigation. Il surplombe la marina de Salmon River, extrêmement populaire auprès des pêcheurs. En 2014, les nouveaux propriétaires ont complété de nombreuses rénovations, redonnant du lustre à la maison du gardien du phare, surmontée d'une belle lanterne rouge de style *Bird Cage* (très rare, il n'y en a plus que quatre aux États-Unis). Trois chambres peuvent maintenant être louées dans la maison et les clients ont droit à une visite guidée privée de la lanterne. Le phare est hanté, dit-on, par l'esprit de Mary, une femme à l'aspect peu commode, d'après le portrait présenté dans le salon. Les visiteurs ont écrit de nombreux témoignages de sa présence.

Payant.

5 Lake Road
Pulaski, NY 13142
Tél. : 315-509-4208
salmonriverlighthousemarina.com

Charlotte-Genesee Lighthouse

Ce phare – le doyen de ceux donnant sur le lac Ontario et le plus ancien de ce lac à être toujours en opération – est situé à quelques kilomètres du centre-ville de Rochester. La structure d'origine a été construite en 1822, à l'embouchure de la rivière Genesee. En 1853, une lentille Fresnel a remplacé dix lampes Argand qui étaient alimentées à l'huile de baleine. Le phare restauré, d'une hauteur totale de 15,8 m (52 pi), est aujourd'hui ouvert au public. La **Charlotte-Genesee Lighthouse Historical Society** gère la tour et son musée, installé dans la maison du gardien. Le phare fait partie des attraits du Great Lakes Seaway Trail.

Payant ; ouvert au public du début mai à la fin novembre, de 13 h à 17 h.

70 Lighthouse Street
Rochester, NY 14612
Tél. : 585-621-6179
geneseelighthouse.org

Rock Island Lighthouse State Park

Après avoir été restauré au coût de 1,5 million $ US, le fameux phare de Rock Island, situé dans la région des Mille-Îles, a ouvert de nouveau ses portes aux visiteurs en 2013. Ce phare – l'une des six tours guidant les navires entre le lac Ontario et la Voie maritime du Saint-Laurent – a été construit en 1847. Son histoire compte un réaménagement et un déménagement, de manière à offrir la meilleure assistance possible aux marins dans cette zone propice aux naufrages, avant la fermeture définitive en 1955. Depuis 2013, il est ouvert au public et géré par les New York State Parks. Chaque pièce du rez-de-chaussée de l'ancienne maison du gardien présente un volet différent de l'histoire du phare : le développement économique de la région et de la Voie maritime du Saint-Laurent, l'histoire du phare, la vie des gardiens, les épaves. Le public peut monter jusqu'à la lanterne. On peut se rendre à Rock Island en réservant une excursion en bateau avec **Clayton Island Tours**. Il est aussi possible d'avoir une bonne vue sur le phare à partir du Pont international des Mille-Îles, sur Wellesley Island. Le site est conçu pour accueillir des événements spéciaux et des mariages.

Payant ; ouvert de Memorial Day (dernier lundi de mai) à Columbus Day (deuxième lundi d'octobre), voir le site Web pour plus de détails.

Fishers Landing, NY 13641
Tél. : 315-775-6886
nysparks.com

Clayton Island Tours
39621 Chateau Lane
Clayton, NY 13624
Tél. : 315-686-4820
claytonislandtours.com

Le public peut monter jusqu'à la lanterne du phare de Rock Island.

Dunkirk Lighthouse & Veterans Park Museum

Le tout premier phare de Dunkirk fut érigé à Point Gratiot en 1827, et équipé d'une lentille Fresnel en 1857 afin de guider les marins vers le port de Dunkirk. Menacé par l'érosion, il fut déménagé plus loin en 1875, à côté d'une nouvelle maison victorienne construite pour le gardien. La tour cylindrique d'origine est toujours à l'intérieur de la tour carrée faite de brique, assortie à la maison. La lentille Fresnel d'origine, payée 10 000 $ à l'époque, se trouve toujours dans la lanterne et projette sa lumière à 32 km (20 mi) de distance, protégeant les marins sur le lac Érié. Si vous avez la chance de faire une visite guidée avec Andy Gray, ne la manquez pas : il connaît tout du phare de Dunkirk, de la Guerre de 1812 jusqu'aux histoires de fantômes. En sa compagnie, vous pourrez grimper jusqu'à la plate-forme d'observation du phare, près de la lanterne, d'où on a une vue formidable sur le lac Érié.

Payant ; ouvert de mai à octobre ; voir le site Web pour plus de détails.

1 Lighthouse Point Drive
Dunkirk, NY 14048
Tél. : 716-366-5050
dunkirklighthouse.com

Andy Gray connaît toutes les histoires du phare de Dunkirk, qui donne sur le lac Érié. Même celles de ses fantômes !

À la découverte du canal Érié

En voyageant dans le centre de l'État de New York, on croise régulièrement les installations du canal Érié, une structure qui mesurait à l'origine 584 km (363 mi) de longueur et qui fut nommée National Historic Corridor en 2000. Il s'agit d'un canal construit entre 1817 et 1825 pour permettre le transport de marchandises par voie maritime, entre le fleuve Hudson et les Grands Lacs. Ce canal, construit au prix de grands efforts dans des régions peu faciles d'accès, compte 36 écluses. Il a réduit les coûts de transport au XIXe siècle et permis le développement de plusieurs villes de

Le remorqueur *Urger* navigue sur le canal Érié. Sur cette photo, il se trouvait à Sylvan Beach, NY.

bonne taille, comme Buffalo, Rochester et Syracuse, mais aussi Utica et Rome, dans le cœur de l'État. Le canal a été élargi et modifié au cours des années suivantes et d'autres canaux « connecteurs » ont été construits pour ouvrir de nouvelles voies d'accès. Aujourd'hui, l'**Erie Canalway National Historic Corridor** est une vraie destination touristique : il compte 843 km (524 mi) de voies navigables entre le lac Champlain, la région d'Albany et Buffalo. Il est très populaire pour la navigation de plaisance : dans les canaux à proprement parler (certaines portions de la voie navigable se trouvent dans des lacs) les eaux calmes et peu profondes (environ 2 m/79 po) sont souvent utilisées par les petites embarcations. Le *towpath* – le chemin à l'origine utilisé par les chevaux et les mules pour tirer les embarcations – a été converti en sentier multi-usages en plusieurs endroits. Entre Albany et Buffalo, par exemple, ce sentier fait 587 km (365 mi) de longueur ! Plus de 200 villes et villages situés le long du parcours offrent des attraits touristiques intéressants et des musées reliés à l'histoire du canal, en plus d'offrir différents services aux plaisanciers (douches, salles de bain, etc). Des excursions de courte durée sur le canal Érié sont également offertes à Pittsford (voir p. 56) et Herkimer, entre autres. Si vous avez de la chance, vous pourrez apercevoir le *Urger*, un beau remorqueur bleu et orangé construit en 1901. Ce bateau officiel de l'Erie Canalway National Historic Corridor navigue sur le canal en mission éducative.

Payant ; ouvert de mai à novembre ; le canal est drainé en plusieurs endroits pendant l'hiver pour permettre son entretien.

Erie Canal Discovery Center
24 Church Street
Lockport, NY 14094
Tél. : 716-439-0431
niagarahistory.org

Spencerport Depot & Canal Museum
16 East Avenue
Spencerport, NY 14559
Tél. : 585-352-0942
spencerportdepot.com

Erie Canal Museum
318 Ere Boulevard East
Syracuse, NY 13202
Tél. : 315-471-0593
eriecanalmuseum.org

Erie Canalway National Historic Corridor
P.O. Box 219
Waterford, NY 12188
Tél. : 518-237-7000
eriecanalway.org

Forts et fortifications
HISTORIQUES

Ouvrages défensifs érigés dès les débuts de l'époque coloniale, les forts et les fortifications ont joué des rôles importants dans l'histoire des États-Unis et du Canada. Les fortifications occupent des sites stratégiques dans les trois États, allant des palissades de bois érigées aux abords du fleuve Connecticut afin de se protéger des bêtes sauvages et des populations autochtones, jusqu'aux ouvrages imposants comme Fort Ticonderoga, sur le lac Champlain, pour résister aux envahisseurs. Ces témoins de l'histoire – simples vestiges dans certains cas – ont fort heureusement été préservés et mis en valeur, au fil des ans. Ils sont fréquemment classés National Historic Landmark, National Historic Site ou State Historic Site. Les forts sont liés de près à l'histoire de la Nouvelle-France : certains ont même été conçus par l'ingénieur militaire Chaussegros de Lery, à qui l'on doit les troisièmes fortifications de Québec en 1745. Leur visite est intéressante et toute la famille y trouve son compte, surtout lorsque des interprètes en costume d'époque sont en fonction : fanfares, démonstration de tirs au mousquet, activités d'interprétation, visites guidées ou autoguidées, musées… tout y est. L'histoire prend vie !

Les exercices de tir de mousquet à Fort Ticonderoga
sont très appréciés du public pendant la saison estivale.

Un centre d'interprétation permet de comprendre l'importance de Mount Independance dans l'histoire américaine.

Mount Independance State Historic Site

Un des sites de la Révolution américaine les mieux préservés de tous les États-Unis se trouve à Orwell, sur les rives du lac Champlain. Pendant l'automne 1776, plus de 12 000 hommes étaient stationnés au fort de Mount Independance et au fort Ticonderoga (voir p. 276), tandis que leurs dirigeants décidaient de la meilleure stratégie à suivre pendant la Révolution. Les Américains l'ont abandonné peu avant la bataille de Hubbartdon, en juillet 1777. Cet événement est commémoré le 4 juillet par une reconstitution historique. Les garnisons britanniques et leurs alliés allemands ont ensuite occupé les lieux, avant de fuir vers le Canada, l'automne suivant. Il y a 9,6 km (6 mi) de sentiers qui sillonnent le site. Un musée ouvert en 1996 présente des artefacts et des repères historiques.

Payant ; ouvert de la fin mai à la mi-octobre, voir le site Web pour plus de détails ; la collecte d'artefacts est interdite.

497 Mount Independance Road
Orwell, VT 05760
Tél. : 802-759-2412
historicsites.vermont.gov

Fort Stark

Ce fort fait partie d'une série de sept fortifications construites au New Hampshire et dans l'État voisin du Maine pour protéger le port de Portsmouth. Les premières fortifications servaient à protéger les colons, puis d'autres ont été ajoutées pour protéger le chantier naval Portsmouth Navy Shipyard (1800). Des ouvrages défensifs ont été complétés lors de la Deuxième Guerre mondiale. Les vestiges du fort militaire ne sont pas ouverts au public. Par contre, sur place, le musée **Ordnance Machine Shop** présente plusieurs artefacts militaires datant des deux guerres mondiales. Une exposition est consacrée à la centaine de navires qui ont fait naufrage le long des côtes de New Castle, du XVIIe siècle à nos jours. Une autre exposition indique comment les marins et les soldats ont utilisé le code morse pour communiquer. C'est un site intéressant pour faire un pique-nique et du géocaching. La petite plage est utilisée par les kayakistes.

Payant ; ouvert seulement le samedi de 12 h à 16 h, de Memorial Day (dernier lundi de mai) à la fête du Travail.

211 Wildrose Lane
New Castle, NH 03854
Tél. : 603-271-3556
nhstateparks.org

The Fort At No. 4

Cette fortification de bois a été construite en 1743 le long du fleuve Connecticut pour protéger une poignée de familles de colons. Elle a subi plusieurs fois les assauts des Français et des Amérindiens pendant la Troisième Guerre intercoloniale (1746), ces forces étant sous le commandement du gouverneur de la Nouvelle-France, Joseph-Claude Boucher de Niverville. Les colons ont fini par abandonner les lieux. La palissade a été récupérée plus tard par les milices coloniales américaines. C'est là que le *ranger* Robert Rogers s'est réfugié après la destruction du village abénaquis d'Odanak, en Nouvelle-France, en 1759. En 1777, pendant la Révolution américaine, le major John Stark a regroupé son armée continentale au Fort No. 4, avant de traverser le fleuve et de marcher vers Bennington, où a eu lieu la célèbre bataille contre les troupes britanniques du général Bourgoyne. Aujourd'hui, le fort est reconstruit en respectant l'aspect qu'il avait lors de la Troisième Guerre intercoloniale américaine (King George's War). Des activités d'interprétation et des reconstitutions historiques y sont présentées.

Payant ; ouvert de mai au début novembre, voir le site Web pour plus de détails et le calendrier des activités ; visites scolaires sur réservation.

267 Springfield Road
Charlestown, NH 03603
Tél. : 603-826-5700
fortat4.org

Des reconstitutions historiques sont présentées à The Fort at No. 4.

Fort Ticonderoga

Imposant et majestueux, ce fort, autrefois appelé Fort Carillon, a été construit par l'ingénieur militaire Michel Chartier de Lotbinière, seigneur de la Nouvelle-France entre 1755 et 1758, pendant la Guerre de la Conquête. Il est situé à un point stratégique, au sud du lac Champlain. À l'époque, les Français contrôlaient la région du Saint-Laurent (au nord) et les Britanniques, celle du fleuve Hudson (au sud). Le fort a été témoin de plusieurs batailles entre les Français et les Britanniques, puis entre les Britanniques et les Américains. Il a été restauré et chaque année, des milliers de personnes participent aux activités d'interprétation qui s'y tiennent (démonstrations de tirs de mousquet, fanfares, etc.). Au pied des fortifications se trouvent les magnifiques jardins du roy. La visite se complète par l'ascension (en voiture) du mont Defiance, d'où l'on a une vue imprenable sur le fort et le lac Champlain.

Payant ; ouvert de mai à novembre, voir le site Web pour plus de détails ; des activités spéciales sont présentées tout au long de l'année.

30 Fort Ti Road
Ticonderoga, NY 12883
Tél. : 518-585-2821
fortticonderoga.org

Fort Stanwix

Ce fort de bois rond surnommé « celui qui ne se rendit jamais » a été entièrement reconstruit par le National Park Service, entre 1974 et 1978, en plein cœur de la ville de Rome, dans l'État de New York. À l'origine, les fortifications avaient été terminées en 1762 sous les ordres du général britannique John Stanwix, qui souhaitait protéger les routes de portage stratégiques du territoire de la nation Oneida pendant la Guerre de la Conquête. Le fort a été laissé à l'abandon en 1768, avant d'être reconstruit par les forces britanniques et renommé Fort Schuyler. Il fut assiégé pendant la Révolution américaine et un blockhaus y a été construit pendant la Guerre de 1812. L'histoire et l'archéologie du site sont présentées dans un superbe centre d'interprétation, construit en 2005.

Payant ; ouvert à l'année, sauf au jour de l'An, à la Thanksgiving américaine (dernier jeudi de novembre) et à Noël, voir le site Web pour plus de détails.

100 N James Street
Rome, NY 13440
Tél. : 315-336-2090
nps.gov

Le Fort Ticonderoga a été construit par un seigneur de la Nouvelle-France, Michel Chartier de Lotbinière. À droite : Les interprètes en costume d'époque font revivre l'histoire de Fort Stanwix.

Les soldats de la Compagnie franche de la marine étaient stationnés au Fort Saint-Frédéric.

Crown Point State Historic Site

Le Fort Saint-Frédéric fut construit sur la rive du lac Champlain par le marquis de Beauharnois, entre 1727 et 1734. Il avait pour but de marquer les limites de la Nouvelle-France. En 1759, devant la menace des Britanniques, les soldats de la Compagnie franche de la Marine ont détruit leur propre fort avant de se replier en Nouvelle-France. Les Britanniques ont construit le fort de Crown Point à quelques mètres du fort détruit, et on peut aujourd'hui s'y promener. Les ruines du fort français sont encore bien visibles à quelques mètres du centre d'interprétation. La visite du musée s'impose : on y trouve de nombreux panneaux explicatifs de grande qualité, en français, et quantité d'artefacts. Des interprètes en costume d'époque s'occupent des activités d'interprétation. C'est un superbe endroit pour pique-niquer. Un très beau terrain de camping public, Crown Point Campground, se trouve de l'autre côté de la route. Le monument consacré à Champlain (Champlain Memorial Lighthouse) se trouve à cet endroit. Remarquez le buste de bronze en saillie : il est signé Auguste Rodin.

Payant ; ouvert de mai à octobre, voir le site Web pour plus de détails.

21 Grandview Drive
Crown Point, NY 12928
Tél. : 518-597-4666 ou 518-597-3666
nysparks.com

Fort Ontario State Historic Site

Les murailles et les bâtiments actuels de Fort Ontario ont été construits vers 1840 sur le site de trois fortifications datant de la Guerre de la Conquête, de la Révolution américaine et de la Guerre de 1812. Le site a été occupé par l'Armée américaine jusqu'à la Deuxième Guerre mondiale. De 1944 à 1946, le fort a été transformé en camp de réfugiés pour les victimes juives (pour la plupart) de l'Holocauste, sur ordre du président Franklin D. Roosevelt. Les dépouilles de 77 personnes ayant servi au Fort Ontario sont enterrées dans le cimetière adjacent. Une croix commémorative, dressée près du cimetière, rappelle la prise du fort par le marquis de Montcalm et ses troupes en 1756. Les visites guidées sont très intéressantes : il est possible de visiter les casemates et plusieurs bâtiments. La vue sur le lac Ontario est superbe.

Payant ; ouvert de la mi-mai à la mi-octobre, voir le site Web pour plus de détails ; les chiens en laisse sont permis sur le site.

1 East Fourth Street
Oswego, NY 13126
Tél. : 315-343-4711
nysparks.com

Old Fort Niagara State Historic Site

Trois cents ans d'histoire s'inscrivent sur ces fortifications occupées par les Français, les Britanniques puis les Américains. Ce sont les plus anciens bâtiments de toute la région des Grands Lacs. Un premier poste a été établi par les Français dès 1679 à l'embouchure de la rivière Niagara. Un fort, construit par l'ingénieur militaire français Chaussegros de Lery (de Québec) fut ensuite érigé en 1726, de manière à contrôler le passage conduisant aux Grands Lacs et aux terres de l'ouest du continent. Il est toujours en place aujourd'hui. Il a ensuite été occupé par les Britanniques et par les Américains. Plusieurs activités d'interprétation sont aujourd'hui présentées sur ce site situé à une vingtaine de minutes de Niagara Falls.

Payant ; ouvert à l'année, sauf au jour de l'An, à la Thanksgiving américaine (dernier jeudi de novembre) et à Noël, voir le site Web pour plus de détails.

Old Fort Niagara
Youngstown, NY 14174
Tél. : 716-745-7611
oldfortniagara.org

Fort William Henry Museum & Restauration

Ce fort reconstitué sur les rives du lac George est tristement célèbre pour les massacres qui s'y sont produits pendant la Guerre de la Conquête. L'auteur américain James Fenimore Cooper a fait entrer les personnages de ce conflit dans la légende en écrivant *Le Dernier des Mohicans*, publié en 1826. Aujourd'hui, une visite du fort permet d'en apprendre davantage sur le mode de vie des soldats britanniques cantonnés à cet endroit, des Français qui ont mené les attaques (sous les ordres de Montcalm) et des Amérindiens qui ont pris part au conflit. Les visites hantées (*ghost tours*), présentées le soir à dates fixes, permettent de se familiariser avec les lieux et leur histoire de manière très divertissante. Allez-y à la pleine lune, c'est encore mieux !

Payant ; ouvert de la mi-mai à la fin octobre, voir le site Web pour plus de détails.

48 Canada Street
Lake George, NY 12845
Tél. : 518-668-5471
fwhmuseum.com

Les bâtiments de Fort Ontario, à Oswego (NY), ont été construits vers 1840 (voir p. 277).
À droite : Les soirs d'été, des visites hantées sont organisées au Fort William Henry à Lake George.

Dans une mine de GRENAT

Pendant une de mes visites dans les Adirondacks, une région où on va de découverte en découverte, j'ai décidé de jouer au «prospecteur du dimanche» dans la mine de grenat Barton de North Creek. C'est la plus ancienne compagnie minière familiale encore en opération aux États-Unis (1878) et les alentours de Garnet Mountain cachent l'un des plus importants dépôts de grenat au monde. Comme une partie abandonnée de la mine est ouverte au public, ma curiosité l'a emporté

Le public peut chercher des morceaux de grenat au «Pit #1» de Garnet Mine.

– on ne sait jamais! À partir de la route 28, j'ai emprunté Barton Mines Road, une route étroite qui n'en finit pas de monter, jusqu'à atteindre environ 730 m (2 400 pi) d'altitude. Après un arrêt au kiosque d'information, je me suis rendue en voiture jusqu'au «Pit #1», passant devant de vieux bâtiments de mine abandonnés. Dans la carrière, le roc piqueté d'éclats rougeâtres est mangé par des années d'exploitation et des familles entières inspectent les gravats à la recherche de pierres semi-précieuses. Je me suis installée au hasard près d'un tas de roches et j'ai fouillé le sol, récoltant des petits éclats de grenat par-ci, par-là. Certains de mes «coéquipiers» utilisaient des seaux qu'ils remplissaient d'eau, car les pierres sont plus faciles à voir lorsqu'elles sont mouillées. À ce qu'il paraît, certains visiteurs plus chanceux que moi trouvent des morceaux de belle taille et se font même quelques dollars en les revendant. Après un moment passé à ratisser le sol, je suis repartie avec mon petit sac de «grenailles» de pierres de janvier, un peu courbaturée mais contente de l'aventure, en me disant que ce serait de bons petits talismans!

Payant; ouvert de juin à octobre; apporter de bonnes chaussures, des genouillères, un chapeau et des vêtements confortables; baignade interdite.

Garnet Mine Tours
1126 Barton Mines Road
North Creek, NY 12853
Tél.: 518-251-2706
garnetminetours.com

Les trains,

HISTOIRE ET PAYSAGES AU FIL DU RAIL

J'ai un petit faible pour les voyages en train, surtout lorsqu'ils sont vintages (ou d'origine). C'est de famille, puisque mon arrière-grand-père et ses deux frères, mon grand-père et trois de ses frères, ainsi que plusieurs membres de ma famille ont travaillé pour le Canadien Pacifique pendant des décennies. Pendant l'âge d'or des chemins de fer, les riches voyageurs pouvaient se rendre avec facilité dans les grands hôtels construits dans les régions reculées des White Mountains ou des Adirondacks, au lieu d'entreprendre en carriole des voyages longs et fatigants sur des routes cahoteuses. Il semble que je ne sois pas seule à avoir une pointe de nostalgie puisque les excursions à bord de trains historiques sont extrêmement populaires aux États-Unis. On en trouve quelques-unes dans chacun des trois États, et je vous recommande vivement d'en faire l'expérience. Elles vous permettront de traverser des paysages grandioses en empruntant d'étroits passages aménagés à la poudre noire il y a plus de 140 ans, ou des viaducs vertigineux (*trestles*), en suivant les caprices d'une vallée ou les contours d'une rivière. Il n'y a rien de plus authentique que le sifflet d'une locomotive à vapeur et le grincement des roues sur les rails. En automne, pensez-y : les excursions passent souvent dans des régions peu développées qu'on ne peut pas voir en automobile !

La locomotive à vapeur de l'Arcade & Attica Railroad a été construite en 1920.

Le Notch Train de la Conway Scenic Railroad traverse des paysages magnifiques.

Conway Scenic Railroad

Deux excursions sont proposées au départ de la magnifique gare historique de North Conway (1874). Le *Valley Train* offre une courte excursion qui va jusqu'à Conway ou Bartlett ; elle est parfaite pour les familles avec des jeunes enfants. Le spectaculaire *Notch Train* se rend jusqu'à Crawford Notch. Cette excursion plaira aux enfants plus âgés et comblera les mordus de voyages en train et d'histoire ferroviaire. Le voyage d'une durée de cinq heures emprunte la voie ferrée construite à la fin des années 1850 dans un paysage très accidenté. Les 495 m (1 623 pi) de dénivellation entre North Conway et Fabyans posaient tout un problème d'ingénierie. Il a fallu construire un viaduc, le Frankenstein Trestle, qui mesure 24 m (80 pi) de hauteur et 152 m (500 pi) de longueur. Le train passe sur le *trestle* à basse vitesse et emprunte également le Willey Brook Bridge, un pont qui est construit à une hauteur de 30 m (100 pi) et qui mesure 122 m (400 pi) de longueur. Vous l'aurez compris : l'excursion est spectaculaire, riche en émotions fortes et les panoramas sur la vallée du mont Washington sont exceptionnels. C'est une expérience à ne pas manquer. À Crawford Notch, le train fait halte devant un beau lac situé en face de la gare. Vous êtes à quelques minutes de marche du Highland Center de l'Appalachian Mountain Club (voir p. 81), qui mérite une visite. Je recommande vivement une place en première classe, qui comprend un repas de trois services dans le *Hattie Evans Dining Car*.

Payant ; ouvert d'avril à la fin novembre, voir les horaires des différentes excursions sur le site Web ; réservation recommandée ; restaurant sur place.

North Conway Train Station
38 Norcross Circle
North Conway, NH 03860
Tél. : 603-356-5251 ou 800-232-5251
conwayscenic.com

Le *Notch Train* offre une excursion spectaculaire, au départ de la gare patrimoniale de North Conway.

Clark's Trading Post & White Mountain Central Railroad

Le train à vapeur roule pendant 25 minutes à travers les terres « protégées » d'un personnage loufoque surnommé Timber Wolfman. Cet ermite revêche et débrouillard prend le train en chasse dès qu'il entre sur ses terres, protégeant ses réserves d'« unobtainium », un précieux minerai imaginaire. Le train passe dans un pont couvert construit en 1904 et déménagé de Montpelier (VT) pièce par pièce, puis remonté au-dessus de la rivière Pemigewassett dans les années 1960. Les wagons de train sont tirés par une antique locomotive à vapeur Climax – l'une des trois seules qui soient encore en opération dans le monde. Elle est alimentée au bois. Le sympathique conducteur de la locomotive, Jean-Noël Couture, adore parler français : sa famille est d'origine québécoise. Il est possible d'être « conducteur pour la journée » (75 $ US, sur réservation) : on peut alors faire sonner la cloche, le sifflet et alimenter la fournaise de la locomotive, sous la supervision du personnel.

Payant ; ouvert de la mi-mai à la mi-octobre, voir le site Web pour plus de détails ; restaurant sur place.

110 Daniel Webster Highway
Lincoln, NH 03251
Tél. : 603-745-8913
clarkstradingpost.com

The Cog Railway

Le légendaire train à crémaillère du mont Washington, le *Cog Railway,* a été inauguré en 1869 par Sylvester Marsh, qui voulait construire une *Highway to the Moon* (une voie ferrée vers la Lune) et transporter les passagers jusqu'au sommet du mont, à 1 916,5 m (6 288 pi) d'altitude. À l'époque, la locomotive à vapeur surnommée *Old Peppersass* a réussi cet exploit. De nos jours, ce sont quatre locomotives biodiesel qui gravissent et redescendent la montagne plusieurs fois par jour, au départ de la Cog Base Station de Bretton Woods. Une locomotive à vapeur est toujours en opération, mais avec des horaires limités. Le *Cog Railway* porte l'appellation de « National Historic Engineering Landmark ». Accrochez-vous car c'est toute une aventure : à la hauteur de Cold Spring Hill, l'inclinaison est de 35 % et la pente la plus accentuée – avec 37,41 % – est située à Jacob's Ladder. Au sommet du mont Washington se trouvent le refuge historique Tip Top House (1853), le Sherman Adams Summit Building (bâtiment d'accueil, casse-croûte) et le fameux Extreme Mount Washington Museum, un musée décrivant les conditions climatiques extrêmes du mont Washington (voir p. 38). La descente vers la Cog Base Station est aussi spectaculaire que l'ascension : vous verrez pourquoi le *brakeman* a besoin de toute sa concentration. Dans le musée de la station, on peut voir les fameux *devil's shingles,* des planches sur rails utilisées autrefois pour descendre à toute vitesse de la montagne. L'excursion à bord du *Cog Railway* est l'une des plus spectaculaires de toute la région des White Mountains – sensations fortes garanties.

Payant ; ouvert de la fin du mois d'avril au mois de novembre, voir l'horaire des excursions sur le site Web et arriver 45 minutes avant le départ ; réservation recommandée ; restaurant sur place.

Cog Base Station
3168 Base Station Road
Bretton Woods, NH 03575
Tél. : 603-278-5404 ou 800-922-8825
thecog.com

La locomotive No. 9 du *Cog Railway* fonctionne toujours au charbon.

Hobo Railroad

Le Hobo Railroad suit l'ancienne emprise ferroviaire de la Boston, Concord & Montreal Railroad, de Hobo Junction Station à Lincoln, jusqu'au terrain de golf de Jack'O'Lantern Resort & Golf Resort, à North Woodstock. Les passagers sont invités à prendre place dans les différentes sections du train tiré par une locomotive diesel Budd Rail. Essayez de vous asseoir à bord du wagon Pullman *Mountain View*, construit dans les années 1930. Il est équipé des lanternes d'origine et d'un sifflet Hancock d'époque. L'excursion commentée longe la rivière Pemigewassett et dure environ une heure et demie. Vous pouvez commander une boîte à lunch et manger dans le train. Avant ou après une excursion, jetez un coup d'œil sur les différents wagons stationnés à la gare de Lincoln. Vous y verrez des wagons de queue du CP construits aux Canadian Pacific Angus Shops, à Montréal, dans les années 1970. Les amateurs de minigolf auront envie de faire une pause au Hobo Hills Miniature Golf, tout près de la station.

Payant ; ouvert de Memorial Day (dernier lundi de mai) à la mi-décembre ; trains spéciaux pendant l'automne et trains de Noël en novembre et décembre, voir les horaires sur le site Web ; restaurant sur place.

> **Lincoln Station**
> 64 Railroad Street
> Lincoln, NH 03251
> Tél. : 603-745-2135
> hoborr.com

Cooperstown And Charlotte Valley Railroad

Chaque année, des milliers de visiteurs montent à bord de ce train qui explore un des plus beaux tronçons de chemin de fer de tous les États-Unis. Au départ de la gare de Milton, il se dirige vers l'accueillant village de Cooperstown, site de l'incontournable Baseball Hall of Fame (voir p. 128), puis traverse des forêts, des marais et des pâturages, jusqu'aux sources du légendaire Susquehanna, le plus long fleuve de la côte est des États-Unis (715 km / 444 mi), au lac Otsego. Pendant l'excursion de 12,9 km (8 mi), le train passe sur deux ponts en fer forgé datant du XIXe siècle. Le train est tiré par une locomotive MLW de cour de triage (*switcher*) qui appartenait autrefois à la Canadian National Railway. Pour 350 $ US, on peut même être aux commandes de la locomotive pour la totalité du trajet, sous la supervision du personnel. Les samedis soir (en saison), le train devient la seule boîte de nuit roulante de tout Central New York : le *Cooperstown Blues Express*. Les meilleurs groupes de blues montent à bord du train pour une excursion-spectacle de trois heures (réservée aux 21 ans et plus).

Payant ; ouvert de juin à octobre ; réservation recommandée ; voir le site Web pour les excursions spéciales.

> **Milford Depot**
> 136 East Main Street
> Milford, NY 13807
> Tél. : 607-432-2429
> lrhs.com

La Hobo Railroad propose une excursion parfaite pour les petites familles, au départ de Lincoln, NH.

Saratoga & North Creek Railway

La gare de North Creek a
une importance historique.

Cette excursion de train suit le fleuve Hudson pendant 84 km (52 mi), de Saratoga Springs à North Creek, sur l'emprise ferroviaire de l'Adirondack Railway. Elle fut construite par Thomas C. Durant (vice-président de la Union Pacific Railroad Company) en 1871. Les voyageurs peuvent faire le trajet dans des wagons réguliers ou dans le *Dome Car*, un wagon panoramique Pullman datant du milieu du XXe siècle et complètement restauré. Le train est réputé pour sa cuisine gourmet. North Creek, village pittoresque des Adirondacks, était la porte d'entrée d'une des régions préférées de Theodore Roosevelt. C'est à la gare de North Creek qu'il a appris, le 14 septembre 1901, qu'il devenait président des États-Unis, après l'assassinat de William McKinley. Le **North Creek Depot Museum,** dans les bâtiments historiques de la gare, raconte justement l'épopée mémorable de Theodore Roosevelt dans la région et présente une maquette de la North Creek & Adirondack Railroad.

Payant ; ouvert du début avril à Columbus Day (deuxième lundi d'octobre) ; réservation recommandée.

North Creek Station	Saratoga Springs Station	North Creek Depot Museum
3 Railroad Place	26 Station Lane	5 Railroad Place
North Creek, NY 12853	Saratoga Springs, NY 12866-6067	North Creek, NY 12853
Tél. : 877-726-7245	Tél. : 877-726-7245	Tél. : 518-251-5842
sncrr.com	sncrr.com	northcreekdepotmuseum.com

Le pont piétonnier de Poughkeepsie

Walkway over the Hudson, le plus long pont piétonnier à structure élevée au monde, relie les villes de Poughkeepsie et de Highland, à New York. Cet ancien pont ferroviaire imposant d'une hauteur de 65 m (212 pi) surplombe le fleuve Hudson. Il mesure 2 km (1,2 mi) et fut construit entre 1886 et 1889. Les trains de marchandises et de passagers y circulaient jusqu'à ce qu'il soit sérieusement endommagé par un incendie, en 1974. Le pont a été abandonné à son triste sort avant d'être converti en *State Park* grâce à un partenariat public/privé. Le Walkway Over the Hudson State Historic Park a finalement accueilli ses premiers visiteurs le 3 octobre 2009. On y a accès d'un côté ou de l'autre de l'Hudson. Un ascenseur spécial vitré (accès par Upper Landing Park, à Poughkeepsie) permet de monter au niveau de la passerelle.

Gratuit ; stationnement payant ; ouvert de 7 h au coucher du soleil ; non-fumeur.

61 Parker Avenue, Poughkeepsie, NY 12601
Tél. : 845-454-9649
walkway.org et nysparks.com

Le personnel de l'Adirondack Scenic Railroad accueille les visiteurs à la gare d'Utica.

Arcade & Attica Railroad

Depuis 1962, les passagers peuvent remonter dans le temps en voyageant à bord d'un train tiré par la #18, une authentique locomotive à vapeur de type 2-8-0 (configuration des essieux). Construite au New Jersey en 1920, elle a été entièrement remise à neuf en 2008. C'est la seule et dernière locomotive à vapeur encore en opération dans l'État de New York : une rare occasion d'entendre le tchou-ca-tchouc rythmé, la cloche et le sifflet unique d'une locomotive à vapeur, et de voir son double panache de vapeur et de fumée. L'excursion de 23 km (14 mi), d'une durée d'environ 1 h 30, va d'Arcade à Curriers, au cœur de paysages ruraux qui n'ont pas beaucoup changé depuis la pose des premières traverses de ce chemin de fer, dans les années 1880. Les visiteurs peuvent aussi monter à bord d'un train tiré par une locomotive diesel datant des années 1950. Les passagers prennent place à bord de wagons Boonton ouverts ou fermés.

Payant ; ouvert de mai à octobre, voir le site Web pour plus de détails ; trains de Noël en novembre et décembre ; réservation recommandée ; il est suggéré de porter des chaussures fermées et des vêtements appropriés car ils peuvent se tacher de charbon et de suie.

Attica Railroad Depot
278 Main Street, Arcade, NY 14009
Tél. : 585-492-3100
arcadeandatticarr.com

Adirondack Scenic Railroad

Vers la fin du XIXe siècle, les bien nantis qui passaient les vacances dans leurs *Great Camps* des Adirondacks, comme les Roosevelt et les Vanderbilt, trouvaient difficile d'accès ces vastes territoires isolés. Le Dr William Seward, mari de Lila Vanderbilt, a résolu le problème en faisant construire en 1890 une voie ferrée traversant ces grandes étendues sauvages. Le service ferroviaire a été utilisé pendant des années puis abandonné, jusqu'à ce qu'un groupe enthousiaste décide de mettre sur pied un train touristique, au début des années 1990. Aujourd'hui, plusieurs excursions sont proposées au départ d'Utica, Thendara, Saranac Lake et Lake Placid. Certaines durent une journée entière et permettent de visiter Old Forge. À bord, les visiteurs peuvent admirer des paysages forestiers autrement inaccessibles. Les wagons de passagers sont tirés par des locomotives datant des années 1940 et 1950. Ne manquez pas la visite de la très belle gare historique d'Utica, qui a été conçue d'après les plans de Grand Central Station, dans la ville de New York.

Payant ; ouvert de juillet à octobre ; trains de Noël en novembre et décembre ; réservation recommandée.

Utica Union Station
321 Main Street, Utica, NY 13501
Tél. : 800-819-2291
adirondackrr.com

Lake Placid Station
242 Station Street, Lake Placid, NY 12946
Tél. : 800-819-2291

Saranac Lake Union Depot
42 Depot Street, Saranac Lake, NY 12983
Tél. : 800-819-2291

Thendara Station
2568 State Route 28, Thendara, NY 13472
Tél. : 800-819-2291

Catskill Mountain Railroad

Deux excursions de train sont proposées par cette entreprise se trouvant dans la vallée de l'Hudson : celle du *Kingston City Limited* et celle de l'*Esopus Scenic Train*. Le train patrimonial *Kingston City Limited* roule dans les Catskill Mountains à partir de la ville historique de Kingston jusqu'au village pittoresque de Highmount. Il y rejoint le chemin de fer touristique **Delaware & Ulster Railroad** (qui doit reprendre ses opérations en 2016). De la fin novembre à la fin décembre, le train devient le fameux *Polar Express*. Réservez tôt car il est extrêmement populaire. L'*Esopus Scenic Train* fait une excursion de 45 minutes entre Mt. Tremper et Boiceville, le long d'Esopus Creek, une rivière réputée très poissonneuse. Cette balade offre de beaux panoramas sur Esopus Valley, les monts Tremper et Pleasant, et sur Romer Mountain. La faune qu'on peut y observer est abondante : aigles à tête blanche, chevreuils, hérons... À Phoenicia, l'ancienne gare construite en 1900 abrite maintenant l'**Empire State Railway Museum.** Le musée se consacre à l'histoire de la route ferroviaire Ulster & Delaware. Il y a un train miniature sur lequel on peut faire un petit tour – irrésistible pour les familles ! Il y a aussi un musée du trolley à Kingston.

Payant ; ouvert de mai à novembre ; réservation recommandée ; train de Noël de la fin novembre à la fin décembre ; il n'y a pas de toilettes à bord de ces trains ; musée ouvert de Memorial Day (dernier lundi de mai) à octobre.

Westbrook Station
149 Aaron Ct
Kingston, NY 12401
Tél. : 845-688-7400
catskillmtrailroad.com

Delaware & Ulster Railroad
43510 State Highway 28
Arkville, NY 12406
Tél. : 800-225-4132
durr.org

Empire State Railway Museum
70 Lower High Street
Phoenicia, NY 12464
Tél. : 845-688-7501
esrm.com

La gare historique d'Utica a été conçue d'après les plans de Grand Central Station, dans la ville de New York. À droite : Le train roule dans les beaux paysages des Catskill Mountains.

Les *railbikes*

Depuis 2015, une nouvelle activité ferroviaire « verte » est proposée à Saranac Lake et Lake Clear Junction : les Railbike Tours. Les *railbikes*, ces belles voiturettes à pédales, dont le design est adapté aux rails, sont configurées en tandem ou en quad (2 ou 4 sièges). Elles permettent d'explorer sur une voie ferrée un tronçon sauvage d'environ 10 km (6 mi) se trouvant entre ces deux petites villes des Adirondacks. Compter environ une heure par trajet. À Saranac Lake, les tours se prennent directement à la gare. À Lake Clear Junction, ils se prennent au **Charlie's Inn,** un lodge géré par la même famille depuis quatre générations. Depuis 2016, les excursions vont de Lake Clear jusqu'à Tupper Lake. Et pour la petite histoire, devinez qui avait l'habitude de se relaxer à Lake Clear ? Albert Einstein.

Découvrir les Adirondacks en *railbike*.

Payant ; ouvert de mai à novembre ; réservation recommandée.

RailBike Tours
railsexplorers.net
Tél. : 518-460-1444

Saranac Lake Station
42 Depot Street
Saranac Lake, NY 12983

Charlie's Inn
44 Junction Road
Lake Clear Junction, NY 12945
Tél. : 518-891-9858
newyorksnowmobiling.com

Le restaurant The Mission a servi de halte aux esclaves sur la route de la liberté.

L'Underground Railroad : la route de la liberté

Dès les années 1830, il est estimé que plus de 30 000 Africains réduits à l'esclavage dans le sud des États-Unis ont emprunté l'Underground Railroad – le chemin de fer clandestin – pour retrouver leur liberté au Canada. Il ne s'agissait pas d'une voie ferrée souterraine, mais plutôt d'un réseau secret de routes et de lieux sécuritaires qui leur permettait de se cacher en progressant vers le Canada, où ils avaient le statut de gens libres. C'était un voyage dangereux et compliqué. Pour les aider dans leur quête de liberté, des mots codés liés au langage ferroviaire étaient utilisés : les chefs de train – des abolitionnistes – étaient ceux et celles qui allaient aider les « passagers » à aller d'une « gare » à l'autre. Les abolitionnistes étaient de race blanche ou noire, souvent de religion Quaker ou Méthodiste, et agissaient au péril de leur propre liberté. Les réfugiés sont arrivés dans le territoire canadien, souvent en provenance du Vermont, du New Hampshire, de l'Ohio, du Michigan (notamment de Detroit) et de l'État de New York, les États limitrophes. Plusieurs sites rappellent l'histoire du chemin de fer clandestin et rendent hommage à ceux et celles qui ont aidé les esclaves à s'affranchir, comme Harriet Tubman, John Brown et la famille Robinson.

Onondaga Historical Museum

Une exposition permanente de ce musée est consacrée au chemin de fer clandestin dans la ville de Syracuse et dans le comté d'Onondaga. Il décrit le mouvement anti-esclavagiste avec des installations son et lumière et des panneaux d'interprétation. On y trouve trois des fameux visages qui furent sculptés dans la pierre du sous-sol de l'église méthodiste Wesleyan de Syracuse, ancienne « station » de l'Underground Railroad. Cette église est aujourd'hui occupée par le restaurant The Mission.

Payant ; ouvert du mardi au dimanche, fermé les jours fériés ; voir le site Web pour plus de détails.

321 Montgomery Street
Syracuse, NY 13202
Tél. : 315-428-1864
cnyhistory.org

Restaurant The Mission
304 E Onondaga Street
Syracuse, NY 13202
Tél. : 315-475-7344
themissionrestaurant.com

North Star Underground Museum

L'Underground Railroad fut particulièrement actif dans l'État de New York et ce musée étonnant décrit les conditions de vie des esclaves dans les états du Sud, leur fuite vers le Canada en quête de liberté et tous les obstacles qu'ils devaient surmonter en cours de route. Vidéo, artefacts, cartes, maquettes, documents : tout est présenté de manière à faire comprendre l'importance de cette organisation clandestine. Le tronçon « lac Champlain » du chemin de fer clandestin conduisait les esclaves au Québec et en Ontario. Cet émouvant musée se trouve à quelques pas du site populaire d'Ausable Chasm (voir p. 65).

Payant ; ouvert de mai à octobre et le reste de l'année sur rendez-vous, voir le site Web pour plus de détails,.

1131 Mace Chasm Road
Ausable Chasm, NY 12911
Tél. : 518-834-5180
northcountryundergroundrailroad.com

L'exode des Canadiens français

Les historiens estiment qu'environ 900 000 Canadiens français se sont exilés aux États-Unis entre 1840 et 1930. Aux prises avec des difficultés économiques, ils quittaient famille et villages dans l'espoir de bâtir une vie meilleure chez les voisins du Sud, déjà industrialisés. Ces habitants des régions rurales des Cantons-de-l'Est, du Bas-Saint-Laurent, de la Côte-de-Beaupré et d'un peu partout dans la province se sont installés dans le nord de l'État de New York, dans la région de Plattsburgh et dans les Adirondacks, où ils ont trouvé du travail comme agriculteurs ou bûcherons. D'autres se sont établis sur les terres fertiles de la vallée du lac Champlain. Avec l'industrialisation et l'implantation des grandes filatures comme l'Amoskeag Manufacturing Company, de Manchester, l'exode s'est poursuivi vers la fin des années 1800 et le début de 1900. Ces travailleurs – hommes et femmes – se sont regroupés dans des quartiers appelés Petit Canada, notamment à Manchester au New Hampshire, à Lowell au Massachusetts et à Lewiston, dans le Maine. À Middlebury, au Vermont, un tout petit secteur autrefois occupé par des manufactures s'appelle encore aujourd'hui Frog Hollow, en référence aux francophones qui y travaillaient (autrefois surnommés *frogs*). Ces nouveaux arrivants ont fondé des paroisses, des écoles, des hôpitaux. À Manchester, au New Hampshire, la décoration de l'église Sainte-Marie a été confiée au peintre québécois Ozias Leduc, en 1906. Au Vermont, au New Hampshire et dans le nord de l'État de New York, les noms de rues et de commerces portent souvent des noms à résonance québécoise, comme les Bouchard, Leblanc, Roy, Tremblay, Blais, bien qu'ils aient parfois été anglicisés. Au New Hampshire, la communauté francophone est encore bien vivante dans le West Side de Manchester, autour de l'église Sainte-Marie. Une chose est sûre : les Franco-Américains accueillent leurs « cousins » à bras ouverts !

Millyard Museum and Research Center

De nombreux Canadiens français se sont installés à Manchester, au New Hampshire, pour travailler dans l'usine de textiles Amoskeag Manufacturing Company (voir p. 237). Ils habitaient un secteur de la ville appelé Petit Canada.

Payant ; ouvert du mardi au samedi, fermé les jours fériés, voir le site Web pour plus de détails.

200 Bedford Street
Manchester, NH 03101
Tél. : 603-622-7531
manchesterhistoric.org

Chez Vachon

Les Franco-Américains réfèrent automatiquement cette adresse lorsqu'on leur demande où manger la cuisine traditionnelle québécoise à Manchester. Au menu du petit-déjeuner : des omelettes, des crêpes et la fameuse *Breakfast Poutine,* des frites maison coiffées d'œufs frits, de fromage en grain canadien et de sauce !

Payant ; ouvert du lundi au samedi de 6 h à 14 h et le dimanche de 7 h à 14 h.

136 Kelley Street
Manchester, NH 03102
Tél. : 603-625-9660
chezvachon.com

Franco-American Center

Cet organisme de Manchester propose différentes activités au cours de l'année pour promouvoir la culture et la langue française. Il y a des conférences, des ateliers de conversation et des journées cinéma.

Visites sur rendez-vous seulement.

100 Saint Anselm Drive #1798
Davison Hall
Manchester, NH 03102-1310
Tél. : 603-641-7114
facnh.com

America's Credit Union Museum

En 1908, sur les conseils d'Alphonse Desjardins, l'évêque de Manchester, Mgr Pierre Hevey, mit sur pied la première caisse populaire des États-Unis dans la maison du notaire Joseph Boivin : la Ste. Mary's Cooperative Credit Association. En 1925, elle devint la Caisse populaire Sainte-Marie. L'édifice classé au National Register of Historic Places depuis 1996 abrite aujourd'hui un musée.

Gratuit ; ouvert le lundi, le mercredi et le vendredi ou sur rendez-vous.

420 Notre Dame Avenue
Manchester, NH 03102
Tél. : 603-629-1553
acumuseum.org

OÙ MANGER ET DORMIR
POUR FAIRE PARTIE DE L'HISTOIRE

 MANGER

Waterworks Food + Drink

Ce nouveau restaurant a été établi dans l'ancienne manufacture de textiles Champlain, sur la rivière Winooski, près de Burlington, où de nombreux Canadiens français ont travaillé. Il sert une cuisine américaine créative (salades fraîches, poutine à l'agneau et aux champignons, pâtes) avec une vue superbe sur la rivière.

20 Winooski Falls Way
Winooski, VT 05404
Tél. : 802-497-3525
waterworksvt.com

The Hancock Inn

Dans le village de Hancock se trouve la plus vieille auberge de tout le New Hampshire, et l'un des plus vieux B & B de toute la Nouvelle-Angleterre. L'établissement a servi ses premiers clients en 1789, à l'époque de George Washington ! Aujourd'hui, Marcia et Jarvis Coffin accueillent les visiteurs au Tavern and Dining Room, au coin du feu. Le menu change avec les saisons.

33 Main Street
Hancock, NH 03449
Tél. : 603-525-3318 ou 800-525-1789
hancockinn.com

The Mission Restaurant

Ce restaurant sympathique à la déco éclectique et colorée sert une cuisine panaméricaine très fraîche, inventive et savoureuse, à prix avantageux. The Mission se trouve dans une ancienne église qui a accueilli beaucoup de passagers sur l'Underground Railroad (voir p. 289).

304 E Onondaga Street
Syracuse, NY 13202
Tél. : 315-475-7344
themissionrestaurant.com

The Sherwood Inn

Cette belle auberge doublée d'un restaurant très apprécié est construite au cœur du joli village de Skaneateles, dans les Finger Lakes. Son histoire remonte jusqu'à 1807, lorsque Isaac Sherwood décida de construire une taverne pour accueillir les voyageurs. La tradition se poursuit encore aujourd'hui : l'établissement compte 25 chambres coquettes où les enfants sont bienvenus en tout temps.

26 West Genesee Street
Skaneateles, NY 13152
Tél. : 315-685-3405 ou 800-374-3796
thesherwoodinn.com

 DORMIR

The Grafton Inn

Construit en 1801, le Grafton Inn a connu son heure de gloire dans les années 1800. Il a été fréquenté par les voyageurs de l'époque, par l'élite littéraire (Rudyard Kipling s'y est arrêté en 1892) et par plusieurs politiciens, dont les présidents Theodore Roosevelt et Woodrow Wilson. Aujourd'hui, le Grafton Inn compte une dizaine de bâtiments répartis dans le district historique du charmant petit village de Grafton. Les restaurants Old Tavern et The Phelps Barn Pub font partie du Grafton Inn et du Vermont Fresh Network.

92 Main Street
Grafton, VT 05146
Tél. : 802-234-8689 ou 800-843-1801
graftoninnvermont.com

The Jackson House Inn

En 2010, un couple passionné d'architecture, d'horticulture et de gastronomie a rénové cette résidence de style Queen Anne située près de l'irrésistible village de Woodstock. Rick et Kathy Terwelp ont vraiment redonné un air de jeunesse à cette belle victorienne (1890). Vous n'oublierez jamais les petits-déjeuners de Rick, qui comptent plusieurs services et sont dé-li-cieux !

43 Senior Lane
Woodstock, VT 05091
Tél. : 802-457-2065 ou 800-448-1890
jacksonhouse.com

The Notchland Inn

Le Notchland Inn est aujourd'hui considéré comme un attrait légendaire de la White Mountains National Forest. On s'y rend à la fois pour la beauté des lieux (c'est très romantique !), pour son histoire, et pour sa cuisine savoureuse.

2 Morey Road
Hart's Location, NH 03812
Tél. : 603-374-6131 ou 800-866-6131
notchland.com

Eastern Slope Inn Resort

Cet établissement quatre-saisons de 250 chambres fait partie du National Register of Historic Places. Il a été construit en 1926 dans le style *Colonial Revival,* et demeure depuis ce temps un lieu de rendez-vous très apprécié des skieurs et des familles.

2760 White Mountain Highway
North Conway, NH 03860
Tél. : 603-356-6321 ou 877-841-8237
easternslopeinn.com

Kilburn Manor B & B

Vous dormirez dans l'ancienne maison de Clarence Kilburn, qui fut membre de la Chambre des représentants des États-Unis pendant 25 ans. L'auberge dispose d'une piscine extérieure creusée, de beaux jardins et Suzanne prépare de très bons petits-déjeuners !

59 Milwaukee Street
Malone, NY 12953
Tél. : 518-483-4891 ou 800-454-5287
kilburnmanor.com

Beekman Arms & Delamater Inn

Cette auberge, la plus vieille des États-Unis toujours en opération, se trouve dans le charmant village de Rhinebeck, dans la vallée de l'Hudson. Fondée en 1766, elle compte aujourd'hui 73 belles chambres réparties dans les bâtiments anciens et les nouvelles sections. Vous pouvez manger dans le Colonial Tap Room, avec ses poutres apparentes et sa cheminée, pour faire une petite immersion dans l'ambiance « pré-Révolution ». Le village compte plusieurs boutiques spécialisées et des restaurants sympathiques.

6387 Mill Street (intersection
Route 9 et Route 308)
Rhinebeck, NY 12572
Tél. : 845-876-7077
beekmandelamaterinn.com

OÙ MANGER ET DORMIR

D'AUTRES BONNES ADRESSES

Voici d'autres adresses à considérer pour vos prochains séjours au Vermont, au New Hampshire et dans l'État de New York.

 MANGER

VERMONT

158 Main Restaurant & Bakery
158 Main Street
Jeffersonville, VT 05464
Tél. : 802-644-8100
158main.com

Cloudland Farm
1101 Cloudland Road
Woodstock, VT 05091
Tél. : 802-457-2599
cloudlandfarm.com

Hen of the Wood
92 Stowe Street
Waterbury, VT 05676
Tél. : 802-244-7300
henofthewood.com

Idletyme Brewing Company & CROP Bistro
1859 Mountain Road
Stowe, VT 05672
Tél. : 802-253-4765
idletymebrewing.com

Rustic Roots
195 Falls Road
Shelburne, VT 05482
Tél. : 802-985-9511
rusticrootsvt.com

The Farmhouse Tap & Grill
160 Bank Street
Burlington, VT 05401
Tél. : 802-859-0888
farmhousetg.com

Three Penny Taproom
108 Main Street
Montpelier, VT 05602
Tél. : 802-223-8277
threepennytaproom.com

NEW HAMPSHIRE

Ffrost Sawyer Tavern/Three Chimneys Inn
17 Newmarket Road
Durham, NH 03824
Tél. : 603-868-7800
threechimneysinn.com

Margarita Grill
78 US Route 302
Glen, NH 03838
Tél. : 603-383-6556
margaritagrillnh.com

The Beach Plum
16 Ocean Boulevard
North Hampton, NH 03862
Tél. : 603-964-7451
lobsterrolls.com

The Metropolitan Coffee House
2680 White Mountain Highway
North Conway, NH 03860
Tél. : 603-356-2332
metcoffeehouse.com

NEW YORK

BarVino
272 Main Street
North Creek, NY 12853
Tél. : 518-251-0199
barvino.net

Bistro LeRoux
668 NY Route 149
Lake George, NY 12845
Tél. : 518-798-2982
bistroleroux.com

Bistro Tallulah
26 Ridge Street
Glen Falls, NY 12801
Tél. : 518-793-2004

Black Cat Cafe & Bakery
195 Main Street
Sharon Springs, NY 13459
Tél. : 518-284-2575
blackcat-ny.com

Blu Wolf Bistro
657 Park Avenue
Rochester, NY 14607
Tél. : 585-270-4467
bluewolfbistro.com

Canale's Restaurant
156 West Utica Street
Oswego, NY 13126
Tél. : 315-343-3540
canalesrestaurant.com

Francesca's Cucina
545 North Salina Street
Syracuse, NY 13208
Tél. : 315-425-1556
francescas-cucina.com

Good Times of Olean
800R East State Street
Olean, NY 14760
Tél. : 716-379-8210
gtofood.com

Lakeview Deli
137 River Street
Saranac Lake, NY 12983
Tél. : 518-891-2101
lakeviewdeli.com

Origins Cafe
558 Beaver Meadow Road
Cooperstown, NY 13326
Tél. : 607-437-2862
celebrateorigins.com

Pitkins Restaurant
1085 Main Street
Schroon Lake, NY 12870
Tél. : 518-532-7918

The Naked Turtle
1 Dock Street
Plattsburgh, NY 12901
Tél. : 518-566-6200
nakedturtle.net

 DORMIR

VERMONT
Green Mountain Girls Farm
(Séjour à la ferme)
923 Loop Road
Northfield, VT 05663
Tél. : 802-505-9840
eatstayfarm.com

The Wilburton Inn
Wilburton Drive
Manchester Center, VT 05255
Tél. : 802-362-2500
wilburtoninn.com

The European Artists B & B
33 Tupper Road
Underhill, VT 05489
Tél. : 802-858-9175
theeuropeanartists.com

NEW HAMPSHIRE
Carter Notch Inn
163 Carter Notch Road
Jackson, NH 03846
Tél. : 603-383-9630
carternotchinn.com

Christmas Farm Inn & Spa
3 Blitzen Way
Jackson, NH 03846
Tél. : 603-383-4313
christmasfarminn.com

Eagle Mountain House
179 Carter Notch Road
Jackson, NH 03846
Tél. : 603-383-9111
eaglemt.com

Henniker House
10 Ramsdell Road
Henniker, NH 03242
Tél. : 603-428-3198
hennikerhouse.com

Moxy
106 Penhallow Street
Portsmouth, NH 03801
Tél. : 603-319-8178
moxyrestaurant.com

NEW YORK
Au Bord du Lac B & B
250 Lake Street
Rouses Point, NY 12979
Tél. : 518-593-3432
rousespointbnb.com

**Comfort Inn & Suites
Plattsburgh**
411 NY Route 3
Plattsburgh, NY 12901
Tél. : 518-562-2730
plattsburghcomfortinn.com

Genesee Grande Hotel
1060 East Genesee Street
Syracuse, NY 13210
Tél. : 315-476-4212
geneseegrande.com

**Holiday Inn Express & Suites
Salamanca**
779 Broad Street
Salamanca, NY 14779
Tél. : 716-945-7600
ihg.com

**Holiday Inn Express & Suites
Watertown/Thousand Islands**
1290 Arsenal Street
Watertown, NY 13601
Tél. : 315-779-1234
ihg.com

La Tourelle Resort & Spa
1150 Danby Road
Ithaca, NY 14850
Tél. : 607-273-2734
latourelle.com

Mirbeau Inn & Spa
851 West Genesee Street
Skaneateles, NY 13152
Tél. : 877-647-2328
mirbeau.com

**Quality Inn & Suites
Riverfront**
70 East 1st Street
Oswego, NY 13126
Tél. : 315-343-1600
choicehotels.com

St. Bonaventure University
(Location de suites
sur le campus)
St. Bonaventure, NY
Tél. : 716-375-2000
sbuinfo@sbu.edu

The Adirondack Inn
1051 US Route 9
Schroon Lake, NY 12870
Tél. : 518-743-1665
theadirondackinn.com

The Alpine Lodge
264 Main Street North
North Creek, NY 12853
Tél. : 518-251-2451
adirondackalpinelodge.com

The Barcelona Lakeside B & B
8223 East Lake Road
Westfield, NY 14787
Tél. : 716-326-3756
barcelonalakeside.com

The Colgate Inn
1 Payne Street
Hamilton, NY 13346
Tél. : 315-824-2300
colgateinn.com

The Galley Restaurant
20 Washington Street East
Westport, NY 12993
Tél. : 518-962-4899
westportmarina.com

CRÉDITS
photographiques

XX : page ; **h** : haut ; **b** : bas ; **c** : centre ; **d** : droite ; **g** : gauche.

Toutes les photos du livre sont de Marie-France Bornais à l'exception des images suivantes qui sont une courtoisie des organismes et photographes mentionnés.

22 : NH Division of Parks and Recreation ; **48** : Historic Hudson Valley/Mick Hales ; **60** : AMC/Dan Walsh ; **74** : Sugarbush/Mary Simmons ; **75** : visitthecatkills.com ; **77** : Allegany State Park/Karl Scharf ; **79** : AMC/Laura Hurley ; **80** : NH Division of Parks and Recreation ; **81** : AMC/Jerry and Marcy Monkman ; **85** : Michele Powers ; **86** : Adirondack Coast Visitors Bureau ; **88** : VisitRochester.com ; **89** : VisittheCatskills.com ; **92** : Smugglers Notch Resort ; **98** : Oswego County Tourism Office ; **99** : St. Regis Canoe Outfitters ; **102** : VisitAdirondacks.com ; **104** : Adirondack Coast Visitors Bureau ; **108** : Trapp Family Lodge, Stowe VT ; **112** : Allegany State Park/Crawford ; **113** : Smugglers Notch Resort ; **114** : (**h**) Smugglers Notch Resort, (**b**) Ski Vermont/Jay Peak Resort ; **115** : Sugarbush/Sandy Macys ; **117** : Lincoln Ice Castle ; **118** : White Mountains Attractions Association ; **119** : Titus Mountain Family Ski Center ; **122** : Omni Mount Washington Resort ; **123** : Green Mountain National Golf Course ; **126** : Peek'n'Peak Resort & Spa ; **129** : Boxing Hall of Fame ; **134** : Danforth Bay Campground ; **138-139** : Cadillac Jack's ; **140** : Stoweflake Resort ; **142** : Vermont Fresh Network ; **143** : Lamoreaux Landing Wine Cellars ; **145** : (**g**) Lamoreaux Landing Wine Cellars, (**d**) Johnson Estate Winery/Amanda Bracy ; **147** : SILO Distillery ; **149** : SILO Distillery/Reciprocity Studio, Burlington VT ; **170** : Oneida County Tourism ; **171** : (**g**) 1000 Islands International Tourism Council, (**d**) Courtoisie Syracuse CVB ; **174** : Fleming Museum of Art ; **176** : (**b**) Currier Museum of Art, Manchester, NH ; **177** : Currier Museum of Art, Manchester, NH ; **180** : Memorial Art Gallery/J. Adam Fenster ; **182** : The Glimmerglass Festival/Carli Kadel ; **183** : (**b**) Southern Vermont Arts Center ; **185** : (**b**) Oldcastle Theatre Company ; **187** : Oneida County Tourism ; **188** : The Glimmerglass Festival/Carli Kadel ; **191** : Historic Hudson Valley/Brian Haeffele ; **193** : Chautauqua County Visitors Bureau ; **194** : Xerox Rochester International Jazz Festival/Kellie Marsh ; **197** : Madison County Tourism ; **198** : Sterling Renaissance Festival ; **199** : (**hg**) 1000 Islands International Tourism Council ; **202** : Jay Peak Resort ; **206** : Rochester CVB ; **209** : Manchester Designer Outlets ; **214** : Syracuse CVB ; **215** : Madison County Tourism ; **216** : Stowe Mountain Resort ; **217** : Stoweflake Mountain Resort & Spa ; **218** : Knight's Spiderweb Farm ; **220** : Perry Kacik ; **223** : Chautauqua County Visitors Bureau/Ed Bernik ; **232** : Seneca Nation Communications and Media Center ; **233** : (**g**) Fleming Art Museum, (**d**) Lake Champlain Maritime Museum ; **234** : Seneca Nation Communications and Media Center ; **248** : Poore Family Homestead Historic Farm Museum ; **250** : Historic Hudson Valley/Brian Haeffele ; **264-265** : Adirondacks Architectural Heritage ; **270** : 1000 Islands International Tourism Council ; **275** : The Fort at No. 4/ (**g**) James Lawyer, (**d**) John Tichey ; **280** : Jacqueline C. Gardner ; **281** : Conway Scenic Railroad ; **287** : (**d**) www.visitthecatskills.com/ Stanzi McGlynn ;

VermontVacation.com : **36** : Jeff Clarke, **42** (**g**) et **274** : Karen Pike, **76, 78, 87** et **95** : Dennis Curran, **140** : Stoweflake Mountain Resort, **153, 185** : Hubert Schriebl, **195** : Stephen Goodhue, **196** : Brian MacDonald, **206** : Visit Rochester.

Mt Washington Valley Chamber of Commerce : **107, 109, 110** et Dan Houde Wiseguy Creative Photography, **121, 201**.

ROOST/Adirondacksusa.com : **82, 84, 90-91, 101, 106, 111, 120, 199** : (**hd**), **204, 288**.

Index

LA PAGE DU
mot magique

Je dédie ce livre aux membres de ma famille qui m'ont apporté leur soutien inconditionnel, leur support logistique et moral, ainsi que leur dévouement. Leurs encouragements m'ont permis de surmonter tous les obstacles. Charles-Éric, Yolande, Michel, Caroline, Béatrice, Julian, vous êtes irremplaçables et je vous aime.

Tous mes remerciements vont également à mes amis et aux membres de leurs familles, pour leurs bons mots, leur soutien, leur patience, leurs encouragements et leur sens de l'humour : Valentina Stagnani, Jean Goupil, Nicole Désilets, Guy R. Larivière, Annie Thériault-Roussel, Sylvain Roussel, Fabienne Roitel, Christopher A. Rupert, Joane Flansberry, Marie-Ève Côté, Carole Dibble et Neil Brennan. Merci à Roger et Nathalie, mes voisins, pour leur assistance.

Un merci spécial à Isabel Tardif, mon éditrice, pour sa confiance, sa bonne humeur, son soutien, son dynamisme et son professionnalisme. Josée Amyotte, graphiste, merci pour ta créativité, ton perfectionnisme et ta gentillesse.

Mes remerciements également à Pierre Bourdon, Judith Landry, Lyne Robitaille, Louise Cordeau, Sébastien Ménard et Karen Villeneuve, pour votre soutien et vos encouragements.

Un ouvrage d'une telle ampleur n'aurait pas été possible sans le support logistique d'un grand nombre de personnes aimables et efficaces qui m'ont servi de phares. Marti Mayne, Jacquie Gardner, Laura Peterson, Jennifer Williams, Kate Rubick, David Burnell, Amber Parliament, Jess Collier, Kim Rielly, Janet West Clerkin, Kelly Blazosky, Stephanie Burdo, Jennifer Pulver, Corey Fram, Scott Flaherty, Deb Taylor, Rebecca Steffan, Katherine Banko, Justin Lynch, Diana Rapp, Karen Boushie, Scott Baraw, Win Smith, John Egan, John Bley, Frédéric Bouché, Pat Bromley, Eli Hostetler, Lea Shetler, Tammy Whitty-Brown, Tim Fleury, Derek Sprague, Dʳ Robert M. Ross, Steve Currier, Rob Burbank, Tina Zerbian, Rob Schweitzer, Sarah Wojcik, Candice White, Ruth Ann Zink... vous avez toute ma gratitude.

Montpelier, VT

vermontvacation.com

Seabrook, NH

visitnh.com

Letchworth State Park, NY

iloveny.com

Merci à Tim Graham de Graham Tires (Exeter, NH), Jon Ham de Arnolds Auto Center (Lincoln, NH) et toute l'équipe du Service Mécanique Grenier (Québec), pour avoir prévenu et réglé toutes sortes de pépins.

Aux jazzmen exceptionnels qui m'ont fourni *live* l'énergie créatrice dont j'avais besoin : Charles-Éric Vézina, Stéphane Dumais, Janis Steprans, Gabriel Hamel, Rafael Zaldivar, Louis-Vincent Hamel, Alex Le Blanc, Philippe Grant, Tim Sullivan, Adrian Vedady, Félix Dubé, Benoît Corriveau, Benjamin Tremblay-Auger, Thierry Sterckeman, Philippe Bouchard, Kenton Mail, Stéphane Beaulieu, Daniel Boisvert-Couture, Emmanuel Richard-Bordon, Maxime D'Anjou, Marco Noël, Johannes Groene, Guillaume Martel-Simard, Warren Stolow, Jonathan Sonier, Denys Baptiste, Riquinho Fernandes, Simon Veilleux, Manoel Vieira Jr et tous les autres, MERCI !

Et enfin, à la mémoire de mes proches et de mes amis qui sont partis pour leur dernier voyage pendant la création de ce livre : mon oncle Yvon Genest, mon cousin Alain Brousseau, Ada Lombardi Stagnani, Albert Ladouceur et Jocelyne Laberge. Vous êtes désormais mes anges gardiens.

Remerciements spéciaux : Vermont Department of Tourism and Marketing, Vermont Arts Council, Ski Vermont, New Hampshire Division of Travel and Tourism Development, Mt Washington Valley Chamber of Commerce, White Mountains Attractions Association, North Country Chamber of Commerce, Wolfeboro Area Chamber of Commerce, New York State Tourism, Oswego County Tourism Office, 1000 Islands International Tourism Council, Adirondack Tourism Regional Council, Lake Placid CVB/ROOST, Adirondack Coast Visitors Bureau, Visit Rochester, Syracuse CVB, Oneida County Tourism, Cooperstown/Otsego County Tourism, Lake George Area/Warren County Tourism Department, Ithaca/Tompkins County CVB, Cattaraugus County Tourism, Chautauqua County Visitors Bureau, Dutchess County Tourism, Saratoga County Chamber of Commerce, Madison County Tourism.